赫尔墨斯的远眺

——科学诠释学元理论探析

杨秀菊◎著

中国社会科学出版社

图书在版编目（CIP）数据

赫尔墨斯的远眺：科学诠释学元理论探析／杨秀菊著．—北京：
中国社会科学出版社，2014.4

ISBN 978 - 7 - 5161 - 4200 - 4

I.①赫⋯　II.①杨⋯　III.①阐释学—元逻辑—研究　IV.①B089.2

中国版本图书馆 CIP 数据核字（2014）第 078113 号

出 版 人	赵剑英
责任编辑	喻　苗
责任校对	任晓晓
责任印制	王炳图

出　　版	中国社会科学出版社
社　　址	北京鼓楼西大街甲 158 号（邮编 100720）
网　　址	http://www.csspw.cn
	中文域名：中国社科网　　010 - 64070619
发 行 部	010 - 84083685
门 市 部	010 - 84029450
经　　销	新华书店及其他书店

印　　刷	北京君升印刷有限公司
装　　订	廊坊市广阳区广增装订厂
版　　次	2014 年 4 月第 1 版
印　　次	2014 年 4 月第 1 次印刷

开　　本	710 × 1000　1/16
印　　张	13.25
插　　页	2
字　　数	210 千字
定　　价	39.00 元

目　录

内容提要 ……………………………………………………… （1）

绪论 …………………………………………………………… （1）

第一章　科学诠释学的历史溯源 ………………………… （16）
　一　科学诠释学的科学理论来源 ………………………… （16）
　　（一）科学的界定 ……………………………………… （17）
　　（二）科学的划界 ……………………………………… （26）
　二　科学诠释学的诠释学理论来源 ……………………… （32）
　　（一）宗教神学诠释学与普遍诠释学 ………………… （32）
　　（二）哲学诠释学 ……………………………………… （35）

第二章　科学诠释学的理论形成 ………………………… （41）
　一　科学诠释学的形成背景 ……………………………… （41）
　　（一）自然科学方法论的扩张与消解 ………………… （41）
　　（二）科学哲学思想中的诠释学因素 ………………… （47）
　二　科学诠释学的形成过程 ……………………………… （55）
　　（一）科学哲学与诠释学的融合 ……………………… （55）
　　（二）科学诠释学的理论生成 ………………………… （59）

第三章　科学诠释学的本质内涵 ………………………… （66）
　一　科学诠释学的研究对象 ……………………………… （66）

（一）科学整体 ………………………………………………（66）
（二）科学文本 ………………………………………………（68）
二　科学诠释学的研究核心和目的 ………………………（76）
（一）对语言的关注 …………………………………………（76）
（二）对意义的追求 …………………………………………（87）

第四章　科学诠释学的方法论特征 …………………………（96）
一　诠释方法论原则的重提与衍化 ………………………（96）
（一）关于诠释主体的原则 …………………………………（97）
（二）关于诠释对象的原则 …………………………………（98）
二　理解、解释与应用的统一 ……………………………（102）
（一）理解的三个模式 ………………………………………（103）
（二）解释的三个阶段 ………………………………………（104）
（三）理解、解释与应用三位一体 …………………………（108）
三　诠释学循环 ……………………………………………（112）
（一）科学研究中的诠释学循环 ……………………………（112）
（二）本体论预设下的循环验证 ……………………………（118）

第五章　科学诠释学的当代发展 ……………………………（122）
一　科学诠释学的理论关联 ………………………………（122）
（一）科学诠释学与现象学 …………………………………（122）
（二）科学诠释学与建构主义社会学 ………………………（129）
（三）科学诠释学与认知科学 ………………………………（134）
二　当代科学理解中的科学诠释学 ………………………（140）
（一）科学理解特征的多元化朝向 …………………………（141）
（二）多学科间的交互与干涉 ………………………………（147）

第六章　科学诠释学的实践应用 ……………………………（158）
一　实践的科学诠释学 ……………………………………（158）
（一）实践的科学诠释学思想 ………………………………（158）
（二）科学诠释学的实践基础 ………………………………（162）

二　科学诠释学的应用 ………………………………………（166）

（一）科学发现的诠释学分析 …………………………（167）

（二）科学理论的诠释学分析 …………………………（170）

（三）科学实验的诠释学分析 …………………………（174）

结束语 …………………………………………………………（179）

参考文献 ………………………………………………………（188）

Content

Chinese Abstract ·· (1)

Preface ··· (1)

Chapter 1　The sources of hermeneutics of science ················· (16)

　1. 1　The scientific theoretical sources of hermeneutics ·············· (16)

　　1. 1. 1　The definition of science　································· (17)

　　1. 1. 2　The demarcation of science　······························· (26)

　1. 2　The hermeneutic theoretical sources of hermeneutics　········· (32)

　　1. 2. 1　Theological hermeneutics and general hermeneutics ······ (32)

　　1. 2. 2　Hermeneutics of philosophy　·························· (35)

Chapter 2　The formation of hermeneutics of science ············· (41)

　2. 1　The background of hermeneutics of science　··················· (41)

　　2. 1. 1　The expansion and digestion of natural science

　　　methodology　·· (41)

　　2. 1. 2　Hermeneutics factors on philosophy of science　··········· (47)

　2. 2　The process of hermeneutics　································ (55)

　　2. 2. 1　The confluence of hermeneutics and philosophy of

　　　hermeneutics　··· (55)

　　2. 2. 2　The theoretical formation of hermeneutics　··············· (59)

Chapter 3 The connotation of hermeneutics ·················· （66）

3.1 The object of study of hermeneutics ················· （66）

3.1.1 Integration of science ························· （66）

3.1.2 Text ·································· （68）

3.2 The core and purpose of hermeneutics of science ········· （76）

3.2.1 The focus on language ······················ （76）

3.2.2 The prusue of meaning ····················· （87）

Chapter 4 The methodological characteristics of

hermeneutics ·························· （96）

4.1 The reintroduction and evolution of hermeneutic

methodological principle ···················· （96）

4.1.1 The principle of hermeneutic subject ············ （97）

4.1.2 The principle of hermeneutic object ············ （98）

4.2 The unfiction of understanding ,interpretation and

application ····························· （102）

4.2.1 Three modes of understanding ················ （103）

4.2.2 Three stages of interpretation ··············· （104）

4.2.3 The unfiction of understanding ,interpretation and

application ························· （108）

4.3 Hermeneutics cycle ························· （112）

4.3.1 Hermeneutics circle in Scientific research ········· （112）

4.3.2 Cyclic test on ontology ··················· （118）

Chapter 5 Modern development of hermeneutics of science ··· （122）

5.1 The theoretical relations of hermeneutics of science ········ （122）

5.1.1 Hermeneutics of science and phenomenology ········ （122）

5.1.2 Hermeneutics of science and constructivist

sociology ·························· （129）

5.1.3 Hermeneutics and cognitive science ············ （134）

5.2 Hermeneutics of science on the dimension of modern

science understanding ·· (140)

5.2.1　Diversification development of cognition science ········· (141)

5.2.2　The Intersect and interference of multidisciplinary ······ (147)

Chapter 6　The praxis and application of hermeneutics of

scienc ·· (158)

6.1　The praxis of hermeneutics of science ························· (158)

6.1.1　The ideas fo praxis on hermeneutics of science ········ (158)

6.1.2　The foundation of hermeneutics of science ············· (162)

6.2　The application of hermeneutics of science ···················· (166)

6.2.1　Hermeneutics analysis on discovery process of

scientific research ································· (167)

6.2.2　Hermeneutics analysis of scientific theory ·············· (170)

6.2.3　Hermeneutics analysis of scientific experiment ········ (174)

Conclusion ·· (179)

References ·· (188)

内容提要

　　本书从科学与诠释学相互融合的角度对科学诠释学基础理论进行专门研究。本书立足于传统的诠释学与 20 世纪哲学发展的背景与趋势，解释了科学诠释学的产生以及发展过程，系统而详细地界定了科学诠释学的理论形成、本质内涵及其方法论特征，通过当代科学研究中的诠释学分析，介绍了科学诠释学的理论关联与实践应用。读者对象为自然科学、科学技术哲学与社会科学理论研究者及哲学爱好者。

　　诠释学源于对神圣文本的说明，最初是作为精神科学独有的方法论出现的。20 世纪以来，随着英美分析哲学思想与欧洲大陆思辨哲学思想的碰撞与沟通，当代科学哲学家们逐渐意识到科学的本质和发展趋向显现出了其携有诠释学的因素，越来越多的人开始试着从诠释学的维度对当代科学进行探析。正是由于自然科学与精神科学方法论的相互浸染从而促进了科学方法论的扩展，科学诠释学在此基础上应运而生。

　　科学诠释学的产生建立在对近、现代自然科学观的批判基础之上，它不仅化解了自然科学方法论向精神科学领域的扩张，而且把人们从旧的科学观中解脱出来。近代自然科学观习惯于将自然看作是一个既定的、静态的、具有客观属性的整体，而实际上任何科学研究都离不开以人为研究主体这样的事实。不同主体及主体以不同方式的介入，对认识对象产生不同的理解和反馈反过来又促使人类对客观认知对象形成相对的把握，传统的自然科学方法论已经不足以对全部科学事实概括出清晰明断的论述。所以，没有绝对独立的科学研究方法，科学普遍具有诠释学的特征，整个科学研究过程都具有诠释学的因素。并且，科学研究的最终目的实现于实践与应用的层面中，科学研究中包含的科学发现、科学理论、科学实验等整体科学的应用过程是一幅囊括了自然、社会、经济、政治、历史、文化、人文、语言、心理等多种因素的共同演化的图景，各种异质性因素对于科学研究与人类活动的影响使其不能局限于一元的自然决定论或者社会决定论的认识论模式，无法单纯依靠自然科学或者精神科学的方法论来解释，因为人们需要动态地、辩证地对待其间的耦合与能动关系。科学本身作为一个开放的自组织系统，受到来自系统内部和外部双方的因素制约，它是系统内外因素共同作用的结果，特别是当前复杂性学科与交叉性学科的大量涌现，不仅需要各学科间、不同学术团体和科学共同体间理论的融汇与协调，还需要学科间方法论的互涉使用，特别是多样性的科学理解特征促使人们从诠释学的视角出发进而获得可以正确理解科学的概念性工具。

　　本书是杨秀菊多年潜心研究的成果，它最初将诠释学词源作为切入点，沿袭诠释学的历史发展脉络，考察科学诠释学的历史溯源，通过消除诠释学一词本身在转译过程中带来的歧义，指明进行科学诠释学研究必须阐清的概念与亟待解决的问题；其次，论述科学哲学与思辨哲学之间融合的进程，并且在科学诠释学的理论背景及意义基础之上，提出科学诠释学的理论雏形，继而指出科学诠释学的研究对象、研究核心及目的；再次，结合国内、外涉及诠释学及对科学进行诠释学分析的相关文献资料，从理解、解释与应用的三位一体及诠释学循环入手，阐明科学诠释学的方法论特征，结合当代科学发展的多元化朝向特点，理顺科学诠释学与现象学、建构主义社会学、认知科学的关系，并且在当代科学认知多元理解特征与交叉性学科的发展趋势基础上，论述科学诠释学的特质及发展趋向；最后，从实践应用的角度出发，探讨实践的科学诠释学思想来源及其稳固的实践基础，通过分析科学研究过程中蕴含的诠释学因素，从而增进人们对科学的理解，帮助人们从诠释学的视角出发去把握复杂深奥的科学概念、理论及分析方法。

绪　论

　　本书的核心思想是探讨科学研究中存在的诠释学因素，进而提出科学诠释学的整体理论架构，在阐明当代科学发展朝向与研究特征为主要目标的基础上，使用诠释学的分析方法对科学整体进行横向分析，论述诠释学适用于自然科学的基本观点，并且指明对自然科学进行诠释学分析的目的是从诠释学维度出发，增进人们对整个科学的理解与宏观性的把握。

　　从赫尔墨斯的联想与"科学诠释学"（hermeneutics of science）一词本身来看，它涉及诠释学与科学两个重要概念：从历时性来讲，科学与诠释学二者并未直接发生过关联，但是我们无法将它们割裂开来；从发生学来讲，先有理解与解释的诠释技能的出现，才有科学的诠释学分析与科学诠释学的提出。而从科学整体研究角度与诠释学发展过程的特殊性来看，本书需要解决的首要问题是：消除"诠释学"一词向中文转译过程中产生的歧义以及阐明并解决传统科学划界给科学诠释学的合理发展所带来的负面影响；其次，通过对诠释学发展脉络的廓清和当代科学发展的特征分析，分析对科学进行诠释学解读的必要性；最后，将科学作为一个整体，结合当代科学研究中的理论观点、理解特征、发展趋向等因素，用诠释学的分析方法对科学进行分析，加深人们对科学的理解及科学诠释学理论的澄清。

　　我们可以这样认为，科学诠释学的产生建立在对近、现代自然科学的科学观的批判基础之上。近代自然科学将自然看作是一个直接给定的、自身同一的整体，而事实上，自然科学的科学观与事实并不完全吻合，自然科学离不开以人为主体的研究，不同认识主体的介入，对认知对象的不同理解与反馈促使人类对客观认识对象形成了相对性的把握，传统的自然科学方法论已经不足以对全部科学事实做出清晰明断的论述，而且一个健康有力的假说在整个科学的演进与发展中起到了促进的作用，而假说从提出到完善再到相应科学理论的生成，整个过程都离不开诠释学的分析。当代科学知识不再是一种具有绝对性论证的单向度论述，而是一种混合体，我们必须站在不同的角度，全方位地对其进行解释与说明。另外，根据当前科学系统的内、外部动力机制的分析，科学研究的最终目的是实践的应用，各种异质性因素对于科学研究与人类活动的影响使其不能局限于一元的自然决定论或者社会决定论的认识论模式。科学研究中的科学发现、科学理论、科学实验等整体科学的应用过程是一幅包括自然、社会、经济、政治、历史、文化、人文、语言、心理等多种因素在内的共同演化的图景，人们无法单纯地依靠自然科学或者精神科学的方法论来对其做出解释，因为其间的耦合与能动关系需要辩证地对待。科学本身作为一个开放的自组织系统，受到来自系统内部和外部双方的因素制约，它是系统内外因素共同作用的结果，特别是当前复杂性学科与交叉性学科的大量涌现，不仅需要各学科间、不同学术团体和科学共同体间的理论的融汇与协调，更需要学科间方法论的互涉使用。且"知识是流动生成的，是一个敞开的从混沌经自组织过程不断形成演化过程，是历史性的参与创生的过程。过程性、开放性、自组织性和创生性是哲学解释学知识观下的知识的重要特点，而不是传统科学知识观下知识是从主体到客体的线性封闭的、稳定的、严密逻辑理性的、反映的生硬的认识关系的二元论"[①]。同时，科学理论的形成也是主体寻求对自然进行因果性解释而建构的形式逻辑系统，它不是绝对的真理，是可错的，是一种主、客体在实践互动中的主体建构。也就是说科学家对于自然及其规律的理论构建不是必然的一对一的映射。所以，对自然的解释存在不同的科学理论与方法论说明。

　　除了主观性因素之外，科学研究中还存在着大量的随机性、偶然性与概率性问题。所以，科学研究总是充满挑战，它不能够排斥与割裂科

----

①　张静、魏建培：《伽达默尔哲学解释学视域中的审美艺术活动——审美何以生成知识》，《学术论坛》2006 年第 8 期。

学研究整体的随机性、偶然性与概率性。为了解决这些问题，也需要从历史的、宏观的角度对科学进行总体的把握，从演化的语境中认识本体，对不同领域的多元的方法论持一种开放的态度。这样，既解决了当代科学发展新问题的解释难题，又避免了像科学知识社会学（SSK）那样陷入彻底的相对主义不可知论的泥潭。科学诠释学就是在这个基础上应运而生的。

西方学者从 20 世纪 70 年代起提出了科学中的诠释学分析的基本思想。美国哲学家理查德·伯恩斯坦（Richard Bernstein）在 20 世纪 80 年代初期对科学中的诠释学因素做出过阐述，他对科学诠释学的形成背景与诠释学产生的原因做了分析，并且指出科学哲学家的任务之一就是给科学以理性的重建，以此基础而建立科学诠释学有利于促进英美分析的科学哲学与大陆思辨的哲学思想的融合；另外，他挖掘了历史主义学派代表者托马斯·库恩（Thomas Kuhn）科学哲学思想中的诠释学因素，并称之为弱的诠释学维度的恢复，因为它还局限在科学史的写作中。而强程度的诠释学维度的恢复可以溯源到玛丽·海西（Mary B. Hesse）的思想。从海西对科学划界的思路中，人们意识到只从自然科学中寻找诠释学因素无法对诠释学应用于自然科学做全部的概括，而必须解决传统认识中对科学进行划界的谬误。进而，她整理并给出了自然科学研究的五个特点，经过与精神科学研究对比之后发现，自然科学与精神科学一样具有诠释学的特征。理查德·罗蒂（Richard Rorty）指明了自然科学与精神科学具有诠释学的统一性，针对自然世界进行的研究与针对人类社会行为进行的研究在实践的基础上是统一的，自然科学研究不可避免地具有理论负荷，并且与人类旨趣与人类价值密切相关。P. 希兰（P. A. Heelan）与 M. 格伦（M. Grene）则是从知觉具有的诠释学特征的角度出发阐述自然科学所具有的诠释学特征的。希兰提出自然科学的本体论诠释学分析，之后又指出人们之所以把自然科学称为诠释学，是因为人类中枢神经系统本身就是诠释学的，人脑作为诠释学的器官以及人类知觉行为的产生过程都是诠释学的。人类面对自然而进行的活动与读者面对文本的活动如出一辙，既然阅读文本是诠释学的行为，那么人类知觉理应也是诠释学的。乔治·坎姆比斯（George Kampis）标新立异的论述撇开了将诠释学适用于人造意义、人类语言等论断的老生常谈。因为若仅如此，诠释学只能在一定的界限范围内被人们勉强地接受，诠释学虽然被认为是科学的，但由于不能成为科学中的研究主体而无法获得较高的认同度，这样的诠释学方法论在自然科学中的地位并不能获得有效提升。

20世纪80年代，与科学及诠释学相关的论文与专著大量地涌现出来，其中比较有影响力的是伯恩斯坦的《超越客观主义与相对主义》①、泰勒的《解释与人的科学》② 等，虽然这些著述中并未对科学诠释学直接定义，但确立了科学中适用诠释学分析的基本思想，特别是伯恩斯坦对科学诠释学维度的恢复的探讨，加快了科学诠释学的进程。一些受过欧洲大陆哲学训练的并具有现象学研究背景的英美哲学家对科学的诠释学分析也非常深刻，例如科克尔曼斯（Joseph J. Kockelmans）、克里斯（Robert P. Crease）、唐·伊德（Don Ihde）的基于现象学对科学进行的诠释学分析。

就目前为止能够找到的最早直接使用"科学诠释学"一词的是希兰于1972年发表的名为《面向科学诠释学》（Toward a Hermeneutics of Science）的论文，而直接以"科学诠释学"命名的论文集则是1997年科莱沃（Daniela Koleva）编纂的《迪米特里（Ginev Dimitri）"科学诠释学"文选》③，与其同期举行的国际诠释学与科学协会（ISHS）论文集④中同样提出了科学诠释学及科学应用中的诠释学分析。例如，希兰的《为什么有一种自然科学的诠释学哲学?》⑤，文中指出了诠释学对科学的探讨具有普遍性的论据，并说明了诠释学适用于自然科学的三种观点趋向如何成为诠释学思想家的研究基础；科克尔曼斯在《现代自然科学的解释学本质》⑥ 一文中概括了他的现象学——诠释学的研究思

---

① Richard J. Bernstein, *Beyond objectivism and relativism: science, hermeneutics, and praxis*, University of Pennsylvania Press, 1983.

② Charles Taylor, *Interpretation and the Science of Man*, Cambridge University Press, 1985.

③ "Journal for General Philosophy of Science", Dordrecht: Springer, No. 3, 2000, pp. 186 – 188.

④ R. P. Crease, *Hermeneutics and the Natural Sciences*, Dordrecht: Kluwer Academic Publishers, 1997.

⑤ P. A. Heelan, "Why a Hermeneutical Philosophy of Natural Science?", *Hermeneutics and the Natural Sciences*, Ed by Robert Crease, Dordrecht: Kluwer, 1997, pp. 13 – 40.

⑥ Joseph J. Kockelmans, "On the hermeneutical nature of modern natural science", ibid, pp. 41 – 55.

想；基西尔（J. Kisiel）的论文《自然科学的诠释学的最新争论》① 中阐述了伽达默尔（Hans-Georg Gadamer）与 G. 马库斯（G. Markus）以及约瑟夫·劳斯（Joseph Rouse）的科学诠释学观点及其观点中的瑕疵；1999 年荷兰 Kluwer 出版商出版的论文集《诠释学与科学》② 中，费赫（Márta Fehér）、奥尔加（Olga Kiss）、伊德（Don Ihde）、埃杰（Martin Eger）、坎姆比斯（George Kampis）、埃尔迪（Péter érdi）等人对诠释学是否适用于科学进行了积极热烈的探讨；此外，在 2002 年的时候，出版发行了一本名为《诠释的科学哲学、梵高的视角与上帝》（Hermeneutic philosophy of science，Van Gogh's eyes，and God）的论文集，它是美国福特汉姆大学巴比奇（Babette Babich）等人为了纪念 P. A. 希兰先生对科学哲学及诠释学的突出贡献而编著的，该论文集不仅囊括了大量的介绍希兰的科学诠释学、艺术及神学思想的文章，同时也收录了在科学诠释学领域颇有影响力的学者的诠释学文章。另外，伊德的《让事物"说话"——后现象学与技术科学》③ 中也提及科学中的诠释学分析，而且提出了物质化的文本这样一种新维度的科学诠释学文本概念；而在亚洲国家最先对科学的诠释学特征做出明确阐述的是日本东北大学教授野家启一，他在 1982 年发表的论文《试论"科学的解释学"——科学哲学》④ 也是针对科学诠释学进行的论述，他介绍了从科学逻辑学到科学诠释学的发展过程以及当代科学观的改变及科学诠释学的发展。

　　国内也有很多学者对科学诠释学产生了浓厚的兴趣。张汝伦早在 1986 年出版的《意义的探究——当代西方释义学》⑤ 著作中不仅包括了诠释学发展进程的阐明，同时也在第八章中概述了诠释学与自然科学的关系及知觉的诠释学特征；湖南人民出版社 1991 年出版发行的施雁

---

① Theodore J. Kisiel, *A hermeneutics of the natural sciences?*, The debate updated, ibid, pp. 71 – 83.

② Márta Fehér, Olga Kiss and László Ropolyi（eds.）, *Hermeneutics and Science*, Dordrecht: Kluwer Academic Publishers, 1999.

③ ［美］唐·伊德：《让事物"说话"——后现象学与技术科学》，北京大学出版社 2008 年版。

④ ［日］野家启一：《试论"科学的解释学"——科学哲学》，载日本科学哲学会主编《科学哲学的展望》，早稻田大学出版部 1982 年版。

⑤ 张汝伦：《意义的探究——当代西方释义学》，辽宁人民出版社 1986 年版。

飞的著作《科学解释学》① 是迄今为止国内对科学诠释学阐述最为完整的著述，他从欧洲大陆科学论的启示出发，全面而详细地介绍了科学诠释学的产生背景因素及科学诠释学的走向，并具体分析了科学研究中以理论和实践为主导的科学理论解释学和科学实践解释学；吴琳的《理解之维——自然科学的解释学研究》② 则以诠释学作为基础切入点阐明自然科学中存在的有关理解的问题，揭示出自然科学的诠释学本质特征；黄小寒的《"自然之书"读解——科学诠释学》③ 也是有关科学诠释学的论述，她采用了一种新的角度对科学诠释学进行整体的说明，也是国内对科学诠释学介绍非常详细的著作；彭启福的《理解之思——诠释学初论》④ 中同样用了一定的篇幅对诠释学与西方科学哲学之间的关联进行比较介绍，并指出了科学哲学中的诠释学转向问题；曹志平的论文《理解与科学解释——解释学视野中的科学解释研究》则从解释的角度出发，将科学解释作为研究对象，从语用学的研究维度突出"解释"之"消除困惑和误解"、"陈述理由"等作用与解释者个人主体性相关的问题，并从发轫于精神科学的诠释学方法论研究中摸索出解释与理解的关系，也是非常宝贵的涉及诠释学在科学中具体应用的书籍。

　　近些年来，国内学者针对科学诠释学也发表了为数不少的文章。其中有范岱年的《P. A. 希伦和诠释学的科学哲学》⑤ 就是对希兰的诠释学科学哲学思想的评判，李章印的《对自然科学的诠释学解读与自然科学诠释学》、《探照灯与数学因素——对波普尔与海德格尔科学诠释学思想的比较》⑥，从本体论角度揭示科学的诠释学特质；潘德荣的《偶然性与罗蒂新实用主义》、《认知与诠释》、《诠释学：理解

　　① 施雁飞：《科学解释学》，湖南人民出版社 1991 年版。

　　② 吴琳：《理解之维——自然科学的解释学研究》，湖北人民出版社 2006 年版。

　　③ 黄小寒：《"自然之书"读解——科学诠释学》，上海译文出版社 2002 年版。

　　④ 彭启福：《理解之思——诠释学初论》，安徽人民出版社 2005 年版。

　　⑤ 范岱年：《P. A. 希伦和诠释学的科学哲学》，《自然辩证法通讯》2006 年第 1 期，第 27 页。

　　⑥ 李章印：《对自然科学的诠释学解读与自然科学诠释学》，载《中国诠释学第三辑》，山东人民出版社 2006 年版；《探照灯与数学因素——对波普尔与海德格尔科学诠释学思想的比较》，《山东大学学报（哲学社会科学版）》2005 年第 6 期。

与误解》① 从不同的角度出发也对诠释学进行了新维度的分析；彭启福的《波普尔科学哲学思想的诠释学维度》② 中率先发现了科学哲学家思想中的诠释学因素；向修玉的《当代西方现象学——解释学科学哲学论纲》③ 则从现象学角度出发，探讨三位现象学—诠释学科学哲学家的科学诠释学思想；另外，陈其荣、曹志平的《自然科学与人文社会科学方法论中的理解与解释》、《广义科学划界探究》④，闫明杰与曹志平共同发表的《希兰多元互补的辩证科学观与世界观》、《希兰的科学诠释学实在论》⑤，吴炜等人的《论科学诠释学的理论奠基》、《海德格尔的科学诠释学思想》⑥，吴琳的《论理解主体的"前见"合法性——科学解释学的视角》⑦，王泉的《自然科学的诠释学起源》、《关于科学解释学的争论》⑧，杜建国的《论自然科学的诠释学特征》，郝苑、孟建伟的《诠释学视阈下的实践理性——论理查德·伯恩斯坦的科学诠释学》⑨ 等学术论文也是对科学诠释学各种观点、特征思想及理论基础的说明与介绍。

本书顺延诠释学的发展脉络，通过介绍诠释学在整个历史长河中的演进过程，论述了对科学进行诠释学的反思是如何得以发生的以及科学

---

① 潘德荣：《偶然性与罗蒂新实用主义》，《华东师范大学学报（哲学社会科学版）》2005 年第 1 期；《认知与诠释》，《中国社会科学》2005 年第 7 期；《诠释学：理解与误解》，载《现代德国哲学与欧洲大陆哲学学术研讨会论文汇编》2007 年第 10 期。

② 彭启福：《波普尔科学哲学思想的诠释学维度》，《安徽师范大学学报（人文社会科学版）》2004 年第 4 期。

③ 向修玉：《当代西方现象学——解释学科学哲学论纲》，硕士学位论文，厦门大学，2007 年。

④ 陈其荣、曹志平：《自然科学与人文社会科学方法论中的理解与解释》，《浙江大学学报（人文社会科学版）》2004 年第 3 期；《广义科学划界探究》，《华南理工大学学报（社会科学版）》2004 年第 10 期。

⑤ 闫明杰、曹志平：《希兰多元互补的辩证科学观与世界观》，《科学技术哲学研究》2012 年第 2 期；曹志平、闫明杰：《希兰的科学诠释学实在论》，《社会科学》2011 年第 8 期。

⑥ 吴炜：《论科学诠释学的理论奠基》，《岭南学刊》2009 年第 3 期；《海德格尔的科学诠释学思想》，《科学·经济·社会》2007 年第 3 期。

⑦ 吴琳：《论理解主体的"前见"合法性——科学解释学的视角》，《贵州师范大学学报（社会科学版）》2007 年第 4 期。

⑧ 王泉：《自然科学的诠释学起源》，《齐齐哈尔大学学报》2009 年第 5 期；《关于科学解释学的争论》，《内蒙古农业大学学报》2009 年第 4 期。

⑨ 郝苑、孟建伟：《诠释学视阈下的实践理性——论理查德·伯恩斯坦的科学诠释学》，《北京行政学院学报》2011 年第 9 期。

诠释学的提出。

纵观诠释学漫长的发展史，我们可以从中梳理出诠释学的演进脉络。诠释学 hermeneutics 一词来源于古希腊语 hermeneuei，它的词源又关联到希腊神话中神的信使——希腊奥林匹斯十二主神之一的赫尔墨斯（hermes，希腊文 Ἑρμῆς），他负责把神的旨意传达给凡人。由于神的语言与人类的语言不同，赫尔墨斯在向人类传述诸神旨意的时候要将神的用语翻译为人类普遍使用的语言。因此，它意味着将难以理解和表达的话语转化为人类可以理解与接受的语言。在这个转译的过程中由于语言相异、文化背景、引证的经典及思维模式的不同，转译不可能达到穷尽，它必然包含着翻译者的理解，并根据自己的领悟将他人意指的东西重新构建并表述出来。所以，任何转译都暗含译者自身的思想，与译者的理解与翻译的能力相关，转译过程包含着理解，所以，理解成为翻译与解释的前提。

在古代中国的传统经典著述中，诠释也是指与理解和解释有关的技艺。它的作用是注疏古代典籍，常用来指加入书中的评论或解释性的文字。有人曾这样说，从孔子的"述而不作"开始，对《春秋》、《易经》的注解到宗教层面的训诂，中国经历了两千年的诠释之路。"诠释"一词也多次出现在古代典籍当中，汉代知名经学家、文字学家、语言学家许慎在《说文》中提到"诠，具也，从言全声"，"释，解也，从采。采取其分别物也"。① 唐代颜师古《策贤良问》之一则提到："厥意如何？伫问诠释。"清代何琇《樵香小记·河图洛书先天后天》："夫天下之事理，未有离其本始者，其诠释经文，乃全不从是生义，抑又何与？"阿英《敌后日记·停翅小撷·八月三十一日》："依具体事实，详加诠释。"② 等等。

而诠释学在国内经常被翻译为"解释学"、"释义学"与"阐释学"，根据现代汉语词典对以上几种词语的注解来看，"解释"多指消除、消解，偏向分析说明，具有开释之意；"释义"指解释义理、阐明意义或文义，具有解说之意；"阐释"指阐明陈述并解释，从语义学角

---

① 转引自李砾《阐释　诠释》，《外国文学》2005 年第 2 期。
② 详细内容参见《现代汉语词典》中对"诠释"一词的注释。

度分析，具有解答之意；而"诠释"一词的基本定义就是理解与解释，且注释中诠释也包含着理解、解释与应用统一的三个基本要素。所以笔者认为以上三种译法无法将诠释学有关理解、解释与应用统一的三个要素完全蕴含，只有"诠释"的内涵更广泛一些，进而"诠释学"一词比较吻合"hermeneutics"对文本"进行分析与说明"① 的原意。

根据诠释学的发展历程，我们知道，古代的西方诠释学是作为一门与理解和解释相关的技巧而推进的，彼时只是针对神学及宗教教义这样的特殊文本的诠释技巧，所以可以称其为特殊的诠释学；17、18 世纪，《圣经》的世俗化与宗教改革活动，使诠释学的研究对象扩展到了《圣经》教义之外的古典文学作品，故确立了诠释学作为一门学科，成为一般的与理解和解释方法有关的学问发展开来；而到了 18 世纪末至 19 世纪初，诠释学的研究对象完全超越了宗教神学，涵盖了包括艺术作品在内的所有的精神科学文本。

普遍诠释学早期代表人物阿斯特（G. A. Ast）的诠释观强调把文字文本作为主要研究对象用以解释古代的普遍精神，通过对文字的琢磨历练达到对作者精神世界的把握。但是，由于古代社会本身有着艺术的、科学的、公共的特殊性质，所以它所展现出来的作品也具有多样性。古代书写下来的语言形式其实就是作者的精神表现。所以，真正将诠释学作为一种普遍性的系统阐述是在浪漫主义学派施莱尔马赫（E. Schleiermacher）那里得以完成的。

从 19 世纪施莱尔马赫普遍诠释学思想建立之后的诠释学发展总体趋势来看，诠释学研究者总是习惯性地将诠释学分析界定在精神科学的领域中，并没有试图将诠释学作为一种方法投放在自然科学领域中的想法。人们通常这样认为：与自然科学相对应的是社会科学，而社会科学的雏形——"民族世界"是意大利人维科早在 18 世纪就已经创建好了的，他创建"民族世界"的目的就是要建立与自然科学相对应的社会科学，并企图在社会科学中能够获得与牛顿、伽利略等人在自然科学领域同样的成绩。西方国家里，情况大抵是类似的，关于"社会科学"一词本身在历史上的用法就有很多种，例如最早法国人叫作"道德科

---

① 《牛津高阶英汉双解词典》，商务印书馆、牛津大学出版社 2009 年第 7 版。

学",德国人叫作"历史科学"或"价值科学",常使用与 Naturwissen-schaften(自然科学)对应的词语 Geisteswissenschaften(精神科学)来表述。在引入中国的时候,更多的人倾向于将有别于自然科学的学科按照英文的翻译方式翻译成为"社会科学"(social science)或"人文科学"(humanities)。其实,在德语中,精神科学是囊括社会科学与人文科学在内的几乎所有与人的知识有关的学科。也就是说,无论我们使用社会科学——social science,还是使用人文科学——humanities,都无法彻底地把"Geisteswissenschaften"具有的含义充分地表达出来,因为它们都只涵盖了 Geisteswissenschaften 的一部分意思。所以,为了更好地表明狄尔泰精神科学方法论基础的立场以及避免中文术语转译过程中的以偏概全之嫌,本书采用 Geisteswissenschaften 的德语直译——精神科学。

魏格纳曾经指出,近代科学发展中的主要间隙就是自然科学与精神科学的分离。近代科学取得辉煌成就的同时埋下了科学危机的种子,胡塞尔认为伽利略将自然数学化及实证主义将科学的理念完全还原为纯粹事实这两种因素成为欧洲当代科学危机爆发的根本原因。伽利略式的自然科学发展使科学丧失其对生活意义的追求,而人类生存的意义基础应该是那个被自然科学遗忘了的生活世界,而不是伽利略眼中的"数学上全域的自然"。胡塞尔对伽利略式发展的批判并非对科学本身进行抨击,而是对自伽利略以来的近代科学研究建立在"数学化的自然"上观点的反对。从 19 世纪后半叶开始,人们的科学观和世界观深受实证主义的支配与操纵。与那个轰轰烈烈蓬勃发展的自然科学研究阶段相比,自然科学研究的繁华冒进过后留给人们一片侄侗思想的怆然景象。人们不禁对整个自然科学研究进行反思:人类生存的意义何在?人类作为整个世界的主宰所追求的终极目标是什么?关于科学理性和非理性的划界是否将人类主体性同样排斥在理性的大门外?这些问题都给人类留下了无限的思考空间,人们急需新的观点和思想来填补头脑中理性的空白。

而 20 世纪初期出现的逻辑经验主义成为当时最具影响力的科学哲学观点。逻辑经验主义继承了孔德以来的实证主义、马赫主义与逻辑原子主义,他们沿袭了古希腊独断论坚持客观知识的立场,主张科学知识可以通过特定的标准做出明确的判断,并提出关于意义标准的可证实性与可检验性两种原则，并且将科学的划界问题作为其科学观点的出发点与根基，企图建立科学整体统一的划界标准，从而拒斥毫无意义的形而上学。除了用逻辑分析的方式划分科学与非科学之外，逻辑经验主义者还持有把所有科学还原为物理主义从而形成统一科学的主张，这种思想一度成为西方科学哲学的主流思想，这时的逻辑经验主义科学哲学家并不会给自然科学之外的其他任何学科赋予科学的地位。不仅如此，逻辑经验主义者将自然科学的研究方法逐步地扩展到自然科学领域之外的精神科学领域。面对这种情况，有着良好诠释学研究背景的学者们大胆地提出：别插手精神科学！以此来消解自然科学方法论的侵袭并为精神科学的地位进行辩护。

如果我们说早期的诠释学是以诠释学学科的形式出现的话，那么诠释学真正被世人所熟知要归功于被誉为"诠释学之父"的狄尔泰（Wilhelm Dilthey）所做的努力——将诠释学发展成为精神科学独立的方法论——狄尔泰将毕生的精力全部投入此中。正是由于他将诠释学作为精神科学方法论的工作，使精神科学同自然科学一样，获得了科学的合理性地位。之后，诠释学经历了海德格尔的本体论诠释学转向与伽达默尔的实践诠释学，特别是伽达默尔的哲学诠释学分析，将诠释学发展推向了极致。

但是，诠释学涉猎自然科学领域的滞后对于伽达默尔原初意愿来说不能不算是一种遗憾。尽管到现在为止，伽达默尔的诠释学分析是否适用于自然科学仍尚存争议，但其后期著述中涉及诠释学的普遍适用性是毫无疑问的。所以，从某种程度来说，伽达默尔的诠释学思想是涵盖自然科学领域的。如他对实验做出的阐述："在自然科学中，所称之为事实的也并不是随意的测量，而是表征了对某个问题之回答的测量，是对某种假设的证明或反驳。因此，为了测量特定数值而进行的实验，即便按照所有的规则进行了最精密的测量，也并不因这一事实而获得合法性。只有通过研究的语境方能获得合法性。这样，所有的科学都包含着诠释学的因素。正如在历史领域中不可能孤立考虑其问题或事实那样，自然科学领域中的情况也同样如此。"① 当然，伽达默尔的这种自然科

---

① Hans-Georg Gadamer, *Truth and Method*, London：Continuum, 1989, p. 563.

学中存在的诠释学思想的理解维度，是人在现代科学中的自我理解，而不是指诠释学在科学中的实际作用。直到 20 世纪 70 年代，西方科学哲学家们思想中的诠释学因素的出现及科学哲学的诠释学转向为诠释学指明了新的发展方向，诠释学跨向了当代诠释学发展阶段。

当代诠释学的进发沿袭了胡塞尔的现象学思想，特别是胡塞尔对生活世界概念的阐述不仅构成当代科学研究的意义基础，而且也成为科学诠释学理论形成的基础理论来源。人们从胡塞尔现象学观点中得到的启示是：自然科学研究无法脱离人作为主体的存在，自然科学的研究对象不仅仅局限在上帝创造的这本自然之书那般单纯的自然界中，还包括对富有意义的自然界认识的物化与意义的追求。也就是说，无论是对自然科学还是精神科学进行的探索，人类意识与人类主观性起着重要的甚至是决定性的作用。不确定性与非决定性、偶然事件或突发事件也会对研究的进程造成极大的影响——例如 20 世纪的量子力学最大的特征就是其反直觉与反日常经验的——传统科学本体论预设下的科学理论与研究方法无法对此进行恰当的解释与说明。科学的研究也是建立在对整体性科学的理解、解释与说明的整体活动之上，科学理应作为一个不可分割的整体进入人类视界。

所以，我们甚至可以这样认为，是胡塞尔等现象学家们最先意识到诠释学在科学及理解科学中所起的重要作用。既然生活世界是科学研究的意义基础，那么自然科学研究就已经具备了诠释学的特征，诠释学理所当然可以作为一种方法运用在自然科学及相关研究中。

在对国内、外关于诠释学与科学哲学思想中所包含的诠释学因素进行综合考察之后，不难发现已经有很多学者非常关注和重视科学中的诠释学因素，在该论域中所形成的观点也日趋成熟。但是，无论是针对科学的诠释学分析，还是关于科学诠释学的著述中，都局限在对诠释学发展脉络的整理及科学诠释学的提出上，只是宏观性地对科学诠释学做出抽象性的概述，没有从系统性的理论论述及整体理论架构的角度出发对科学诠释学进行总体概括，并且缺少对当代科学多元化发展的分析与联系。为了弥补该领域综合理论建设上的缺失，书中综合运用实证分析、历史考察和比较研究的方法，系统地阐述了科学诠释学的整体理论结构，并结合当代科学发展的多元化朝向特点，为对当代科学进行诠释学的分析提供支持。

本书沿着诠释学的历史发展历程，以科学诠释学的历史理论溯源作为切入点，概括出科学诠释学的理论形成。之后结合国内外对诠释学及科学的诠释学分析有关的文献与论题，凝练出科学诠释学的本质内涵，并对科学诠释学的方法论特征做出详细的说明。最后结合多元化的科学发展方向，指出当代科学理解中的科学诠释学及其实践应用。本书采用类比的定性分析方法，阐述科学诠释学的整体理论，试图以此来帮助那些关注当代科技进步的人更容易地理解和掌握复杂深奥的科学概念、理论及分析方法。

本书由六章系统性论述和结束语组成。

第一章，考察了科学诠释学的科学理论来源与诠释学的宗教神学以及哲学诠释学理论基础，指出英美国家与大陆国家对科学的传统划界对科学进行诠释学分析所构成的障碍及进行科学诠释学研究必须阐清的概念与解决的首要问题。

第二章，以科学诠释学的理论形成背景作为切入点，具体分析了自然科学方法论的扩张趋势及其在扩张过程中受到的来自精神科学研究领域的学者的抵制，通过狄尔泰精神科学方法论的建立，论述科学哲学与思辨哲学二者之间的相互融合与科学诠释学的形成过程。

第三章，对整个科学诠释学本质内涵做出简明概括，详细地介绍了科学诠释学将文本与科学整体作为研究对象，论述了科学诠释学的研究核心是对语言的关注及隐喻在科学研究中的重要作用，最后引出科学诠释学的研究目的是在富含意义的生活世界基础上对意义的追求。

第四章，对科学诠释学方法论的具体说明，将诠释学方法论原则进行衍化，使之成为科学诠释学的方法论基础，并且从理解、解释与应用的三位一体及诠释学循环入手，阐明科学诠释学的方法论特征。

第五章，通过科学诠释学与其他哲学之间的理论关联，理顺科学诠释学与现象学、建构主义社会学、认知科学中的对应关系，并且在当代科学认知多元理解特征与交叉性学科的发展趋势基础上，阐明科学诠释学的特质及发展趋向。

第六章，介绍了科学诠释学的实践应用，在实践的诠释学思想与诠释学实践基础上对当前科学研究整体过程进行诠释学的解读，分析说明科学发现、科学理论与科学实验中蕴含的诠释学因素。

结束语部分，在对科学诠释学研究意义与发展前景予以积极评价的基础上，提出科学诠释学在实际应用中遇到的困难与面临的挑战，指明科学诠释学理论架构及科学诠释学应用分析的研究意图，分析科学诠释学理论形成中存在的缺点与不足。

囿于诠释学是发源于古代的古老学科，谈及与诠释学有关的创新之处便略显浅薄。本书的新颖之处在于：综合科学、哲学与诠释学的共同话题，在西方诠释学背景理论的研究基础之上，把科学看作是一个不可分割的整体，通过使用诠释学的分析方法拓宽人们对理解整个科学及科学研究的思考空间，铺设科学诠释学整体理论结构，并且在当代科学多元理解特征的基础上，对科学进行诠释学的解读，通过指明诠释学与复杂性学科之间的关系，阐述诠释学作为方法论在当代科学分析中的关键作用，论证人类在接受知识的过程中的诠释学分析是如何发挥其重要作用的。

在对科学进行诠释学分析的实际运用中，必须指出的是：其一，由于科学诠释学本身涵盖的范围比较广泛，需要进行多方面的考察，包括分别对科学诠释学基于科学的、诠释学的、现象学的历史溯源和理论来源做仔细的对比与提炼，由于涉及范围较大，加之资料繁杂，在文献的整理过程中难免有疏漏和理解不当之处。其二，由于诠释学在发展过程中涉及了海德格尔的本体论转向，所以科学诠释学基于本体论的思考也是一种研究视角。2002 年诠释学国际研讨会上，美籍华裔哲学家成中英先生试图建立本体诠释学（onto – hermeneutics）的哲学理论就引起了学术界很大的关注，由于诠释学溯源于西方，本体诠释学最接近西方哲学传统。诠释本体以客体的对象为本体进行诠释，本体诠释学的主体就是如何对客体进行认知与把握。[①] 其三，关于诠释的技艺，我国古代早已有之，书中对中国传统诠释理论研究的缺失实在是一种遗憾，有待在科学诠释学的后续研究中将其完善。

尽管科学诠释学的理论研究不可避免地存在或多或少的需要我们不

----

① 丁怀超：《2002 年诠释学国际研讨会综述》，《安徽师范大学学报（人文社会科学版）》2002 年第 9 期。

断改进和自我批判的缺陷与不足之处，但是它在未来科学技术与科学哲学发展中体现的跨时代意义是不言而喻的。本书希望以此为科学进步和不同学科间交流互动提供有效的对话平台，能够引起更多的相关研究领域的人们对诠释学及其在科学中应用的关注，这也正是笔者关于科学诠释学元理论研究的前瞻性和必要性之所在。

第 一 章

科学诠释学的历史溯源

当人们意识到科学逐渐呈现出纷繁复杂的发展脉络时，对科学进行诠释学的反思就显得刻不容缓。而科学诠释学又奠基于科学与诠释学的双重理论基础之上，它们共同刻画着科学诠释学的发展图景。无论是科学的起源还是诠释学的研究基础，又都与神学或者宗教密切相关。所以，若想更全面地了解科学诠释学，必须要从其科学、诠释学乃至神学的历史理论溯源出发对其进行整体性的把握。

一 科学诠释学的科学理论来源

美国权威调查机构"哈里斯调查"曾对 2000 多名美国人进行调查：将近一半的美国人不确定上帝是否存在，41% 的人认为其是"一种神明，能幻化为人的形态"，对于上帝是否操控世上万物，近半数的受访者认为，"上帝注视着我们的一举一动，但并不插手"。调查结果显示出，在美国人眼中，通过科学手段发现外星生命似乎比相信上帝存在来得更真实一些。由此看来，当上帝不再以万能的身份出现，日益成长的理性已经不再信赖任何外在的权威了，值得信赖的只有理性自身。所以我们说："上帝隐退了。"①

"上帝隐退"观念代表了人类精神路向的一种转变，即理性取代了

---

① 德国诗人霍德林（Friedrich Holderlin, 1770—1843）首先提出"上帝隐退"一说，之后受到海德格尔的热捧。

原始的宗教崇敬。于是乎，人们不再将上帝的旨意作为唯一的信仰对象，本初的自然世界、理念世界以及对人自身的研究开始走进人类视野，由此开启了对世界之真理、意义和价值探求的科学之门。

（一）科学的界定

> 没有宗教的科学是跛足的，没有科学的宗教是盲目的。
>
> ——爱因斯坦

人类从未停止过对科学进行理性的思考，科学也因此得到了人们极端的尊重。现在我们称之为"科学"的东西与古时候的"哲学"（philosophia）① 有着相同的渊源。例如，古希腊时期，人们无法严格甄别科学与哲学，那个时期的哲学包含着科学，它指称各种理论知识——物理学、逻辑学与伦理学等都属于"哲学"的范畴，哲学囊括了古希腊人心中所有的科学。

有趣的是，被称为百科全书式的智者亚里士多德的论述中也充斥着对神的崇仰之情。他认为地球是宇宙中心，神是终极原因。另外，历史上关于上帝与自然之间的诸多论述明显表明了神学及宗教在科学发展过程中的影响，宗教信念起到了预设科学并为其辩护的作用，科学研究的理念和解释经常受到宗教信仰的驱使，人们对自然的探究还保持在宗教的界域内，带有宗教性质的阐述广泛地存在于对自然界的描述中。

直到 16、17 世纪，人们对自然的理解才发生了一些转变，但是还有很多自然哲学家认为他们的工作是对造物主创作的探索。近代科学的产生使科学逐渐取代了宗教的部分功能，但是科学工作者的科学研究仍旧与其宗教信仰并行共存，而且宗教信念在对待一些现象的最初解释中总是保持着优先的地位，随后才会被精致科学发展的解释所取代。尽管如此，与宗教性质相关的陈述还是经常被用来填补科学解释的空缺。到了 19 世纪后，宗教与科学之间的相互影响呈现出多样化的趋势，科学

---

① Philosophia 是古希腊人由 philos 和 sophia 两部分构成的动宾词组，philos 是动词，指爱和追求，sophia 指"智慧"，所以，古希腊哲学是指"爱智"。

家仍旧坚信宗教信仰与科学研究相得益彰。直到如今，科学家的宗教信仰仍旧占据着与科学研究同等重要的地位。例如彼得·道德森（Peter Dodson）认为脱离了宗教，科学在触及人生意义和人类价值的时候会束手无策，宗教信仰与科学研究并行不悖，宗教的"启示之书"应当被用来丰富"自然之书"，并且二者都与宗教相关联的话是会促进科学的蓬勃发展的；① 麦格拉思（Alister E. McGrath）认为，科学理论的相对性与暂时性体现了科学理论的使用具有一定的风险；物理学大师约翰·鲍金霍恩（John Polkinghorne）也曾经指出："科学家可以向基督徒阐述有结构的实相，并宇宙悠长进化的过程，从而约束基督徒的口，叫他们不致对神创造世界的事妄下判论。科学家也可以从基督教信仰得着启迪，开拓科学知识以外的眼界。自然界精致巧妙、生生不息，处处表明一件事实：万有由神创造。"不仅如此，他使用被物理界广泛接受的量子纠缠（quantum entanglement）现象作引揭示了世界的关联性，从宗教的意义层面恰到好处地解决了理论过时与被推翻的问题，从而在相当大的程度上缩减了理论的相对性给科学发展所带来的影响。所以他支持自然科学与神学在某种程度上的整合，认为这种整合可以促使自然科学与神学理论都丰富与完善起来。②

而谈及宗教信仰对科学的影响，"并不是说它们直接地影响了科学的实践，因为关于方法论的陈述常常是一些合理化说明，被用来为业已存在的研究程序作辩护。然而，历史学家对这样的合理化说明却有很大的兴趣，因为它揭示了涉及在科学共同体内外为科学工作赢得尊敬的社会过程的某些方面"③。

也就是说，如果人们在特定的历史条件下来理解宗教与科学的理论与实践，而非将其理解为狭隘的科学理论编年史，宗教与科学之间的相互关联便显得颇具意义，宗教历史的研究与认同对于更好地理解科学及

① 梅尔威利·斯图尔特：《科学与宗教：二十一世纪的对话》，徐英瑾译，复旦大学出版社 2008 年版，第 16 页。

② 关俊宇：《神学与自然科学整合初探》（http://www.chinesetheology.com/CYKwan/TheologyNNaturalScience.htm）。

③ 约翰·布鲁克：《科学与宗教》，苏贤贵译，复旦大学出版社 2000 年版，汉译前言，第 25 页。

科学与宗教之间的关联具有重要的辅助作用，所以，宗教知识不应该被极端地贬斥在科学研究的大门之外。

具体来讲，人们对科学与宗教二者之间的关系持三种态度。一种观点认为科学与宗教二者之间呈现尖锐的对立状态；一种则承认二者之间本质上的互补关系；第三种观点则坚定地认为，与其说科学与宗教之间的拼驳是一种对立，不如肯定双方之间的相互作用且促进了彼此的发展。

在漫长的历史演进中，科学经历了神学与宗教的束缚与洗礼，不再局限于人类对自然探索和积累知识的层面上。在此期间，科学总是不断地被人们赋予各式各样的定义。按照大陆国家传统的认识，科学属于一个广义的概念，比如德语中"科学"（Wissenschaft）一词的词根就是"知识"（Wissen），而我们当前所使用的科学的概念实现于"近代各门自然科学及其在经济与技术中的运用"。[①] 例如康德在《自然科学的形而上学起源》一书中曾对科学做出如下定义：每一种学问的任务按照一定的原则建立一个完整的知识系统的话都可以被称为科学。按照康德的观点，只要能够按照一定的原则建立一个完整的知识系统，都可以称作科学。如此一来，科学便可以被理解为是一个广义的概念。[②] 科学在康德那里被概括为陈述系统，在威尔格南特（R. Wohlgenannt）眼中，科学则成为符合句子生成与转换规则的陈述间无矛盾的句子的联系体。于是，人们为了避免与康德的"科学"定义相混淆，直接将维尔格南特赋予科学的这种定义称为"解释"。[③] 再如德国哲学家马丁·海德格尔（Martin Heidegger）则认为从科学本身来讲，没有任何领域优于其他领域，自然与历史一样，并不具备任何优先性。数学知识的精确性也不意味着它具有比其他学科更高的严格性。科学与世界之间的关联促使科学去寻找它们自身的存在，同时使存在者按照其自身的存在方式成为

---

① 伽达默尔：《科学时代的理性》，薛华等译，国际文化出版社 1988 年版，中译版作者自序。

② 郭贵春、成素梅：《当代科学哲学发展趋势系列访谈——访汉斯·波塞尔教授和李文潮教授》，《哲学动态》2006 年第 11 期。

③ ［德］汉斯·波塞尔：《科学：什么是科学》，李文潮译，上海三联书店 2002 年版。

研究与论证的对象。所以对科学的研究是对存在本质的寻求。[①] 至此，人们对待科学的态度已经从着眼于自然现象转而朝向寻找生命体本原，科学研究也已经扩展到对人类本身的探求，科学与科学研究不仅体现着为人类服务的价值，并且成功地为人类生存提供技术指导。苏联著名科学家拉契科夫（Петр Алексеевич Рачков）从三个角度给科学做出了综合性的定义：

（1）以社会意识形态的观点来看待科学，科学是依赖于实践系统地和不断发展地认识现实的客观的本质联系的一种基本形式，这种认识提供了预见事件的可能性，并且是人们合理活动的基础。

（2）以特殊的社会体制的观点来看待科学，科学是一种特殊的社会活动，是一个相对独立的社会体系，这个体系把科学家和科学组织联合起来，为认识现实的客观规律和确定实际应用这些规律的形式和途径服务。

（3）以科学的社会作用的观点来看待科学，科学是社会的一种直接的实践力量，这种力量由于在生产力和社会关系中体现科学的成果而被建立起来，并且通过使人们的活动与科学所揭示的客观规律的性质越来越符合的途径而得到发展。

所以，科学整体定义可以表述为：科学是关于现实本质联系的客观真知的动态体系，这些客观真知是由于特殊的社会活动而获得和发展起来的，并且由于其应用而转化为社会的直接实践力量。[②]

综括以往人们对科学的定义，科学可以认为是反映自然、社会、思维等客观规律的分科知识的综合体系。而本书对科学采用的定义是来自德国柏林理工大学哲学系汉斯·波塞尔（Hans Poser）教授在《科学：什么是科学》一书中对科学做出的分析总结。他将科学具体划分为科学史、科学社会学、科学心理学、科学政治学、科学道德学、科学认识

---

① Martin Heidegger, *Pathmarks*, edited by Willim Mcneill, Cambridge: Cambridge University Press, 1998, p. 83.

② ［苏］N. A. 拉契科夫：《科学学——问题·结构·基本原理》，韩秉成等译，科学出版社1984年版，转引自张九庆《自牛顿以来的科学家——近现代科学家群体透视》，安徽教育出版社2002年版。

论及科学形而上学。①

（1）科学史主要是用来研习科学发展的历史进程，这个过程通常会使用到历史学家的一些研究方法。科学史的重要性有如惠威尔（William Whewell）指出的那样——科学的历史清晰地表明科学探究的任何新分支都需要其具有与众不同的方法论，而且这种新分支的分化过程反映了科学从指称一切知识转化为经验研究与专业高度化的现代含义。

古往今来，人们对科学的历史总是保留着极端尊重的态度。从古希腊欧洲理性文化诞生时期开始，智者们在工作之余就常会撰写科学史，尽管那时候的科学还只是知识和学问的代名词；到了近代科学产生的文艺复兴时期，新科学的倡导者们对科学史也相当重视，因为他们认为只有历史性和古老的权威才有利于捍卫学术思想的合法性；到公元18世纪，对科学史的重视达到了前所未有的高度，当时的科学史主要记录的是知识的演化、科学家活动的描述及与科学事业发展相关的史实；直到19世纪末20世纪初，皮埃尔·迪昂（Pierre Duhem）才将科学史的研究建立在严格的文献考证基础上，其时代的考古学、语文学及人类学的发展同时弥补与扩充了科学史的研究范围。② 而现代科学理论发展与科学方法论发展中的一个主要特点也是对科学史的日益重视，③ 人们只有通过对历史分析的强有力的证据基础才能更好地论证科学、技术发展与社会进步是不可阻挡的。

（2）科学社会学与科学发展的社会条件、背景息息相关。人们对科学的理解程度取决于不能忽视的社会、政治与历史等状况。在这个意义下，科学完全可以被理解为一种社会现象，科学研究工作者可以被视为科学研究的群体来对待。它们之间的关系不仅包括科学共同体之间、科学工作者之间的联系，还包括科学研究者与社会之间的联系，科学成为人类社会化进程中的一种人类行为。

---

① ［德］汉斯·波塞尔：《科学：什么是科学》，李文潮译，上海三联书店2002年版，引言，第1—7页。

② ［英］约翰·H.布鲁克：《科学与宗教》，苏贤贵译，复旦大学出版社2000年版，汉译前言，第2页。

③ ［英］A.F.查尔莫斯：《科学究竟是什么》，鲁旭东译，商务印书馆2007年版，导言，第11页。

然而，社会所具有的特性是未经人们选择也是人们无法选择的。由于社会先于单独个体出生而存在，无论在社会中还是科学研究中，科学的理论都要涉及单独个体客观情况的限制，而不是普遍化的对绝对自由的诉求。所以，人们无法选择其社会处境。包含着文化与环境的社会处境塑造了人们的愿望、价值观、信仰与目标。同理，科学家也毫无例外地会受到文化与社会因素的限制，进而影响位于其基础上的科学研究。特别是人们在研究过程中面临着对各种理论、数学方法、仪器和实验技术等条件的选择，科学家所选择的行动路径受客观存在的情况所限并且由其决定；而针对某个特殊的个体的科学家的行动路径则由该科学家个人所获得的现有资源的子集所决定。也就是说，科学家在研究活动中可以遵循个人主观意愿的行动路径也是处在一定范围内的。例如，开普勒在天文学的研究中，就曾经接受了第谷·布拉赫关于天文学的材料，并把它当作关于宇宙几何构造的预先证实；大卫·玻尔完善了汤姆生和洛伦兹的研究方法，并触及了普朗克的量子假说，他在曼彻斯特大学卢瑟福实验室的四个月的工作中最大的收获就是在卢瑟福提出的原子核式模型的条件下，基于解释原子的力学稳定性和电磁稳定性上遇到矛盾的基础上才奠定了自己的原子结构理论。

（3）科学心理学的关注点是科学研究工作中的单独个体，它主要分析科学工作者在科学研究进程中的非客观性因素对科学工作者本身及科学研究所带来的潜在影响，包括把握研究个体的精神分析活动与宗教信仰之间的关联。无意识心灵范围的确定，能更好地为那些在科学研究中突发的与先前经验关联很少甚至毫无关联的研究内容会突然出现在研究个体意识之中，从而获得意外的正确研究结果提供证据。比如，尽管伽利略开创了近代科学数学化的自然体系，但他也并不绝对排斥个体感觉经验的重要性。伽利略认为，感觉经验在具体研究中有时的确会出现纰漏甚至导致误解，但是其必不可少，只有将其与数学以及推理结合起来才能为演绎提供坚实而可靠的基础。① 又如方才所提到的玻尔的研究工作，玻尔的生理学、心理学学科理论潜移默化的学习基础为他在量子

---

① 张汝伦：《意义的探究——当代西方释义学》，辽宁人民出版社 1986 年版，第 329 页。

力学研究领域的独到见解提供了更好的理论支撑。除了强调从父亲那里接获的生理学知识与量子力学之间的相似性之外，他从威廉·詹姆斯的心理学意识流概念暗示内省分析的局限中获得启示，即在思维停止之前对其做出审视则会中断意识流，那么，思维也必然受到破坏。也就是说，主、客体之间相互关联，主体会对客体造成干扰，这种干扰在玻尔的互补性原理的阐述中也起到了关键的作用，他抛弃了超然的观察者形象，认为互补性概念完全可以解决物理学和心理学之间的悖论。

（4）科学政治学将科学视为社会机构，这个机构会影响到科学研究的研究目标和前进方向。尽管科学的发展与进步不应将着力点放到科学增长的物质与社会的影响之中，但是科学实践和科学成果在实验室之外的应用却会明显地具有政治学的因素。例如传统的政治活动——政府与准政府组织对科学研究的组织和实践普及颇具影响，其为科学研究提供政治层面的支持与科学研究资金的划拨，调动资源以为某种有目的性的科学研究服务。由于科学整体理论具有建构的特征，实验室微观世界的建构与运用充分体现了权力关系在科学研究中的运用。实验室不具备封闭的特征，基于知识的实验室产出的特性，我们务必铭记人对制度的管理分属于权力这个政治概念。此外，科学的普及和科学成果在社会上的推广就是新理论、新产出从实验室向社会的推广。

当然，实验室中产生的政治影响不能简单地定位于特定成果向实验室外的转移，因为人们不能将实验室中进行的程序或事物单独抽象地割裂开来将其投入社会环境中，并期待其在不同的环境中都能获得理想的效果，因为这样会牵涉到实验室情境的整体扩展，而技术系统与社会组织之间存在互动的复杂性关系反过来又会制约该扩展。所以，科学的政治学为科学实践的政治影响及其向科学之外的适度普及提供评估的整体框架。

（5）科学道德学在波塞尔教授那里被定义为一门新的、具有规范作用的学科。科学道德学主要涉及科学家的道义及某些科学研究所带来的关于伦理、道德及社会价值观的取向问题，例如细胞核移植技术、战争武器配备等技术应用。涉及道德的科学伦理学在二阶事理学（二阶控制论)① 学派学者的观点中是这样阐述的：系统的建模和优化决策结果与观察者主体因素相关，观察者主体的出发点、利益共识等个体因素不同会影响整个系统的改变，所以，客观并不存在，是"共享的主观性"，即"共识"的变相体现。由于对纯粹客观性存在的否定，伦理属于观察者自身范畴，不能作为基本点而推衍至一般观察者，所以，统一的伦理观点是不存在的，重点是谋求共识、彼此信任、增加理解，从而推动社会使之增加容忍与宽容。②

任何事物都具有两面性，当人们沾沾自喜于科学及科技进步带给人类的收益时，也同时面临着人类伦理及道德选择的困境。它表现为一旦出现有悖伦理道德的情况，人们只是从社会价值观出发对其进行规束。直到目前为止，许多科学研究、科技研发的应用都属于宏观的伦理道德范畴。而它的本质特性决定了这种情况并非单个科学家与科学团体所能掌控与负责的，亟须整个人类达成共识，从而对其进行规范的、有效的掌控。

（6）科学认识论是围绕英美科学哲学的发展脉络总结出来的，它不针对某一单独学科的方法论，而是将科学作为认识活动来进行研究，从而探讨能够使科学知识成为可能的普遍的先决条件。然而，这种情况下对科学进行的研究局限于简单的科学认识论阶层：自伽利略时代起数学化自然的创立，人们堂而皇之地认为科学知识是从经验事实中推导出来的，是通过观察及实验所获得的。但科学史上出现的众多例证——哥白尼、达尔文、爱因斯坦对传统理论的颠覆——都表现出科学的发展有时会与人们设想的科学发展方向不一定完全一致。通过观察与实验所获得的知识的真实可靠性受到了多方面的质疑：一部分质疑者以观察的本质分析及逻辑推理的本质与能力为前提，例如亨普尔在《自然科学的哲学》中的观点：科学假说或科学理论不可能被任何一组现有的资料

---

① 事理学（cybernetics），即控制论，国内外学者认为翻译为二阶控制论有以偏概全之嫌，胡继旋先生认为，该词语翻译为事理学也是钱学森先生的本意，它与物理学相对应，翻译为事理学能够更好地反映该学科的特色。详细内容参见 http：//www.wintopgroup.com/read-ings/articles/foerster.pdf。

② 胡继旋：《对理解的理解：介绍海因茨·冯·福尔斯特及二阶事理学（二阶控制论）学派》（http：//www.wintopgroup.com/readings/articles/foerster.pdf）。

定论地证明，无论这些资料多么精确、范围多么广。科学中不可能有判决性实验，科学研究中不能排除这样或者那样的众多的可能性，而只是在相对的观察和经验实验中预解释它们，而非定性地演绎；另一部分质疑的声音就来自前文提到的对科学史及科学实践的关注。

20 世纪后的科学哲学从逻辑经验主义开始，经由历史主义、科学实在论与反实在论的争论而进入一个后经验主义时代，后经验主义排斥了早期逻辑经验主义基本思想，逐渐开始关注和重视人作为主体在整个广泛的科学研究中的作用。早期逻辑经验主义对形而上学的拒斥，提倡科学的认识方法，确立了科学与非科学的划分标准，并推行归纳主义原则，这种归纳主义原则后来又被后经验主义者所摒弃，因为后经验主义者认为早期经验主义与教条主义遵循一成不变的方法、规则及对归纳法的过度使用在某种程度上成了科学进步的障碍。随着自然科学研究的不断进步，自然科学涉及的诸多新领域已经无法用传统的理论来进行解释与佐证，逻辑经验主义的归纳法已经失去其初始功效。这个时候，历史主义与后经验主义者注意到观察与理论之间生成的新的关联，比较著名的即汉森所提出的"观察渗透理论"的说法，科学知识是依靠主体建构起来的，是一种社会活动。

（7）科学形而上学。形而上学关注事物的核心问题，如基础、前提、成因、第一原因和基本结构，存在的意义和目的。不仅如此，它为众多分科之学奠定基础，并赋予其根据与理由。因此，形而上学是科学的基础，是科学的科学，甚至狄尔泰都承认，除科学之外，连宗教与国家、法律和历史的文献都曾出现过形而上学的影子。[①] 然而，形而上学在现代科学中的地位发生了动摇，特别是自然科学的迅猛气势，似乎不需要形而上学作为其发展和进步的基础，且分析的科学哲学甚至有将形而上学从精神科学中剔除的趋势——形而上学在 20 世纪兴起的逻辑经验主义的运动中被强烈地贬斥——与可由经验证实的命题相比，形而上学的陈述由于得不到检验而应该作为荒谬的东西被逻辑经验主义者彻底抛弃。

如果斯宾诺莎、黑格尔等人对形而上学的恢复从而重建形而上学的

---

① 张汝伦：《20 世纪德国哲学》，人民出版社 2008 年版，第 7 页。

合理地位获得成功的话，我们完全可以将科学形而上学简单地理解为一种设想，它涵盖了人类、社会、世界环境之间的内在联系。科学形而上学的重要性体现在科学并非完全是以经验为基础的归纳，科学命题的真伪不能通过反复的归纳论证得出。逻辑经验主义者那种过分强调科学研究中归纳的普遍性忽略了科学发现大多始于形而上学的猜测性假说的根本前提，否定形而上学在科学中的重要意义势必导致科学理性的部分泯灭。只有意识到这点，科学形而上学的重要地位才可以得到巩固。

　　概而言之，德国哲学思想史中的传统科学哲学的含义远超过了英美分析科学哲学者眼中关于科学认识论的研究。逻辑经验主义哲学运动获得的成功无法否认，但是"科学史、科学哲学与科学社会学的研究成功地质疑了实证主义对科学理论的阐述，人们不可能再把科学理论视为独立的演绎系统。仿佛它的每一命题都是从那些与之明显有联系的可证实事实中获得意义的。事实证明，不同科学部门中出现的理论构造是相互依赖的，而且也不完全由它们所要解释的材料所决定。科学是一个综合体系，它对于每个个体关于人类、社会、文化之间重要关系的分析都带有形而上学的色彩，人们有必要适应这样一种观念：理论科学的概念是在一些复杂的网络中联系在一起的，而网络的组成部分发生改变的可能性也各不相同"①。

（二）科学的划界

> 近代科学中的最重要的间隙是什么？显然是物理科学和精神科学的分离。
>
> ——魏格纳

　　西方哲学认识论之初并未对自然科学与精神科学做出严格一致的划分。古希腊时期的智者们经常讨论的议题是对世界本原的追求。特别需要指出的是，与苏格拉底将研究视角重新定位于人类本身相比，亚里士

---

① ［英］约翰·H. 布鲁克：《科学与宗教》，苏贤贵译，复旦大学出版社 2000 年版，第341 页。

多德才是古希腊自然科学综合研究的集大成者。随着自然科学发展势头越来越迅猛，人们逐渐割离了上帝与万物世界的种种关联，确立了通过对自然科学的研究帮助人们把握自然的本质和规律这一世俗化的目标。[①] 这个时候，自然科学与精神科学开始出现分离的状态——自然科学被狭义地确立为对自然世界进行研究，是通过摸索客观世界的发展规律从而达到对客观真理的把握；精神科学则表现为关注于文本，研究文本的意义，通过理解活动而使世界以不同的角度展现在人们面前。可以这样说，抵制精神科学并将其排斥在科学的大门之外的始作俑者就是对科学进行盲目的划分。从启蒙运动以来，特别是康德之后，自然科学被看作是知识的范式，它可以用来衡量其他的文化。

近代科学对自然科学盲目青睐的偏颇之论导致人们经常习惯性地认为科学——特别是指以外在的客观世界为研究对象的自然科学是唯一的理性行为形式，忽略了自然科学之外的学科的科学合理性，而有关人类社会的科学早已受到关注。

意大利人维科（Giambattista Vico）早在 18 世纪就雄心勃勃地创建有关人类社会的科学，并要使这种科学做出与伽利略、牛顿等人在"自然世界"同样的成绩。[②] 他创建"民族世界"的本意就是用来区分与自然科学不同的学问，这可算作是社会科学的雏形。关于"社会科学"一词本身在历史上的用法有很多：最早法国人叫作"道德科学"，德文中一般用于与自然科学（Naturwissenschaft）相对立的——精神科学（Geisteswissenschaften）来表述，也叫作"历史科学"或"价值科学"。在德语中，精神科学囊括社会科学与人文科学在内的几乎所有与人的知识有关的学科。所以，国内人们更多地倾向于将有别于自然科学的学科称为"社会科学"或"人文社会科学"。[③] 值得注意的是，无论"human science"所对应的中文术语"人文科学"还是"social science"对应的"社会科学"，都无法把"Geisteswissenschaften"具有的含义完全充分地表达出来，它们都只涵盖了 Geisteswissenschaften 的一部分意

① 彭启福：《理解之思——诠释学初论》，安徽人民出版社 2005 年版，第 153 页。

② ［意］维科：《新科学》，朱光潜译，商务印书馆 1989 年版，第 35 页。

③ 吴晓明：《社会科学方法论创新的核心：把握并切中当今的社会现实》，《浙江社会科学》2007 年第 4 期。

思。所以，为了更好地表明观点以及避免中文术语转译过程中的以偏概全之嫌，本书采用 Geisteswissenschaften 的直译——精神科学。

　　与 20 世纪初期胡塞尔打造科学的哲学所做的现象学工作相比，狄尔泰为精神科学获得科学的合法性采用了另一种进路，即从历史理性批判出发，将精神科学作为与自然科学比肩的科学，为历史认识和精神科学奠定认识论基础。狄尔泰认为，精神科学之所以是一门科学，源于精神科学面对的精神世界属于人类主体的精神创造。精神科学不必要像自然科学那样去寻找概念与外在世界之间的关联，也无须费尽心思去解决主、客体之间的同一性问题，因为精神科学主体精神的客观化物直接构成其（指精神科学）研究对象，这种关系不是建立在一个新的论题上，而只是发现人们自身的本质而已。精神科学若想获得与自然科学同样的地位，必须具有自己严格的方法论基础，自然科学和精神科学之间在知识的性质及如何获得知识方法论上是对立的。正是由于狄尔泰对获取精神科学"客观性"的渴望，无形中将精神科学搁置在了自然科学的对立面。他对二者的严格界定一方面重新恢复了精神科学的科学合理性，另一方面抵制了自然科学方法论向精神科学领域的扩张。狄尔泰对人类精神生活特征做出详细的说明，他认为，精神生活具有目的性、不确定性、可传递性，并且可以进行价值评价。自然科学从人类外部经验中获取知识，摸索自然现象中蕴含的因果关系，自然科学知识可以进行重复检验，不受时间约束，具有确定性的特征，并且自然科学研究对象作为"自在"的存在，不具有意识和目的性，对其进行价值判断定位于不同的客观对象；而精神科学则不然，它的研究对象不受永恒不变法则的支配，支配它们的法则是约定俗成的，即精神科学对现象的具体分析"永远停留在各种可能的因素上难以确定的量上"①，虽然在某些层面也可推敲出一定的因果关系，但这种因果关系不具备推广的普遍性。所以，狄尔泰那句"自然需要说明，精神需要理解"成为很多人眼中有关科学划界颠扑不破的评判标准。

　　世纪交替，技术体系的更替与发展使人们开始注重自然演进过程中

---

① 潘德荣：《神科学何以成为科学——狄尔泰的精神科学理论与哲学诠释学》，《社会观察》2003 年第 1 期。

人与自然关系的重建。比如柏格森"超越理智"① 的生命哲学观点反对静态的自然观，自然是一种"绵延"，是一个永不停止的创造过程；杜威对哲学中二元对立的改造，也致力于"建立一种以人的生活、行动、实践为核心而贯通心物主客的新哲学。他提出的经验自然主义不把经验当作知识或主观对客观的反映，也不把经验当做独立的精神（意识）存在，而当作主体和对象即有机体和环境之间的相互作用"②。这种以人为本的思想转变为反思科学研究活动中非客观性因素的功用、为各学科之间的交流提供了很好的平台。而自然科学和精神科学虽然呈现出了质的不同，但二者的论域都是人的行为的集合，自然科学与人文科学是互相扶持的，而不必厚此薄彼。费耶阿本德也指出科学与非科学的划界本身就不是绝对的，过分强调科学与非科学的划界会使科学的发展受到禁锢，例如科学与宗教、神话传说等非科学形态之间的关系密不可分，科学的发展在某种程度上来讲起源于此，所以不应该强烈地排斥这些非科学形态及其与科学之间的关系。

玛丽·海西在 20 世纪 80 年代的著作《科学哲学的革命和重建》中对自然科学与精神科学进行了比照，并列举了过去她认为自然科学与精神科学之间划分的五种标准：③

（1）自然科学的经验是客观的、可检验的，并独立于理论说明；精神科学中的材料往往由解释所决定，事实要根据理论解释重构。

（2）自然科学的相关理论是人类创建的或是范例，是基于假说—演绎逻辑上的说明：自然就是我们在经验和材料中所发现的那样；精神科学只限于重新描述对象材料，试图以一种更清晰、一致的方式重现对象的意义，它只是力图直观的理解而不是演绎的解释。

（3）自然科学中，对客观对象与研究者来说，类似经验类的法则关系是外在性的，因为它们之间仅形成了简单的关系。精神科学中，这种关系是内在的，因为研究对象本质上来说是由二者之间的相互关系构成的，并且在研究者意识到的人类理解的范畴的意义上来讲，二者之间

---

① 莫伟民等：《二十世纪法国哲学》，人民出版社 2008 年版，第 72 页。

② 刘放桐等：《新编现代西方哲学》，人民出版社 2000 年版，第 206—207 页。

③ Mary B. Hesse, *Revolutions and reconstructions in the philosophy of science*, Bloomington and London, Indiana University Press, pp. 170 – 173.

的关系是精神层面的。

（4）自然科学的语言是精确的、定型的、单一的，因为意义比较明确，而且意义只出现在将普遍范畴运用于详细论述时。精神科学中的语言具有多义性，它不断地调整着自身的意义。也就是说自然科学语言原则上能够公理化成一个形式的语言系统，人文科学语言以自然语言为主，是隐喻的、模糊的和歧义的。

（5）自然科学中的意义与事实相分离。精神科学中，事实是由意义构成的，材料是由文本、铭文、意向性行为、社会规则、人工物等类似事物构成，这一切与意义不可分割地联系在一起。

海西的这种观点代表了过去大多数人认同的那样——自然科学逻辑和说明方式的合理性客观存在，而精神科学更多地是体现着部分与整体之间有关理解的诠释学循环。但是，这种划分很快被发展的科学哲学的诸观点所扬弃，其中新经验主义者对其做出的新阐述体现了新经验主义者科学观中对诠释学因素的重视，并且与诠释学学者的科学观趋于一致。从这种角度来讲，自然科学与精神科学之间本无质的区别，而只是程度上的不同，如同人类学家试着理解远古时代文化中的人类行为并做出解释一样，物理学家则尝试着理解众多自然现象并做出解释。之后，海西意识到以此划分的局限性，继而对自然科学的理解做出了全新的说明：

（1）自然科学中的材料与理论也是不可分割的。因为自然科学中的材料往往需要根据理论解释来确定，事实本身也需要根据解释来重新构建；

（2）自然科学的理论也并非假说—演绎模式下与外部自然的类比，它们是事实显露的方式；

（3）自然科学中，类似经验类的法则关系是内在性的，因为事实毕竟是说明它们之间关系的理论构成；

（4）自然科学的语言不够精确，也运用一些隐喻，它只有在曲解阐述科学发展的历史动因或者理想化解释自然的条件下才是定型的；

（5）自然科学的意义由理论所决定，通过理论一致比起相关事实一致更容易理解它们。

从海西的论述中，我们不难发现其思想的变化及对科学划分所做的调整。其实，科学的逻辑也处于一种循环之中，材料需要解释并且通常与理论相关，理论也常常受到经验的材料所影响。海西这么做的目的就是为了论证现代自然科学研究中材料与理论并非各自保持完全独立的状态。另外，海西阐述了科学的逻辑是不同阶段的解释、材料与理论之间不断自我修正的循环过程，她试图以此来论证诠释学对后经验主义科学哲学思想所产生的影响。

针对海西的总结，理查德·伯恩斯坦比较详细地阐述了英美国家与大陆国家关于精神科学属性的不同理解，英美国家将科学严密地分为自然科学、社会科学与人文科学（humanities），它们彼此之间互不侵扰，呈现三足鼎立的状态；大陆国家特别是德国人所讨论的精神科学是从穆勒（John Mill）口中的"道德科学"（moral science）概念转译过来的，他们更倾向于采用将科学划为自然科学与精神科学的二分法。伯恩斯坦坦言自然科学与精神科学之间区分与对比建立在错误的自然科学认识论之上，按照海西的科学划界标准来说明新经验主义受到了诠释学直接的影响是武断的，因为科学的诠释学分析并非只是指对科学及其历史的研究，还包括对科学研究的理解过程的反思。所以，他更倾向于从诠释学的本体论角度来分析伽达默尔诠释学的普遍性主张。

所以，盲目地强调自然科学、精神科学二者之间存有明显的划界也显得有失妥当。当前的发表物、论述与科学观点间之所以经常对自然科学与精神科学分别提及，并非是以强调二者之间方法论的迥然不同，抑或将精神科学排斥在科学之外为目的，有时只是为了学术研究或者所涉及学科专业性的需要，是对初学者或者刚刚加入相关研究的人们对自然科学与精神科学二者的概念、属性特征、研究范围与方向等等信息得到澄清。因此，对于自然科学与精神科学的二分法本身就值得商榷。特别是英美传统思想对自然科学与精神科学做出的严格的区分形成这样一种观点，即自然科学研究基础在于因果说明、精神科学是意义理解，并且一直将精神科学视为社会关系中涉及个体的自然科学，自然科学的方法论完全可以通过类比拓展到精神科学中。也就是说，在英美传统中，科学呈现出自然科学、社会科学与人文科学的三足鼎立状态，社会科学是涉及社会个体的自然科学；而欧洲大陆采用自然科学与精神科学的二分法是强调社会科学是精神科学的形式。显然，这里的精神科学囊括我们现在所说的社会科学和人文科学。人文社会科学是以人类的精神世界及其积淀的精神文化为对象的科学。相比之下，欧洲大陆科学哲学观点往往着重强调科学哲学研究的创造性，通过考察科学与外部因素之间的关联，提出社会、文化、主体性、实践等因素对科学理论所产生的影响。

其实，无论单纯的研究自然科学还是精神科学都是片面的，自然科学与精神科学的差异仅仅表现在旨趣的异同上。如维科所言："民政社会的世界确实是由人类创造出来的，所以它的原则必然从我们自己的人类心灵各种变化中就可找到。任何人只要就这一点进行思索，就不能不感到惊讶，过去哲学家们竟倾全力去研究自然世界，这个自然界既然是由上帝创造的，那就只有上帝才知道。过去哲学家们竟忽视对各民族世界或民政世界的研究，而这个民政世界既然是由人类创造的，人类就应该希望能认识它。"① 维科之意在于指出割裂自然科学与人文社会科学之间的联系，用任何一门学科来作为单一的研究对象总是缺乏普适性的。以往，自然科学哲学家们认为知识是纯粹客观的，不受主观性所束缚，但是，任何科学研究与方法都无法剥离其历史性，并且它们都会不同程度地受历史和社会条件所制约，包括政治及权威的影响。

综上所述，只有当我们将狄尔泰关于人类理解活动的观点当成一切科学认识活动的前提与基础，调和理解、解释与应用的统一关系时，并且将人的理解与认知活动全部纳入诠释学分析的范畴，才会很好地解决自然科学与精神科学之间相互对立、难以融合的问题。

二　科学诠释学的诠释学理论来源

（一）宗教神学诠释学与普遍诠释学

　　阿特拉斯之女迈亚睡上宙斯的圣床，为他生下永生诸神之信使，光荣的赫尔墨斯。

　　　　　　　　　　　　　　　　　　　　　　　——赫西俄德

---

① ［意］维柯：《新科学》，朱光潜译，商务印书馆1989年版，第154页。

　　如果说科学是科学诠释学的主要理论来源的话，那么诠释学则是科学诠释学的基础理论来源。我们试从宗教神学及普遍诠释学与哲学诠释学两个方面着手，对科学诠释学的诠释学基础理论来源做出说明。

　　按照早期古代哲学关于技术学科的划分，诠释学作为一种学科是隶属于逻辑学范畴的，这在亚里士多德"论诠释"（Peri hermeneias）中有过描述，亚里士多德对诠释的分析是筑基在语言、文字与语句逻辑结构基础上，而柏拉图口中的诠释也仅局限于占卜之类的技术。与科学的宗教基础相比，诠释学与宗教神学之间的关系更加直接，因为诠释学hermeneutics 一词本身就来源于古希腊语 hermeneuei，它的词源又关涉到希腊神话中神的信使——希腊奥林匹斯十二主神之一的赫尔墨斯（hermes，希腊文Ἑρμῆς），他是一位穿戴时髦头饰、手持节杖、脚生羽翼的年轻人，赫尔墨斯频繁往来于神与人类的世界，负责把神的旨意传达给凡人。由于神的语言与人类的语言不同，赫尔墨斯在向人类传述神的旨意时要将神的用语翻译为人类普遍使用的语言。因此，诠释的过程意味着将难以理解与表达的话语转化为人类可以理解与接受的语言，在这个转译的过程中，由于语言相异，文化背景、引证的经典及思维模式的不同，转译不可能达到穷尽，它必然包含着翻译者的理解，并根据自己的理解将他人意指的东西重新构建出来。所以，任何转译都暗含翻译者自身的思想，需要译者的理解与翻译的能力，也就包含了理解的过程，理解构成了翻译与解释的前提。

　　早些时候，诠释学是作为一门与理解和解释相关的技艺而发展的。它在很长一个时期内被应用于《圣经》的理论注释上，并且只针对神学及宗教教义这样的特殊文本的诠释技巧，所以可以称其为特殊的诠释学。此时的诠释学与科学及宗教的关系紧密得无法分割，因为古老的神职人员往往也是科学理论的解释者与实践者，这个时期的自然界被看作是上帝创造的一本充满着意义的书，它被简单定义为人类能动作用外的物理、化学和生物过程的集合。

　　到了 16 世纪，西方欧洲国家的宗教改革运动蓬勃发展起来，为了抵制《圣经》理解的独断论传统，除了马丁·路德提出"圣经自解原则"之外，新教徒也坚持《圣经》经文解释的独立自主性，即《圣经》

经文意义自足，《圣经》的解释也不再依赖于教会及解释的技术，而在于信徒的内心敬仰，这种改革的宗教观旨在体现教义的可理解性。宗教改革运动和运动中产生的关于教义思想与真理性理解的方法，构成早期宗教理论的阐释与实践，确立了宗教神学诠释学的基本原则。

17、18 世纪《圣经》的世俗化是宗教改革在诠释学发展史上的重要成果之一，这个阶段的古典文学作品受到了与《圣经》教义同等的礼遇，正因为如此才确立了诠释学作为独立的学科，成为一般解释方法的学问发展开来。18 世纪末期到 19 世纪初期，是诠释学发展史上的一个转折点，诠释学在阿斯特（G. A. Ast）建立普遍诠释学的基础上，超越了宗教神学，涵盖了包括艺术作品在内的所有的精神科学文本，这个时期的诠释学与语法学及修辞学一样，具有普遍性的特征。

普遍诠释学的早期代表人阿斯特的诠释观强调把文字文本作为主要研究对象用以解释古代的普遍精神，通过对文字的琢磨历练达到对作者精神世界的把握。由于古代本身有着艺术的、科学的、公共的和特殊的性质，所以它所展现出来的作品也具有多样性，许多人认为，古代书写的语言形式其实就是作者的精神表现。这样的话，若想理解作者的作品势必需要对其精神加以理解，而理解又是解释的基础与前提，进而形成了历史的理解、语法的理解与精神的理解三种理解方式。对理解活动的说明在浪漫主义诠释学者施莱尔马赫那里得到印证。施莱尔马赫的普遍诠释学思想顺延了阿斯特的诠释学思想，他将适用于《圣经》、语文学与法律学的特殊诠释学转变为一般诠释学，至此，普遍诠释学才开始相对完整地逐步建立起来。同时，诠释学作为避免误解的技艺学在施莱尔马赫那里得到了更好的发展。理解是重构作者的思想，理解通常被认为是对原始创造活动的一种重构，"比作者更好地理解作者"意味着作者并不比解释者具有更大的权威性。对于这种重构，他提出语法的解释和心理学的解释，用来指解释者或许能够比作者自身还要更好地理解作者的思想。这样，关于精神科学限于以一种直观的方式重现文本对象的意义似乎就有些牵强，即诠释学的对象不仅包括狭义的文本，还包括作者无意识的精神流露，在时空间距中促使解释者更好地贴近作者精神。

（二）哲学诠释学

关于科学诠释学的哲学诠释学基础，要归功于德国哲学家威廉姆·狄尔泰，他毕生都在专注于一项工作，就是在施莱尔马赫普遍诠释学的基础上，按照康德对纯粹理性的反思模式，建立历史理性的批判，并且"在一种摆脱了自然科学过多影响的'描述的和分析的'心理学中看到了所谓精神科学的认识论基础"[①]。他认为，精神科学与自然科学相比具有一定的优势，因为精神科学的研究对象是"直接的内在的实在本身"，他将人们由于外在感官所给予的符号来认识思想的过程称为理解，对固定了的生命表现的合乎技术的理解称为解释或阐释。关于解释的技术也是逐步地缓慢地发展起来，并且按照一定的规则进行和流传下来的，正是由于不同文化下对规则交叉与竞争中产生了诠释学的雏形，即解释文献的技艺学。在狄尔泰看来，诠释技艺中的理解和解释是精神科学所使用的普遍的方法，理解是通过理解者内在经验去把握他人的精神，所以理解可以被描绘为模仿（Nachbilden）或再体验（Nacherleben），通过理解者自身经验与理解之间的关系中才能得到对他人精神的把握。

狄尔泰意识到了历史主义学派既没有对自身的认识论进行反思，也没有回归到康德、黑格尔的唯心论的认识论，而是单纯地将二者结合。所以，他试图在历史主义学派的观点基础和唯心主义认识论之间建立新的认识论基础，强调经验本身的内在历史性，力求把精神世界的关系从自然领域中的因果关系中剥离开来。他强调精神科学的认识论基础是体验（Erlebnisse），只有通过内在经验或体验，各门精神科学才获得它们的内在的关联性和统一性，包括心理学、教育学、美学、社会学、历史写作、艺术史等学科都以内在经验或体验为基础，"只有在内在经验中，在意识事实中，我才能为我的思想找到牢固的抛锚地，并且我敢说，没有读者能在证明中离开这一点。一切科学都是经验的科学，但是一切经验都将追溯到产生它们的意识的条件，即我们的本性的整体中

① 洪汉鼎：《诠释学——它的历史和当代发展》，人民出版社 2001 年版，第 97—98 页。

去，并在那里找到它们确确实实的有效性。因而，我们认识到不可能退回到这些条件之后，因为这样做如同不用眼睛看，或如同在自己的眼睛后面投射认识的目光。我把这一立场称为认识论的立场；现代科学不能承认除此之外的立场。对我来说愈加明显的是，正是出自于这种立场，精神科学的自主性（die Selbständigkeit der Geisteswissenschaften）才得以建立"①。

狄尔泰的诠释学思想深受笛卡尔式哲学观点的影响，他认为人类理性只有彻底摆脱个体因素与传统的影响才能为客观知识提供稳固的基础，从而建筑知识大厦，并依靠自我反思的方式超越历史性而了解事物的本质。可以说，狄尔泰的功勋在于使得诠释学进入对科学的哲学反思中，并且从诠释学的维度出发分析其对科学哲学产生的影响。狄尔泰认为诠释学构成认识论的组成部分。正是由于这种发现，对经验主义知识论的普遍性提出新的挑战。尽管经验主义在物理科学与传统生物科学领域中的描述比较完善，但是将经验主义无限制扩张，乃至扩张到涉及人类文化生活的领域是缺乏依据的。所以，必须保留与经验主义单一知识模式所不同的涉及人类文化生活的知识模式存在的必要性。

狄尔泰之后的海德格尔诠释学思想偏离了以方法论为主要取向的诠释学理论，而更倾向于从本体论存在的角度阐述诠释学。诠释学的本体论转向被认为是诠释学发展史上的一次重要变革，诠释学的本体论转向有效地将"前有"、"前见"与"前把握"引入当今科学研究关于事实认定、实验理论的把握等情况中。另外，从本体论的角度高度关注科学的理解问题，使理解与解释成为此在的共同存在方式，这种转向为诠释学适用于自然科学的广泛性提供了可靠的基础与理论渊源。至于对科学以及诠释学前理解的合理存在及诠释学循环，海德格尔的观点是，"除非人们对所探讨的对象预先有一些了知，否则任何科学都不会成形，也不会有合理的或有意义的问题被提出。前理解是知识的必要前提。对对象的预先把捉和由此导致的关于它的明确知识的形成一起构成了一个循环，在这个循环之内像'证据'之类的东西才是可能的。于是，证明

---

① 张庆熊：《社会科学的哲学：实证主义，诠释学和维特根斯坦的转型》，复旦大学出版社 2010 年版，第 31 页。

是有限度的，这一看法自此以后就成了海德格尔终生坚持的、言之凿凿的一个论断"。①

无论是狄尔泰还是海德格尔，他们的诠释学思想都离不开对现象学的旁征博引。现象学观点排除一切存在的预设，它所倡导的生活世界是与一切客观主义对立的、融入了历史性因素的概念，现象学是一种包含他人的"共同此在"（Mitdasein）。而胡塞尔对主观的所与方式产生兴趣，并且使之（现象学）成为普遍的研究纲领，目的就是要使一切客观性与存在意义得到明晰。

相对于狄尔泰急于获得与自然科学不相上下的"客观知识"的合理性来讲，伽达默尔（Hans – Georg Gadamer）的诠释学分析则显得更全面一些。他首先肯定了狄尔泰在历史理性批判的基础上所做的诠释学的工作，但是在伽达默尔看来，正是狄尔泰急切地获取精神科学的"客观性"使其成为与自然科学不分伯仲的科学，而接受了笛卡尔"方法"与"客观知识"的观点，这一点恰巧也是诠释学对笛卡尔式论证的批判。并且，狄尔泰对自然科学与人文科学之间所做的显著的区分就存有质疑。特别是近些年来影响较为广泛的英美科学哲学对待科学的态度明显带有方法上极端的形式主义，他们过分关注科学狭隘的思想方面，包括科学理论及其思维方式，忽略了其实践的本质；而大陆哲学则过分偏重于意识形态的东西。所以，对科学的理解不能简单地划归为英美国家和欧洲大陆两种进路，而要从科学的系统分析开始，弥合狄尔泰等人对自然科学与精神科学所进行的严格区分。

值得一提的是，伽达默尔秉承了海德格尔的思路，不仅将本体论的诠释学推向极致，而且发展了自己新的诠释学观点。伽达默尔认为诠释学的发展与宗教改革和宗教发展休戚相关，若想了解诠释学在词源学上的意思必须依靠现代语言学，因为诠释之本义就在于神与人类的语言不相同，需要转译，所以说诠释本身应该具有基本的说明与理解的双重含义，并不是将说明与理解放在矛盾对立当中。

伽达默尔意识到理解是具有普遍性的，涉及人类一切方面，并在科

①　［匈］伊斯特凡·费赫：《现象学，解释学，生命哲学——海德格尔与胡塞尔，狄尔泰及雅斯贝尔斯遭遇》，朱松峰译，《世界哲学》2005 年第 3 期。

学范围内有独立的有效性，不能将其归为某种特殊的科学方法。他对诠释学普遍性的分析指明了诠释学绝不应局限于审美意识与历史意识的反思中，而是应该能够提供一种弥补基础理论缺憾并能够处理当代科学与技术应用问题的方法，自然科学的特殊性更需要对预先设定和科学的界限做出诠释学的反思。诠释学反思的普遍存在的可能性作为同科学相对立的方式必须得到这样一种承认，即诠释学反思不是作为通过社会批判揭露意识形态的特殊问题，还涉及科学方法论的自我启蒙。通过诠释学的反思，不仅能够获得与知识相携的研究兴趣，亦可获得人们对阻碍研究的习惯与偏见得到自明性的把握。

除此之外，科学诠释学的理论基础还要归功于伽达默尔对逻辑经验主义关于知识基础的批判以及对诠释学普遍性的推崇。

逻辑经验主义特别是维也纳学派关于科学观点的教条之处在于，其对感知与观察等所有知识基础的论述具有独断论的性质。逻辑实证主义的科学观点认为科学理论之所以获得意义与有效性是通过经验的证实，而与不断累积的证实相比，远不如提供一系列的证伪更能获得认知的确证。尽管科学事实的研究并不局限于波普尔提出的证伪模式，但是在科学研究确证的过程中根本证明不了经验的有效性。

库恩对科学线性发展的批判及库恩科学革命范式的转换的观点——伽达默尔持肯定的态度——科学的进步并非按照线性与累积性的模式，它需要考虑科学革命发生时所处的既定的历史性因素与环境因素等。并且，伽达默尔认为维特根斯坦的自我批判与后期的语言游戏观点还表现了另外一种观点，即意义明确的统一语言被言说的实践所替代，这把原初关于知识的逻辑性工作变成一种语言分析。以维护科学知识客观性的人的观点来看，任何有意义的言语都可以被转译为某种统一科学的语言，但在语言学家眼中命题理论性言述的优先原则受到了限定，这种限定归属于诠释学原则，任何既定的话语、著述或文本的理解都取决于其特定的环境或视角。换言之，如果得到正确的理解，就必须理解它的视界。①

---

① Hans-Georg Gadamer, *Reason in the age of science*, Translated by Frederick G. Lawrence, Massachusetts Institute of Technology, 1981, pp. 164 – 165.

伽达默尔对诠释学普遍性的分析道明了诠释学绝不应局限于审美意识与历史意识的反思中，而是应该能够提供一种弥补基础理论的缺憾，从而可以处理当代科学与技术应用的理解问题。当代科学的成功往往依靠对方法论之外出现的问题与程序的回避，但是却有这样一种事实，即为获得无先决条件的知识，并达到科学的客观性时，某些已被证实了的科学方法会延伸至社会理论中使用。诠释学经验超越所有方法的异化产生导向科学的问题，自然科学的特殊性更需要对预先设定和科学的界限做出诠释学的反思，诠释学反思普遍存在的可能性作为同科学相对立的方式必须得到这样一种承认，即诠释学反思不仅作为通过社会批判揭露意识形态的特殊问题，还涉及科学方法论的自我启蒙。通过诠释学的反思，不仅能够获得与知识相携的研究兴趣，亦可获得人们对阻碍研究的习惯与偏见得到自明性的把握。

可见，伽达默尔的哲学诠释学思想逐渐偏向了普遍诠释学的考虑，尽管早期他对自然科学的诠释学论述比较委婉，但却坚持认为诠释学为科学研究提供基础并优先于科学研究。在所有的学科中，伽达默尔认为都可以发现这种诠释学的特性。但是伽达默尔无意达到对诠释学概念及其客观性适用于自然科学的刻意要求，而是用援引自亚里士多德的实践智慧与实践理性的方式来对科学的诠释学可能性做出客观分析。这是除对理解的领悟之外，伽达默尔建立科学诠释学的贡献之二，即作为理论和应用双重任务的实践诠释学。伽达默尔在其后期著述《科学时代的理性》中明确了关于实践的科学诠释学观点，科学诠释学是通过对范式的理解、对整个与科学相关机制的研究体现在自然科学中，通过对创造者的自我转化过程的把握体现在社会科学中，通过对过去、现在与未来之间连续不断的协调而体现在历史科学中。①

以海德格尔、伽达默尔为代表的传统大陆哲学观点对待科学诠释学的态度多少受思辨哲学的影响，从而对哲学诠释学做出推演，无论是作为方法论的诠释学普遍观点还是关于此在的本体论维度，都是对诠释学向自然领域或整体科学的扩张进行铺垫。凡是抱有从诠释学维度对自然

①　Hans-Georg Gadamer, *Reason in the age of science*, Translated by Frederick G. Lawrence, Massachusetts Institute of Technology, 1981, p.166.

进行研究的人总有这样一种紧张：担心若把物理世界运用诠释学的分析会由于联想到传统诠释学而被当作一种精神的活动，而不被认为是发现自然实存的反映机能的活动。关于这种焦虑，我们可以采用英美新实用主义代表理查德·罗蒂的观点，他的诠释学维度解读科学的态度是：关于理解与解释的争论无非基于理解与解释的优先性问题，无论是支持解释以理解为前提这一观点，还是支持理解是进行说明的能力观点，二者没有根本性的错误。关于理解与解释的诠释学除适用在精神科学或社会科学之外，在"客观的"、"实证的"科学方面也适合于"自然"，若非要把传统认识论与诠释学强加界限的话，显然双方并不彼此对抗，反而相互增益。①

---

①　Richard Rorty. *Philosophy and the Mirror of Nature*, New Jersey, 1979, pp. 344 – 346.

第二章

科学诠释学的理论形成

一 科学诠释学的形成背景

科学诠释学产生于科学哲学与传统诠释学的融通之下对科学进行诠释学的反思。受 20 世纪初期占主流思想的逻辑经验主义统一科学观点的影响，对科学进行反思成为当时学者们最关注的事情，且早期的逻辑经验主义者曾试图将自然科学普遍的研究方法拓展到自然科学领域之外的精神科学中使用。我们暂不评述自然科学的方法论的扩张是否合理有效，这种观点首先受到了多方面的质疑与批评，特别是受到那些有着良好现象学和诠释学研究背景的学者的坚决抵制。

(一) 自然科学方法论的扩张与消解

20 世纪初期最具影响力的逻辑经验主义承接了孔德以来的实证主义、马赫主义与逻辑原子主义，他们沿袭古希腊独断论坚持客观知识的立场，主张科学知识可以通过特定的标准做出明确的判断，提出科学与非科学的划界标准。按照此标准，富有意义的科学理论或科学命题可以通过直接或间接的检验得到确证或反证。他们坚持科学认知的一元方法论，其基础就是归纳—演绎的方法，并将证实原则建立在归纳法的基础上。归纳演绎方法不会随历史等因素发生根本性的改变，只有由经验证明的归纳法概括的定律才是真理，并且认为归纳演绎的方法作为一种推理规则普遍适用于各个学科。例如亨普尔（Carl Gustav Hempel）坚持认为：在历史学和各门自然科学中，普遍规律具有非常相似的作用，它们成了历史研究的一个必不可少的工具，甚至构成了常被认为是与各门自然科学不同的具有社会科学特点的各种研究方法的共同基础。他将"理解"与"移情"等同起来，将方法论诠释学的理解看作是一种助发现法，而科学的解释，不论是自然科学中的解释还是社会科学中的解释，毫无例外的具有覆盖率的本质。① 亨普尔关于解释的模型涵盖了所有的科学研究领域，用他自己的话说，类似于历史学等其他自然科学之外的学科都可以像物理学一样遵循还原法则的模式，尽管到目前仅能提供"解释的纲领"，即解释和预测相称性的应用层面。除此之外，部分逻辑经验主义者还持有把所有科学还原为物理主义从而形成统一科学的主张，这种思想一度成为西方科学哲学的主流思想，这时的逻辑经验主义科学哲学家并不会给自然科学之外的其他任何学科赋予科学的地位。

虽然 20 世纪的科学认识论的主要对象仍旧是物理学，但那时的科学范畴已经远远超越认识论而迈向广阔的科学史及精神科学领域。自然科学研究成果获得公众的认可在于它对科学目的与方法的研讨和对科学自身特性的反思，以及对科学解释的不断修正，而不是一味地将自然科学的方法论基础作为衡量科学与否的标准而盲目地扩展到自然科学之外的领域去。我们不能否认自然科学研究在过去实践中所获得的成功可以归结为使用了科学的方法，但这种科学方法是否同样适用于精神科学，以及把科学方法转而应用到精神科学的合理性是否得当一直是争议的焦点。

随着逻辑经验主义的衰退，后经验主义的科学哲学观点逐渐转而关注理论与观察、经验之间的联系。人们对亨普尔的覆盖律模型只注重逻辑相关而无法解决解释的相关性问题提出疑问，一时间针对亨普尔的科学解释的覆盖律模型涌现出了大量的反例。情况远不止于此，传统的认识论把对象预设为康德式的"自在之物"完全独立于主体，受到了主

---

① 曹志平：《理解与科学解释》，社会科学文献出版社 2005 年版，第 16—26 页。

张恢复主体性因素的人们的强烈批判。① 逻辑经验主义方法论的普遍适用的观点和建立统一科学的设想受到了来自自然科学领域与精神科学领域学者们的共同抵制，双方从各自不同的角度出发对其做出的批判将自然科学方法论向精神科学领域的侵袭有效地化解开来。

首先，逻辑经验主义关于科学划界标准以及形成统一科学的观点受到了来自学派内部的批判。卡尔·波普尔（Karl Popper）率先发难，他反对逻辑经验主义不应该用意义标准与证实原则作为科学与非科学之间的划界标准，而应该把可证伪性提高成为科学命题判定的逻辑条件。另外，他不赞同逻辑经验主义者卡尔纳普（Rudolf Carnap）以概率诠释的方式实现对归纳方法的拯救，科学始于问题才是科学观察和科学研究的前提条件。他在《猜想与反驳》中提出了理论先于观察的主张，这种主张放弃了逻辑经验主义对科学研究客观性的教条，否认自然科学研究奠基在毫无偏见的观察之上，进而肯定了理解主体及主观性因素在科学理解与科学解释中的积极作用。针对逻辑经验主义的证实原则的不可靠性，提出了证伪原则，把科学发展的模式概括为问题模式，将科学研究中对客观因素的关注转向了主观因素。波普尔认为，不能因为可以解释众多的经验事实而确定科学理论的准确性，科学认识是在原有理解的基础上的进一步表述，包括观念、思想、理论、逻辑性推断都可以与科学事实逐渐融合，因为大多数全称科学命题无法被全部证实。科学理应是认识的一个发展过程，从大胆性的假说开始，经过革命性的繁衍，通过经验不断地对其进行证伪而非确证它。

此外，波普尔的探照灯理论阐明了观察对于假设的第二性观点，借此论述没有纯粹的无任何目的和先在观念的观察，并且由于不存在中立的观察，所以观察理应具有理论负荷——"观察总是由一些使我们感兴趣的东西、一些理论性或推测性的东西先行。正因如此，观察总是选择性的，并且总是预设一些选择原则"，人们在观察中"扮演了十分活跃的角色"。②

①　［德］金置（Lutz Geldsetzer）：《解释学中的真、假和逼真性》，鲁茨·盖尔德赛译，胡新和转译，《自然辩证法通讯》1997 年第 2 期。

②　［英］波普尔：《客观知识——个进化论的研究》，上海译文出版社 2001 年版，第 353 页。

　　波普尔对"观察渗透理论"观点的支持给"科学始于无偏见的观察"的传统观点以强大的冲击,他提出的三个世界的概念更是将作为研究对象的客观世界转向对人类精神活动的研究,把眼光放到了思想内容和观点的世界中来。在科学研究活动中,应该尊重解释者对理解的主观性的运用,并把这种主观性的理解与推演出的科学事实的解释区分开来。因为就理解本身来说,它的主观行为或意向状态只有通过其跟第三世界客体之间的联系才能加以把握。波普尔用三个世界的架构来反对自然科学与精神科学之间存在无法逾越的鸿沟这种说法,并积极调和自然科学与精神科学在方法论上的矛盾。

　　如果说波普尔科学哲学观点中就蕴含着诠释学因素的话,那就一定体现在他对科学理解与解释活动中主观性因素的强调之上。其实,只要人类作为科学活动中的主体,就无法避免主观性及主观性因素在科学理解和解释中存在的必然性,它给科学活动造成了双方面的影响。一方面,科学观察对象的选定受主观性的制约;另一方面,观察陈述由于涉及语言的使用也会受到主观性因素的制约。①

　　另外,历史主义学派学者也坚决拥护像历史等非客观性因素在对科学进行哲学的反思中所起的重要作用。托马斯·库恩就发现了唯科学主义只注重"科学的逻辑"而忽视科学赖以生存的社会、历史背景是一种典型的偏见与理论缺陷,其《科学革命的结构》一书的出版似醍醐灌顶,不仅给英美分析的科学哲学提出了警醒,而且为诠释学融入科学哲学及二者之间的交流指明了方向,震醒了致力于朝向科学多元化发展研究的人们。该书批判了占主流思想的分析的科学哲学观点,并赋予科学理性重构,恢复了研究主体在科学活动中的核心地位。他站在历史的高度上,用范式的更替对科学进步的方式做出描述,其科学革命与范式理论阐明了科学史与科学哲学之间的紧密关系,冲击了自然科学与精神科学之间僵化的分界。特别是,库恩对逻辑经验主义试图建立统一的科学也持反对态度,他明晰地讨论了理性在科学革命结构中的"无用",并指出没有中性的理论选择规律系统。

---

　　① 彭启福:《波普尔科学哲学思想的诠释学维度》,《安徽师范大学学报》(人文社会科学版)2004年第7期。

库恩的科学哲学思想中也蕴含了大量的诠释学因素，比如他把科学研究中的科学发现分成两类，一类发现是理论事先没有预见到的——例如氧气与 X 射线的发现；另一类发现是理论预知其存在并预先进入人们研究渴望与预期结果的——如中微子与元素周期表空缺位置元素的填补。其实，"（类似于氧气、X 射线）等科学发现的开始都存在有两个必要性因素"，一是发现反常问题的能力，该能力与个人的技巧与天赋相关；二是科学发现的外部因素，即实验者对仪器的选择使用与实验者本身对整个实验过程的思考必须达到一定水准，才"足以使科学发现过程中出现的反常问题有可能出现，因为它们经常作为与预先期望相违背的结果而出现"。① 库恩对科学哲学是否能够为众多理论的选择制定一套规则产生了质疑，他的这种态度使他的读者和历史主义学派的支持者更加怀疑自然科学的认识论是否可以推广到其他的文化中去。②

其次，库恩首度承认历史主义学者使用了诠释学的方法。他从科学的史实出发描绘了新的科学形象，"发展了不同于纯粹理性的实践理性，强调逻辑经验之外的社会历史、主体心理在评判理论合理性中的作用，强调科学工作者共同体的价值及主体间性的作用"。③ 其实，"即使是自然科学的方法，也不会具有超历史的妥善性和'价值中立'的客观性，而是受历史和社会限制、由一定'认识兴趣'引导的行为。并且，这种行为，就是科学哲学新潮流所主张的把基础建立在特定时代科学家共同体的一致上"。④ 而康德早就提出过：为了避免对科学研究的独断论和怀疑主义，必须超越方法论问题而先行对主体认识能力进行理性批判，以回答科学史怎样成为可能先于这个方法论的问题。⑤

在以逻辑实证主义思想为主流发展起的科学观的覆盖下，库恩的观

---

① Thomas S. Kuhn, *The Essential Tension*, Chicago: The University of Chicago Press, 1977, pp. 172 – 174.

② Richard Rorty, *Philosophy and the Mirror of Nature*, New Jersey: Princeton University Press, 1979, pp. 322 – 323.

③ 李红：《对话与融合——当代西方分析哲学与诠释学的发展趋向》，载《哲学堂第一辑》，书海出版社 2005 年版，第 243 页。

④ ［日］野家启一：《试论"科学的解释学"——科学哲学》，载日本科学哲学会编《科学哲学的展望》，早稻田大学出版部 1982 年版。

⑤ ［德］伊曼努尔·康德：《纯粹理性批判》，韦卓民译，华中师范大学出版社 2000 年版，第 52 页。

点势必受到很多诘难，这种激进的科学思想一度被认为彻底倒向了非理性与主观主义。之后，更多的外界及其他学派关于证实原则本身的不可靠性的讨论，使得后期逻辑经验主义者开始将研究重心倾向于对语言本身的研究，从语言的分析着手，开始讨论意义问题。例如在维特根斯坦后期的理论中，阐述了意义本身不外乎只是一个语法概念，意义需要依赖语境而存在。所以，意义也是历史学、精神科学研究中的研究对象，那么只有对此进行仔细研究，才会更好地对自然科学之外的科学做出更好的诠释学的分析。

波普尔的科学哲学观点和库恩的历史主义观点对之后的逻辑经验主义的发展起到了积极的推动作用，但逻辑经验主义观点的总体趋势仍旧片面地强调经验事实与科学理论之间的关系，逻辑经验主义将科学过分理想化，忽略了科学及科学研究中社会、政治、历史、心理等非客观性因素的影响，势必掉入独断论的泥淖。

面对逻辑经验主义方法论的扩张，有着良好诠释学研究背景的学者们大胆地提出：别插手精神科学！他们再三强调狄尔泰为诠释学作为精神科学方法论所做出的努力，并且拓展了对诠释学作为方法论的阐述，以此来消解自然科学方法论的侵袭，并为精神科学进行有效辩护。特别在经历了海德格尔式本体论诠释学的转向之后，诠释学家们有着更充分的理由使人们相信，诠释学完全可以作为精神科学独立方法论而重新恢复精神科学的科学合理性地位。

总之，传统认识论和自然科学方法论的滥用是造成文艺复兴以来欧洲科学危机的主要因素，这种危机的根源在于科学主义的泛滥。客观地说，当代科学获得的成功往往依靠对方法论之外的问题的回避，有时甚至为了获得无先决条件的知识并达到所谓的客观性时，不惜将某些自然科学方法不加思考地使用，特别是将此作为标准衡量其他领域的科学合理性。例如，20世纪30年代，运用经验数据检验经济理论的多次失败使许多人认为经济学家无法像自然科学研究那样对经济分析做出可控实验的验证。令人意想不到的是，特里夫·哈维默（Trygve Haavelmo）率先在经济计量学中引入了概率方法，建立了现代经济计量学的基础性指导原则，并以此获得了诺贝尔经济学奖。哈维默认为，只要运用概率论系统地表述经济理论，数理统计的方法是可以被应用在经济理论的评估、检验及经济预测中的。但是，他也指出理论与事实之间始终存有差距，实际工作中避免不了含混的概率或随机变量的参入。所以，哈维默比较重视经济研究中经常被忽略的随机因素，并把随机因素看成是经济计量学的基础，所有的经济规律都可以用概率的方法来获得重新表述。从这个例子中我们得出，诸如绝对的必然性、严格性和最终的真理等概念，都可以看作是想象中虚构的东西，它们在任何一个科学领域中都是不能接受的，一个论断是否正确取决于它们所依据的理论观点与整体背景环境。

由此看来，现代科学赋予人类最大的恩惠是对绝对性的必然性、严格性与绝对真理思想的解放，因此，对真理及意义单一性的追求并不可取。正如费耶阿本德在《反对方法》中指明的那样，没有一成不变的直觉与事实。不同理论背景与语言及文化系统对同一事实的感知印象并不完全相同，在不同时空条件下存有不同的观察事实，从而不存在一成不变的与观察事实绝对吻合与对应的概念、解释及范式，即没有永恒不变的法则、原理与方法。对价值判断、科学文化、历史意义等科学研究中的非客观性因素的坚决排除，以及过分强调自然科学方法论的普遍性及普适性会造成对人类主观能动性的忽略，是对人类本质的摒弃。那么，从早期逻辑经验主义者对自然科学方法论普遍适用的自负到英美分析的科学哲学对主观性因素的逐步恢复，自然科学方法论的侵袭最终从科学的诠释学分析维度得到了消解。

（二）科学哲学思想中的诠释学因素

20 世纪之后，西方哲学的发展有逐步向后现代转折的趋势，英美分析的科学哲学与大陆思辨哲学在 60 年代时呈现出交融的迹象，特别是英美后经验主义者开始对科学研究中非理性因素加以关注，并试着将自然科学的解读建立在诠释学维度之上，而欧洲大陆的哲学观也尝试着将理解与解释延伸到精神科学以外的领域，力图在诠释学的分析基础之上，通过对科学研究主体的历史背景、实践条件、社会、经济、政治、文化、心理等因素的分析，建立完善的、复杂的、科学的合理性分析模式。

　　正是由于早期逻辑经验主义对归纳演绎方法的强调暴露出其弊端，一切均如休谟所料：归纳得不到任何必然性知识，因果规律更倾向于是一种习惯性的思考。休谟问题成为逻辑经验主义证实原则最大的威胁，科学哲学家为了避免这个问题转而将着眼点放在科学进步的模式上来。在这里不得不对波普尔的科学哲学思想重新提及，之所以对他表现出更多的关注，是因为波普尔是一个时代的标志，他的理性思想与科学的关系非常紧密，并且代表了相当一部分人的科学哲学观，其思想中蕴含着的诠释学因素对于我们更好地把握科学诠释学有着建设性的意义。波普尔认为没有纯粹的无目的和先在观念的观察，他对"观察渗透理论"的支持，否定了"科学始于无偏见的观察"。他仔细考量了关于知识形成之前存在着知觉—感觉经验的"科学的水桶说"（或"精神的水桶说"）① 和逻辑经验主义者关于知识累积的观点：根据希腊原子论者的观点，人们对外在世界知识的获取可以通过知觉在一段时间的消化中逐渐地凝练出来，人类的精神便如同承装着知觉与知识的容器；而逻辑经验主义者则认为知识的积累过程务必保持纯正，所以他们认为必须抵制知觉中的主观性因素干扰从而获得简单的、纯粹的经验。波普尔认为这样并不足以构成获得经验与知识的全部图景。因为，在科学研究中，观察比知觉更能体现出知识与经验的原始积累，"观察总是由一些使我们感兴趣的东西、一些理论性或推测性的东西先行。正因为如此，观察总是选择性的，并且总是预设一些选择原则"。② 也就是说，所有有机体的反应倾向或反应意向是先天的，它们优先于知觉。波普尔基于生物学角度上的思考并不能构成观察的理论负荷原则的论据，他只是想指出知觉、观察及意识形态的出现并非传统原子主义与经验主义者所支持的水桶说。针对这种观点，他提出了"预期层"的概念，该概念意味着人们在科学发展及前科学时代都处在一定的"预期层"内，科学家的预期层就是用语言系统表述的理论或者假设。当一个假设经不起检验时，便引发新的假设，通过假设才能发觉科学观察的真正所需，只有假设才

---

　　① ［英］卡尔·波普尔：《客观知识——一个进化论的研究》，上海译文出版社 2001 年版，第 351 页。

　　② 同上书，第 353 页。

能引导正确的观察方向与观察兴趣。科学观察离不开假设并且假设起到了一定的验证作用，观察对于假设的第二性被他称为"探照灯"[1]说。

再有，波普尔否认自然科学与精神科学之间严格的划分，并积极调和自然科学与精神科学方法论上的冲突，关于自然科学目的与方法比较流行观点的批判与三个世界的划分体现出他对传统科学哲学的改造，并试着将诠释学引入自然科学领域。波普尔把世界划分为三个世界——第一世界：物理世界或物理状态的世界；第二世界：精神世界或精神状态的世界，即主观经验或个人经验的世界；第三世界：概念的世界，即客观意义上观念的世界。他之所以对此进行详细的划分，旨在说明由主观经验或个人经验构成的第二世界可以分别同第一、第三世界发生相互作用，只有通过主观经验或个人经验的第二世界的参与，第一世界才可以与第三世界发生根本性的关联。第二世界则是第一世界与第三世界关联的纽带。他甚至强调说："有朝一日我们将不得不让心理学来一场革命，办法是将人的精神看成是与第三世界的客体相互作用的器官，是理解这些客体、作用于这些客体、参与这些客体之中并使之对第一世界发生影响的器官。"[2]

再次，波普尔的科学诠释学思想还体现在他把第三世界的客观实在理解为人类活动的产物。之所以说第三世界是客观实在的，是因为类似于人类语言，第三世界的绝大部分内容由人类主观意识形成，属于"人类活动无计划的产物"[3]。波普尔本人也希望通过对第三世界客观实在的描述对诠释学关于理解的理论做出一点贡献。他强调区分主观意义的知识与客观意义的知识这两类问题，在逻辑上以理解知识本身为前提。他对理解的主观行为有以下三点主张：一是理解的每一个主观行为是存在于第三世界之中的；二是理解的主观行为所做出的论断是围绕理解的主观行为与第三世界客体之间的关系的；三是第三世界的客体成为了理解的主观行为的研究客体。

最后，波普尔认为科学不能等同于真理，理论的形成之初是试探性

---

① ［英］卡尔·波普尔：《客观知识——一个进化论的研究》，上海译文出版社 2001 年版，第 357 页。

② 同上书，第 166 页。

③ 同上书，第 170 页。

与猜测性的，观察对于这种猜测或假说相对滞后。由此，1966 年他以解决问题的四段图式来描述科学理论成长的方式——著名的问题模式，他用这种问题模式的方式表征出理论的成长或科学的进步，意图表明理解的活动本质上在于对第三世界客体的运用，理解活动的本质等同于解决问题的过程。关于猜测和反驳以解决问题的四段图式中的问题、猜测、反驳与批判、新问题等因素都属于第三世界的客体。甚至在理解历史的过程中，首要任务仍旧是对第三世界境况的分析，并且四段图式同样适用于历史的理解过程。例如理解的行为完全可以适用于一个简单的自然数理论中。一个数学等式是否成立，可以采用四段图式的方式进行论述，并且由此可以分辨出不同的理解程度来。也就是说，当人们试图解释或者理解一个命题或者理论的时候，哪怕仅仅是一个简单的命题，实际上也是提出了一个关于理解的问题（P1），而通过试探性检验（TT）及排除错误（EE）的过程之后，关于理解的问题便成为了关于问题的问题，即更高层次或者说新的问题（P2）的产生。

除了波普尔之外，关于科学诠释学概念的前身，很多受过现象学与诠释学训练的哲学家们都把目光投向库恩。"在科学哲学界，正是库恩的《科学革命的结构》在 20 世纪 60 年代初鲜明地展示出了自然科学的诠释学性质，虽然他在这本著作中没有提到'科学诠释学'这个术语。"[1] 连库恩本人也承认他的范式理论在某种程度上与诠释学基础比较相似。但是，库恩在著作中提出的诠释学是从历史主义的角度分析而得出的，至于诠释学的历史方法没有运用在科学中，从他自身的观点看来，在很长一段时间里他的确没有意识到诠释学的功用。[2] 但基西尔（T. Kisiel）认为恰是库恩的范式理论最先影射了自然科学诠释学的可能性，在硬科学与软人类学之间架设了一座桥梁。[3] 伊斯特凡·费赫（István M. Fehér）也指出库恩的范式理论不仅吸收了伽达默尔的诠释学思想，也包含了海德格尔后期的本体论的哲学诠释学思想。

---

① 李章印：《对自然科学的诠释学解读与自然科学诠释学》，载《中国诠释学第三辑》，山东人民出版社 2006 年版。

② T. Kuhn, *The Essential Tension*, London：The University of Chicago, 1977, Preface xv.

③ R. P. Crease, *Hermeneutics and the Natural Sciences*, Dordrecht：Kluwer Academic Publishers, 1997, p. 329.

　　其实，早在库恩之前，波兰尼（Michael Polanyi）就已经意识到人类主体活动的重要性以及主体活动技能在人类知识形成过程中的重要作用。他的著述虽未引起像库恩"范式"转换所引起的那般轰动，但是其科学社会学及科学哲学的思想仍旧值得注意。波兰尼认为 20 世纪之后科学最大的危机就是由客观主义与还原主义造成的，客观主义把可证实的经验事实视为检验科学的最终标准，排除了人在科学活动中的参与及人的价值和评价性认知的可能性，科学成为机械模式下的简单操作，这样的科学客观主义实证观有使真正主体在科学中消弭殆尽的危险，而科学本身与艺术一样，有着"美不自美，因人而彰"① 的特质。科学与艺术一样，都是一种主体性的创造活动。例如，分形学就非常好地表明了艺术与数学是非常接近的，只是它们使用了不同的语言表达方式而已。相对于传统经验主义认识论依赖的逻辑理性而言，波兰尼坚定地认为存在着隐性认知，也就是说在人类认知过程中存在一种与认知主体无法分割的意会认知，意会认知依附于人，是人类的隐性体知理性，"科学探寻的每一步最终都是由科学家自己的判断来决定的，他始终需要在自己热烈的直觉与他本身对这种直觉的批判性克制（critical restraint）中做出抉择。这种抉择所涉甚广：从重要的科学论战中我们已经看到，即使在论争的每个方面都受到检验以后，论争中的基本问题仍然在相当大范围内被存疑，对这些经过互相对立的论战仍无法解决的问题，科学家们必须本着科学良心（scientific conscience）来做出自己的判断。"② 波兰尼将人性归附于科学之中，由此达到人的本体存在与认知视界的融合，认知与存在二者的统一建立在意会体知的本体投射基础之上，意会整合建构成客体在主体的寓居和主体对客体的内在摄悟，人类知识才得以形成，所以知识具有个体性。

　　尽管波兰尼没有明确地表明他在对科学研究的分析中使用了诠释学的方法，但其对个人知识及意会结构的深度解析无一不是表明了科学知识具有主体性参与的科学诠释学立场。另外，波兰尼以个人知识在科学

---

　　① （唐）柳宗元：《邕州柳中丞作马退山茅亭记》。

　　② ［英］迈克尔·波兰尼：《科学，信仰与社会》，王靖华译，南京大学出版社 2004 年版，第 14 页。

研究进程中的实际作用来证明一元科学方法论的谬误，并且试图构建一种全新的科学认知理论体系，即从个人知识的意会结构（tacit structure）中泛化出新的科学认识论构架。这种意会结构不是传统认识论的感性经验，也非理性冲动，而是逻辑先存于人类实践与认识活动中，它虽然不可明确言述，却在科学研究认知系统中起着决定性的作用。所以，从波兰尼的理论观点来看，科学认知就是个人认知，科学真正知识发生就是个人的认知活动。传统的主、客观相分离的知识观把个人因素完全排斥在知识之外并不合适，终究人是作为认识主体参与到科学活动中的，科学具有了科学活动者的意向性，并且科学事业是属于人的科学，最接近于完全超脱的自然科学领域的最精密的科学知识的获得也要求参与者的热情与能动性，并且依赖参与者的技能与个人判断，科学与科学研究主体——人类之间应该达到一种和谐的状态。

　　或许由于时代因素的影响，波普尔和波兰尼等人比较隐晦地表现着思想中的诠释学因素。与之不同的是，我们可以在较早时期的彭加勒（Henri Poincaré）和迪昂（Pierre Duhem）二人的科学哲学观点中发现其思想中明显的诠释学的痕迹。其中，彭加勒的约定主义与科学的诠释学分析是类似的。在整个科学的发展历史中，关于科学理论体系的特征说明都无法尽善尽美，彭加勒的约定主义恰好能相对完整地解释科学理论体系的特征。其基本思想是包括科学的概念、理论、原则知识经验的符号既不具有客观基础的经验，也不是客观实在的反映，而是科学家彼此约定俗成的，甚至包括数学领域。例如他所提出的"几何公理是约定的"[①] 这样的观点。彭加勒认为，约定是精神自由活动的产物，它首先反映出科学研究者在从事科学活动时享有的主观能动性的发挥；其次，约定可以在由经验获得的科学定律证实之后，通过不断地修正来达到对其检验的目的。但是，约定也不能被无限制地使用而造成随意虚构的后果。

　　法国科学家、科学史家和科学哲学家迪昂除了在热力学领域的卓越建树外，还获取了广博的物理学历史知识，并在对物理学理论的意义和范围深入地思考后，形成了以科学史为主要因素的科学哲学见解。

---

　　① 　[法] 昂利·彭加勒：《科学与假说》，商务印书馆 1957 年版，第 3 页。

迪昂科学哲学思想中的诠释学因素主要来自于他对物理学及科学研究历史性的分析。迪昂认为,成功地创造新科学务必要建立在对科学和科学哲学的批判基础之上,为了正确地达到这个标准,必须首先掌握科学哲学与科学思想的连续性,深入、广泛地探索与追求科学的历史进程并对之进行严格的分析。迪昂在 1902 年出版的《化学化合与混合:论观念的进化》和 1903 年出版的《力学的进化》中不仅论述了自然科学思想的发展历程,也论述了在科学发展过程中各种观念、理论的成长过程。对于物理学理论,他的看法是这样的:自然科学中物理学理论是经过简单的原理演绎出的数学命题的系统,它用尽可能少的理论与语言来描述实验相关的内容。物理学的理论仅仅是对物理现象的一种描述,而不是最终的、详尽的可以使用图像和解释语言加以修饰的常识性的解释。它对于人们把握实验现象表象的关联起一定的作用,但只是以一种方式来理解物理表象的感官联系。与现象的物理表现形式更好对应的理论在某种程度上比所抛弃的理论更好地反映了现象的终极物理实在的话,那么物理学的进步便是不可能的。"他提出了一个进一步的形而上学判断:如果人们继续发明关于现象的相互竞争的理论,继续选择与现象的表现形式对应得更好的理论,那么这种持续改善的理论的进步便渐进地趋于这个现象的理论的有限形式,该理论是完全一体化与完全合乎逻辑的,它把实验定律整理成类似于其的秩序,但并不必然地与其等价,这是一个高度先验的秩序,按此所理解的形而上学实在被分类。"①

迪昂一直在坚持不懈地对物理学及科学史进行钻研,这些工作使他强烈地意识到历史及历史性因素对于科学研究的重要。对科学史进行研究可以避免自然科学家对教条主义的固守,并且能够及时地校正科学家激进的科学思想,同样对自然科学史的熟知亦可以随时提醒科学家,使他们可以正确面对科学进步中的错误,也能够给世人以启示——任何学科的发展都没有定论,一切都只是暂定的描述,而不是确定的解释。迪昂将科学理论与形而上学二者之间做出区分和职权范围划定,他认为科学理论与形而上学同样重要,形而上学能够深入到事物本质中并合理地促使科学家在不同理论之间做出选择,它能更好地描述现象的感性表现

① 详细内容参见 http://baike.baidu.com/view/3225699.htm。

形式与确定理论的适用域面，但必须排除形而上学在科学理论形成过程中的过分参与而对科学研究造成干扰。

除了对物理学与形而上学的关注之外，迪昂思想中的诠释学因素还体现在对判决性实验的否定上。他认为不存在真正的判决性实验，从而可以检验理论的特定假设的真理。所以，理论与实验的矛盾消除方式就两层含义，一是通过改变一个被认定是"判决性地"检验了的假设来消除；二是通过改变其他假设而保留一个"判决性的"未改变的假设来消除。因此，从实验出发通过归纳不能决定一个假设集，因为很有可能存在另一个假设集同样可以对其进行描述，这也是大量的假设偏离了科学家的初始判断的原因。所以，理论依赖于个人的情趣（鉴赏力），而情趣则取决于科学家个人的文化素养。因为任何科学理论的假设的选择都是逻辑之外并由理论家的情趣所管辖。所以在他的心中，引导科学基础建构的就是科学史，并且他以合理的论据表明，形式化的定量的科学方法并不完全适合于物理科学，实验科学的定律和结论不能直接揭示事物潜在的最终本性。迪昂宣称，人们需要相信自己的想象力，以猜测隐藏在现象背后的实在的本性。任何基本的元素仅具有暂定的和相对的状态，只有人的精神才能够获悉某些关于物理世界真实的内在本性，但是人们又无法剥去现象的外观去把握事物终极本性的直接知识，所以，人们在研究中使用给定的方法得出关于物理世界深刻的内在本性的知识也是不可能的。因此，某些定性的考虑也是必需的。①

通过对两位科学家及科学哲学家思想中诠释学因素的简单分析，我们看出，科学研究中对传统客观主义的教条遵守势必造成当代科学发展前进路上最大的障碍。传统的认识论缺陷是人们在近、现代以牛顿为代表的经典科学真理论的幻灭之后对认识结构本身缺乏深刻的反省，科学研究的实质其实就是人类的富有意义的创造活动，而非静态的客观世界的映射，科学研究过程中的主体都是自然人，而只有自然人的认知活动才可以作为科学活动的始基。

所以，科学诠释学的诞生是以西方分析的科学哲学思想作为根基，它的发展与进步也是人们科学思维方式的进步，科学诠释学研究正是人

---

① 详细内容参见 http://baike.baidu.com/view/3225699.htm。

类认识与了解世界的基本方法论基础与思维变革的综合。

二　科学诠释学的形成过程

（一）科学哲学与诠释学的融合

随着逻辑经验主义的日渐衰退，各种相应的科学思潮积极地迸发出来。科学哲学将注意力转向了科学理论与科学进步的模式的探讨中。波普尔与卡尔纳普之争引发了对逻辑经验主义证实原则的批判；20 世纪60 年代之后，历史主义学派的兴起将人们的注意力吸引至科学的发展模式，拉卡托斯的科学研究纲领模式通过建立理论硬核与保护带的方式来说明科学知识的增长，以此修正波普尔提出的证伪主义；劳丹进而提出科学进步的合理性模式：科学的进步在于理论的增长，人们通过增强理论的协调力而逐步靠近真理；费耶阿本德（Paul Feyerabend）"怎么都行"的科学方法论促进了科学哲学非理性主义的发展，他提出的科学理论不可公约性表现出科学理论优劣判断的标准的失误——由于任何理论都无法完全符合所研究的事实，所以不存在判定真理优劣的标准，另外对竞争理论进行评价必须考虑除了竞争理论和证据之外的背景理论与其他因素。再加上后经验主义对思维的发散性、创新性与多元性的重视，我们可以看出包括后经验主义在内的 20 世纪中期的科学哲学思想将研究重心放到科学理论的建设上来，科学哲学与大陆哲学这两大思潮之间的对立在不断缓和。

在这种背景下，人们不可能再把科学理论视为独立的演绎系统，也不可能认定科学理论中的每一命题都是从那些与之明显有联系的可证实事实中获得了意义。事实证明，不同科学部门中出现的理论构造是相互依赖的，而且也不完全由它们所要解释的材料决定。① 由于历史学家并不从行动者的角度出发去观察，他们对事件及行为的描述是从先验于行

---

① ［英］约翰·布鲁克：《科学与宗教》，苏贤贵译，复旦大学出版社 2000 年版，第 341 页。

动者的历史的经验视域出发，事件的意义根据行为的可行性溯及既往的发生……历史学家表述事件所使用的语言并不是针对早先的观察活动而是针对解释于不同阶段的关联。①

　　路德维克·弗莱克（Ludwik Fleck）是比较早地关注到科学发展中历史、社会等因素重要性的学者之一，并且在这个基础上致力于科学事实起源与发展的理论研究。他在早期逻辑经验主义盛行时期就对其做过批判，并提出"思维模式"和"思维集体"的概念，且认为思维模式指导思维集体的认知活动，思维集体则属于思维模式的载体。不同思维集体拥有不同的思维模式，不同思维模式之间具有不可兼容的特性。首先，科学理论的形成就是科学思维的具体化表现，它离不开直觉、想象力、偶然性因素及其他非客观性因素的影响。科学思维又与科学活动二者紧密相连，相互影响。新的科学思维方式有助于引导正确的科学活动，拓宽科学活动的研究领域，提供给人们广阔的新的科学认识域。反之，科学活动的发生也能够促进科学思维方式的变革，进而可以给科学认识提供新的研究维度。其次，起源于思维集体中单独个体之间互动及与思维集体外部集团的交流的科学事实就是思维模式的产物，它是在思维集体内部与外部集团进行信息传递与交流过程中形成了集体思维系统，再通过社会强化反馈到思维集体的循环往复过程中形成的。所以，科学事实并不是一成不变的，它具有很强的流动与变更性，所以说人们认为科学事实并非客观既定的而具有其起源与发展的过程。它通常都由历史条件下的人类语言与文化所决定，所蕴含的意义体现在语言中的社会实体，所以，我们只能依靠公众社会经验来尽可能地了解意义的各个方面。此外，科学事实具有一般化的思维模式和外部扩张，形成一个非个体化的思维系统。思维模式化的产品经过社会强化被公众所接受的结果就是科学事实的形成过程。② 在自然科学发展的每一发展阶段上，人们总认为已经拥有一种完全正确的方法和已经排除了"错误"的理

---

　　① Jurgen Habermas, *On the Logic of the Social Science*, translated by Shierry Weber Nicholsen and Jerry Alstark, MIT Press, 1988, p. 158.

　　② 张成岗：《弗莱克学术形象初探》，《自然辩证法研究》1998 年第 8 期，第 19 页。

论,① 但事实上,科学研究无法预知未来。正如希兰所指出的,"科学一直处于文化的诠释学保护伞之下,它有着自身的历史、交流与灵活性,仅凭借理论的解释是不能够完全领会的"②。

20 世纪 60 年代之后,轰轰烈烈发展起来的逻辑经验主义科学哲学观点走过其最繁荣年代,逐渐淡出人们的视线,取而代之的是历史主义学派的论点。著名代表者托马斯·库恩意识到唯科学主义只注重科学的逻辑而忽视科学赖以生存的社会背景的偏颇与缺陷,并在《科学的革命》一书中对归纳主义与否证主义发出诘难。库恩站在历史的角度上,用范式的更替来对科学进步的方式做出描述,科学研究和科学进步过程必须考虑科学的实际活动方式,将范式与科学共同体结合起来,把科学史、科学社会学和科学心理学结合起来。

随着逻辑经验主义的衰退与经典物理学大厦出现的裂隙,深受英美分析哲学影响的科学哲学家们越发地意识到科学的发展已经超乎想象,科学的复杂性与不可预见性已经不能通过传统的方式来论证,传统的方法论并不都适合运用在发展中的科学之上。库恩的范式理论受到了普遍的认可,范式的更替、科学的发展似乎也顺应了自然科学与精神科学、社会科学的融合与统一,促进了科学方法论的相互浸染。范式理论向诠释学"前见"的合法性敞开了大门。

大洋彼岸,欧洲以思辨哲学为主的哲学思想也承受着科学发展与科技进步所带来的冲击,越来越多的人跳出了思辨哲学的思考方式,也开始注重与其他哲学思想间的沟通和交流。传统诠释学研究者认为诠释学仅作为精神科学方法论的观点并不合适,特别是传统诠释学者对于理解的主观性的过分强调,不仅把理解限制在纯粹个人或心理的活动范围内,并且混淆了主观理解与作为结果的解释二者之间的区别。

波普尔对诠释学局限于精神科学领域的方法论表示不解,为了表达诠释学可以适用在科学中的观点,他引用了爱因斯坦写给玻恩的一段话,爱因斯坦写道:"你信仰玩骰子的上帝,我信仰规律在某种客观实

① 〔德〕胡塞尔:《欧洲科学危机和超验现象学》,张庆熊译,上海译文出版社 1988 年版,第 61 页。

② B. Babich, *Hermeneutic Philosophy of Science*, *Van Gogh's Eyes*, *and God*, Kluwer Academic Publishers, 2002, p. 220.

在的世界里充分发挥的控制作用——这是我利用奔放无羁的思辨去捕捉的。"从这段话中，波普尔摸索出来爱因斯坦强调的用奔放无羁的思辨去"捕捉实在"就是对实在的理解。① 这样，理解在自然科学中的应用与在精神科学中的应用便具有了相似性。其一，可以将理解主体的人类作为自然实在的一部分从内部去理解自然；其二，自然中一些固有的合理性与可理解的必然性的存在可以将理解应用于其中，这与精神科学中人类通过思想、行为合理性去增进对他人及他人作品的理解类似；其三，人类可以按照理解艺术品的方式去理解自然界，特别是被视为"自然之书"的自然界常常被当作是造物主智慧的彰显；其四，理解在自然科学中的失误同真正自我理解的不可能性处于同一层面之中。于是，波普尔坚定地认为理解本身并不构成区分自然科学与精神科学的标志，他把造成这一状况的原因归结于科学的过度专业化，由于存在太多的专业性特征，使得人们对科学的分析成为严重的非人性化的分析。

由于受到波普尔与库恩等人思想的影响，20 世纪中期大陆思辨哲学与英美科学哲学呈现出了对话与融合的趋势。具有代表性的是拉卡托斯（Imre LaKatos）和费耶阿本德。拉卡托斯将科学哲学与科学史结合起来进行研究，他认为历史学家应根据科学哲学的方法论重建"内部历史"，由此来解释客观知识的增长，借助历史对竞争对象做出比较和评价，而且，对历史的重建需要经验的（社会、心理学的）"外部历史"加以补充。② 费耶阿本德则直接指出无论怎样，科学与非科学之间的界限本身就不是绝对的，过分强调科学与非科学的划界会使科学的发展受到禁锢。例如科学与宗教、神话传说等非科学形态之间的关系非常紧密，科学的发展在某种程度上来讲起因于此，所以不应该强烈地排斥这些非科学形态及其与科学之间的关系。

正如拉卡托斯对科学发展模式总结出的理论所指出的那样，人们无法断定新的科学研究纲领比旧的研究纲领更加完整、规范，新旧理论更替与新理论的进化必须经过实践的检验。"作为批判的诠释学则是以阿

---

① 李章印：《探照灯与数学因素——对波普尔和海德格尔科学诠释学思想的比较》，《山东大学学报（哲学社会科学版）》2005 年第 6 期。

② 刘放桐：《新编现代西方哲学》，人民出版社 2000 年版，第 527 页。

佩尔（K. Otto Apel）和哈贝马斯（Jürgen Habermas）等人为代表的。阿佩尔称自己的学说为'先验诠释学'，实际上是综合了康德以来的先验哲学和诠释学、语言分析哲学、实用主义等流派的思想。哈贝马斯则强调诠释学的社会意识形态批判维度，并就此与伽达默尔展开过论战。在三派之外，利科尔（Paul Ricoeur）另辟新途，表现出更为宏大的视野和更强的综合性，他的诠释学既有当代法国哲学各种思想线索复杂交织的背景，又和现象学、结构主义、精神分析学等重要思潮形成了深层次的互动。"①

（二）科学诠释学的理论生成

当理解与解释两种人类活动分化并具有各自独立的代表域时，它们被人为地割裂开来，构成精神科学与自然科学研究之间的障碍。其实，理解与解释两个词语并不具有绝对的独立性，它们之间存在着进阶的关系，而对于传统中针对"理解"与"解释"之间绵绵不休的论争，是由于对诠释学是否仅仅限制于精神科学领域的不同争论。之所以形成不同的观点，是由于"从弗莱格，特别是库恩以后，下列事实已经不容忽视，这就是在其历史过程中自然科学所使用的方法框架同样发生了变化，自然科学中的陈述以及基本看法均受到其所处的历史条件的限制：这样，在处理自然科学的时代限制即历史性时，我们便需要另外一种工具，这就是诠释理论……因为没有任何一门新科学可以离开'预设理解'……从诠释学的角度看，我们这样做，就是为了在未来的科学家中巩固形成一个各自高度统一的、各门学科所特有的预设理解"。② 也就是说，纯粹采用自然科学的研究方法不能全面地把握事物本身，作为一种存在的历史现象，也需要有诠释学的介入，进而对其进行全面的、整体的把握。另外必须指出的是，伽达默尔对诠释学进行分析的初衷是

---

① Josef Bleicher, *Contemporary Hermeneutics*：*Hermeneutics as Method*，*Philosophy and Critique*. London，Routledge & Kegan Paul Ltd.，1980. 转引自景海峰《中国诠释学的境遇及其维度》，《天津社会科学》2001 年第 6 期。

② ［德］汉斯·波塞尔：《科学：什么是科学》，李文潮译，上海三联书店 2002 年版，第 175 页。

涵盖自然科学领域的，比如他曾对科学实验做出过这样的阐述："在自然科学中，所称之为事实的也并不是随意的测量，而是表征了对某个问题之回答的测量，是对某种假设的证明或反驳。因此，为了测量特定数值而进行的实验，即便按照所有的规则进行了最精密的测量，也并不因这一事实而获得合法性。只有通过研究的语境方能获得合法性。这样，所有的科学都包含着诠释学的因素。正如在历史领域中不可能孤立考虑其问题或事实那样，自然科学领域中的情况也同样如此。"① 另外，伽达默尔对传统划界的否定态度在他对胡塞尔现象学观点的分析中得到彰显，伽达默尔曾明确表示，当人们返回到"有作为的生命"中的时候，自然和精神的对立就被证明不是最终有效的。精神科学与自然科学都必须顺从普遍生命的意向性的作为，从某种绝对的历史性中推导出来。②

威廉·莫里斯（Charles William Morris）认为逻辑经验主义统一科学只有在语言的层面才能够得以实现，他创始的指号学的基本术语大多是从一些自然科学中引鉴的，并且指明语言的使用者及其以指号为中介的行为方式是经验科学研究的客体，所以如果把人文学看作指号学的一部分，那么人文学就被纳入科学术语的统一性之中以具有指号学基础的科学的方式出现，并且仍旧可以保留其符合其研究对象特殊形式的研究方法。若再加上创造出物理学与人文学术语和规律融合的科学语言的话，统一科学的计划在语言的层面上就能够实现。③ 如果说这是一种融合自然科学与精神科学的方式的话，那么另一种促进科学主义与人文主义、英美哲学与大陆哲学间交流与融合的方式是从语境研究纲领的基础上所实现的。语境实在表述的就是在时空和历史因素的基础上主体目的、意图与可变的事件之间形成的动态关联。"在隐喻的认知观点中，语境相当于由文化决定的认知"，"语境的含义——理解为意义的领域或范围——可以被看做是个人通过其自身意义的客观化来提供和设定个

---

① Hans-Georg Gadamer, *Truth and Method*, London：Continuum, 1989, p. 563.
② Ibid., 249.
③ ［美］莫里斯：《指号语言和行为》，罗兰、周易译，上海人民出版社 1989 年版，第 275—279 页。

别性的东西"。①

20 世纪的诠释学作为方法论的普遍发展及其引发的方法论扩张涉及整个认识论领域，诠释学脱离了狭隘的思辨域面进入了广阔的与社会历史相关的新境界，尽管浪漫主义诠释学后期的历史主义学派或多或少地受黑格尔绝对精神的影响，但他们却不能接受精神概念对世界史统一性所做出的解释——即构成历史意义的精神的目的是在已经完成的历史的当代自我意识中得到体现——这种解释把历史带入了思辨的概念。不仅如此，诠释学方法论的多元性开拓也"推进了整个西方人文主义思潮与科学主义思潮之间在方法论上的相互渗透和融合的可能趋势"，② 分析的科学哲学与诠释学之间偃革倒戈，并注重与现象学、结构主义等学派之间的借鉴与融合，极大程度上削弱了学派之间的尖锐对立。

当代科学活动的开展与科学认识论、方法论的重新考量，使从事自然科学研究的人们渐渐意识到科学理论的分析与评价不存在固定的标准，科学研究也不是非要限定在一成不变的方法论基础之上。面对以广袤的生活世界为研究基础的科学研究，除了对科学研究方法论与认识论的探索之外，对科学进行本体论的分析也不可或缺。尽管早期逻辑经验主义否认观察实验中主观因素存在的合理性，但其思想中也蕴含着诠释学的因素。例如波普尔关于科学发展的问题模式就与伽达默尔对"问题意识"的强调如出一辙，他的"问答"关系的思想中详细地阐述了问题的优先性。伽达默尔这样写道："如果我们想阐明诠释经验的特殊性质的话，那么我们就必须更为深入地考察问题的本质"，"问题的本质就是具有意义。现在，意义涉及到了方向的意义。因此，假设答案是有意义的话，那么问题的意义就是该答案可被给出的唯一方向。问题把所问的东西置入于某种特定视角中。问题的出现似乎开启了该对象的存在。因此，展示这种被开启的存在的逻各斯就是一种答案。它的意义就

---

① Roy Dilly, (ed) *The Problem of Context*, *Berghahn Book*, 1999, pp. 83, 189. 转引自杜建国《语境与意向性》，《科学技术与辩证法》2005 年第 4 期。

② 郭贵春、殷杰：《在"转向中运动"——20 世纪科学哲学的演变及其走向》，《哲学动态》2000 年第 8 期。

出现在问题的意义中"。① 另外，后经验主义科学哲学关于历史性因素的分析观点与伽达默尔提出的效果历史意识在某种程度上是吻合的，即解释者的视域处在一定的历史条件之下，是历史的产物，解释者与解释对象之间的融合体现了解释者无法脱离历史因素将置身于历史因素之外而对对象做出论述，而是主、客体相互融合与统一的过程。此外，像费耶阿本德的科学无政府主义观点也鲜明地表现了他对一元主义方法论的排斥，并且坚持科学方法论理应是历史的、多元化的，理性主义的方法论原则绝对化的错误势必导致错误的教条主义，科学的方法论理应与科学的进步紧密结合，二者相互促进、相互影响，共同发展。夏皮尔（Dudley Shapere）也否认存在绝对的、普遍适用的科学方法，任何方法都有其存在的合理性和必要性，因此，科学方法理应是伴随着科学的发展逐步调整与改造自身原有理论日臻完善。

21 世纪之后科学哲学发展的朝向必须勇于接纳科学与学科之间新的动态变化，科学哲学研究呈现出多元化与动态性的特征，需要重新建立科学哲学研究新平台，规范科学哲学学科的发展。② 特别是 20 世纪 70 年代之后，伽达默尔的这种坚持把诠释学与科学哲学联系在一起的想法越来越明朗化。

欧洲大陆哲学与后经验主义科学哲学为诠释学在科学研究中的运用指明了一种新的方向。致力于沟通英美哲学与欧洲大陆哲学的人们开始对自然科学进行诠释学的解读，旨在为科学诠释学奠定雄厚的理论基础。约瑟夫·劳斯（Joseph Rouse）提出科学的严格划界本身并不科学，并且对奎因的主张深表赞同，即主张科学理解和对日常生活的理解体现在可表述的假设之中，这些假设内在于人类行为及行为动向之中，在人们给定的文化环境中成长。而且无论是历史的偶然事件还是物理学或是数学的逻辑，人类知识和信念的整体无一不是人工的制造物。从认识论的立场上来看，物理对象与神话中的诸神也只是程度上而非种类上的不

---

① Hans-Georg Gadamer, *Truth and Method*. London: Continuum, 1989, p. 563.
② 殷杰：《当代西方的社会科学哲学研究现状、趋势和意义》，《中国社会科学》2006 年第 3 期。

同，二者都是作为文化的设定物（cultural posits）进入人类的视线之中。①

诠释学最初涉猎自然科学是从历史主义对科学的反思中得到阐释的，它不仅表现在关注历史因素在哲学反思过程中的作用，包括早期逻辑经验主义的批判，及强调"范式"概念的诠释学属性。历史主义学派诸多学者认同伽达默尔对诠释学的论述并未将诠释学明确地限制在精神科学中。之后，越来越多的人对自然科学的诠释学解读产生兴趣，也逐渐产生关于自然科学与其他学科之间方法论的交流。哥本哈根学派对量子力学的研究及量子力学的最新诠释都体现出了科学研究的多元方法论基础，英美分析的科学哲学家们非常容易就能够在相关论述中找到其思想中的诠释学因素。克里斯在诠释学与科学相关论述中做出的总结——20世纪欧洲大陆思想发展过程中缺少对自然科学的研究——似乎是对伽达默尔"在某种地方特别喜欢某种研究方式"的观点遥相呼应，而这一切都是由于科学研究中理解主体具有不同的视域罢了。为什么会存在这样的情况？如果想回答这个问题，不得不重新思量理解主体的"境遇"，包括历史局限性、认识背景、受训练的方式、旨趣、实验条件等方面上来，而这些因素往往又需要考虑诠释学"前理解"与"前见"的存在，保罗·利科尔所寻求的反思的哲学思想也引导着我们在伽达默尔诠释学与英美的分析哲学之间做出连通。

从发展进程来看，自玛丽·海西对自然科学与精神科学的对照说明到伯恩斯坦对库恩科学诠释学观点的推进，无一不体现了当代科学哲学家对诠释学的重视。对于库恩那种激进的思想，伯恩斯坦并没有直接站在批判者的阵营中，反而坦言"对《科学革命的结构》更公允、更宽宏地阅读一遍，就会认识到他的意图从来不是去宣称科学探索是非理性的，而是要标明那种达到把科学探索作为理性活动的更开放、更灵活并以历史为中心而加以理解的途径"。② 他从艺术品鉴赏开始，循序渐进地揭示实践诠释学的特质，且排斥将艺术品作为自身封闭的客体而与观

---

① Willard Van Orman Quine, *From a Logical Point of View*, Massachusetts, Harvard University Press, 1961, p. 44.

② ［美］理查德·伯恩斯坦：《超越客观主义与相对主义》，郭小平等译，光明日报出版社1992年版，第29页。

察者相对而立的观点。他认为观察者作为鉴赏主体需纯化自己，以便获得相对客观的对艺术品的鉴赏能力与审美意识。这样，在艺术品和观察者之间就形成了一种动力学的互动和传递的过程。伯恩斯坦通过对艺术品鉴赏的分析类推到面对文本时所发生的人与文本之间的交互作用中，来表达无论是艺术品还是文学文本乃至客观事物，所考察的都是同一现象，即理解的对象。

　　诠释学理论今日之所以颇有点"放之四海而皆准"那般自负①，是由于诠释学理论经过了从最初的方法论衍化到了知识论的分支之后通过海德格尔扩展到了本体论的一种变迁。诠释学经历了海德格尔本体论式的阐述后，对存在进行思考的优先性高于任何认识论与方法论的反思，使诠释学上升到前所未有的高度进行审视；而伽达默尔《真理与方法》的问世使得先前作为精神科学独立的方法论基础的诠释学涉猎自然科学初露端倪。在伽达默尔那里，诠释学的循环上升成为一种螺旋式的运动，亦即当自己的看法与对方的意见相对立的时候，通常都是由所使用的共同语言将两者联系起来，并在相互交流之后于自己的看法上进行重述与修改，之后继续传递给对方，这是一种对话，是一种循环往复的过程，它构成一个共同的传承，同时说明了"研究与接收传统不仅是理解的条件，亦是制约与影响我们自己生活的历史条件"②。

　　经历了认识论的变迁之后，发展中的西方科学哲学观点也转而倾向于表明科学是一种假设与说明，科学与社会科学的认识活动一样，包含着理解、解释与应用及三者的辩证统一。他们意识到科学家将理论结构视为研究生命现象唯一的方法是一种错误的观点，因为从内部（解释）去理解的方法，也对人们开放着……人们对于自身的知觉、思想、意志、感情与行为活动有一种直接的认识，与用符号代表"并行"大脑过程的理论知识是完全不同的。人类所处的世界充满着科学文化与人类实践，自然之书富含意义，对科学研究对象的理解与解释不仅是科学关注的问题，而且也是人类对世界全部经验的组成部分，科学家决定着有

---

① 李醒民：《论三种独特的理性方法》，《自然辩证法通讯》2010年第2期。

② ［德］汉斯·波塞尔：《科学：什么是科学》，李文潮译，上海三联书店2002年版，第184页。

待说明的事实及他们的科学意义，并通过解释或说明的方式表述出来。这是自奥古斯汀以来从未间断的"自然科学诠释学"的扩张最有力的一面，之前之所以没有形成普遍识知的局面是由于"近代对自然界的非意义化，大自然不再被视为神的意义的表达和显露了，而是作为无意义的实在领域来与有意义的文化和精神现象领域区分开来"。① 自此，诠释学不再囿于传统的哲学诠释学的意义基础，而是在更宽泛的域面，作为一种中介、因素或是分析的工具出现。②

总之，诠释学与自然科学发生关联并非狄尔泰的初衷，对科学进行诠释学的分析最初也只是为了减少英美分析的科学哲学与欧洲哲学思想之间的尖锐对立。从形式来看，科学诠释学的萌生是在尊重逻辑分析的基础上去掉"科学主义"的意识形态。③ "从内容来看，诠释学和科学哲学都探讨了人的理解和解释的问题；从走向来看，它们都经历了研究重心从注重理解和解释的客观性向强化理解和解释的主观性转移的进程。"④ 特别是进入 20 世纪之后，由于自然科学与精神科学之间的划分标准变得模糊起来，理解、解释与说明在一切科学领域都得到了体现。人们已经找到通向"质"的世界的蹊径，这些复杂过程组成了我们十分熟悉的世界，生物及其社会在那里相伴发展的自然世界。这是一种演化的世界，是一种飞跃。⑤ 所以，诠释学适用于自然科学，不仅是对自然科学科学理论、科学实践、实验及科学活动本身的活动进行总体把握，也具有当下科学所包含的隐喻在科学自身中未曾表现出来但却存在的东西，例如科学退后与技术毁灭。这种新的科学哲学的诠释学转向，使诠释学朝向理解整体科学的方向迈进。这是在分离了几个世纪之后，自然科学首次明确地向精神科学抛出了橄榄枝。

---

① ［德］L. 格尔德塞策尔：《解释学的系统、循环与辩证法》，王彤译，《哲学译丛》1988 年第 6 期。

② Márta Fehér, Olga Kiss and László Ropolyi（eds.），*Hermeneutics and Science*，Kluwer Academic Publisher, 1999, p. 2.

③ ［日］野家启一：《试论"科学的解释学"——科学哲学》，载日本科学哲学会编《科学哲学的展望》，早稻田大学出版部 1982 年版。

④ 彭启福：《理解之思——诠释学与科学哲学》，安徽人民出版社 2005 年版，第 173 页。

⑤ ［比］伊·普里戈金、［法］伊·斯唐热：《从混沌到有序——人与自然的新对话》，曾庆宏、沈小峰译，上海译文出版社 1987 年版，第 71—72 页。

第 三 章

科学诠释学的本质内涵

一 科学诠释学的研究对象

对于我们来说，"科学"一词作为外来语，最早可以追溯到日本学者西周时懋在 1874 年将 science 一词翻译成"分科之学"，它常用来指代反映自然、社会、思维等客观规律的分科知识体系。《现代科学技术概论》中把科学定义扩展到了人类活动的范畴，科学的职能是对客观世界知识的总结，并使之系统化。① 当代的科学被界定为寻找意义与价值基础的社会、历史和文化的人类活动，是自然科学与精神科学的泛指。所以，科学不仅仅包括获得新知识的活动，而且还包括这个活动的结果；科学研究与人类活动之间的关系可以理解为人类在科学理论的指导下所进行的实践活动——是人们运用范畴、定理、定律等思维形式反映现实世界各种现象的本质和规律的研究、实验、试制等一系列有目的的科学行为。

（一） 科学整体

科学诠释学的提出意味着诠释学分析可以运用在整个科学体系中，它可以增进人们对科学和科学研究的理解，也就是说科学诠释学的研究对象可以被认为是包含着客观知识、人类活动与社会事业的科学集合

---

① 赵祖华：《现代科学技术概论》，北京理工大学出版社 1999 年版。

体。为了突出科学诠释学研究对象的不同导向，我们可以从两个角度来说明：从狭义角度来讲，科学诠释学研究对象更多地体现为系统性自然科学研究：包括科学发现、科学思维方式、科学理论、科学认识方法论、科学实验、科学实践与应用、科学世俗化、科学与技术延伸等组成部分，这些构成科学诠释学自然科学领域中的主要研究对象；从广义角度来讲，科学诠释学的研究对象则表现为历史动因条件下富有意义的人类活动。什么是人类活动？理解与解释的统一如何在人类活动中得到阐释？按照马克斯·韦伯（Max Weber）对活动的定义，活动（action）是指行动者达到主体意旨的行为（behavior），即只要行动者赋予主观意义的行为就可以称之为活动。科学诠释学之所以将人类活动作为其研究对象，就是由于人类活动是由富有意义的行为所构成的。并且当行为者融入自然和社会的环境中时会根据自己的意旨赋予行为意义，这是一个复杂的过程——包括有意识或无意识对符号的使用，尽管这并不需要。①

长期以来，对意义的追求一直被看作是精神科学所关心的主题。按照海德格尔的观点，则任何科学和科学研究都是人的活动，因而必然包含人作为存在者的存在方式。伽达默尔沿着海德格尔的本体论诠释学思路，把理解、解释、保存和运用"存在的意义"作为人生存的本质，并从人生存的整体角度去揭示人追求存在的意义。也就是说，人类把追求存在的意义作为生存的本质也是体现在人类活动中的，不仅体现在人类面对自然世界的认知活动中，还体现在人与人之间建立起的社会关系所形成的社会活动或实践活动中，这才可以表明科学诠释学理解、解释与应用的统一关系。人类活动的意义只有在行为本身的意向性确定之后才能获得理解，而意向性受行动者的信仰、欲望等因素的影响。所以，若要理解行为的意义必须首先找到该行为产生的动机。英美分析哲学家曾试图通过心灵哲学等研究方式揭示思想与外部因素之间的关系，通过对意向性的研究来说明人类可以把一切心理状态和属性归为意向活动的结果，而达到这样的目的必须借助对意向性属性的在先认识与

①　C. Mantzavinos. *Naturalistic Hermeneutics*, Translated from German by Darrell Arnold, New York, Cambridge University Press, 2005, p. 87.

前把握。① 例如美国神经学家达马西奥（Antonio R. Damasio）通过对记忆、语言、情绪和决策的神经机制、情绪的生物学功能的研究证明了单纯地将精神或情感的因素与客观认知相分离的观点在神经学的发展下显得不堪一击，情感与认知系统尽管在原则上是独立的，在神经生理学上有明显的区分，但是二者的确时刻在相互影响。

对意义的理解存在着多种方式。从语境分析的角度来看，语境论将"语境中的行动"作为根隐喻就是由于它只着眼于行动在语境中的现实意义而言的，对语境的研究成了理解事件和行动意义的核心。从认识论角度来看，它将人类活动视作动态变化的发展进程，根植于意义与关系的社会历史语境中，人的历史行为、人类活动的意义把握都要在一定的语境条件基础之上，并且人类对所生存的环境世界的知识探求是有限的，受到语境的制约，特别是知识表征的缺陷更凸显了语境制约的因素。② 所以，由行为构成的人类活动、人类思想与历史意识都不是各自孤立的，都具有演进的过程，且科学研究作为人类的主要活动之一，在不同阶段有不同的研究基础和目标。由此看来，人类活动理应存在于动态的历史进程之中，无论是考虑传统诠释学的研究对象"文本"，还是科学诠释学广义的研究对象，若要理解文本或其他有意义的人类活动，都务必要考虑到解释者的个人经历甚至整个人类生存与繁衍等历史性因素。

（二）科学文本

文本（text）一直是诠释学自诞生以来的研究重镇。按照传统诠释学的观点，文本被局限于以文字形式为主的流传物。那么，当诠释学的面向域面扩大到科学整体时，科学研究对象从文字的流传物扩展到非语言符号所构成的对象时，文本的概念如何发生变化？能否与传统的文字文本同样对待与分析呢？我们认为，无论是文字性的流传物还是具体的

---

① 江怡：《分析哲学与诠释学共同话题》，《山东大学学报》（哲学社会科学版）2007 年第 1 期。

② 魏屹东：《语境论的科学研究纲领方法论》，《人文杂志》2009 年第 4 期。

科学研究实体、艺术作品等，都是人类行为的特殊表现形式。特别是符号对于人们来讲具有非常积极的意义，恩斯特·卡西尔（Ernst Cassirer）强调人类知识的本性就是符号化的知识，从人的符号形式和符号系统的多样性中才会体现出人类文化的多样性。非语言符号一旦成为诠释学的研究对象，文本的概念便不仅仅止步于传统诠释学意义上的文字文本而扩张到人类有意义的行为之中。这种观点与保罗·利科尔的文本观点趋于一致，应用于文本的结构模式完全可以超越文本的存在而延伸到所有的社会现象之中，因为文本不是限制在它对语言符号的应用上，而是在应用于各种各样的符号上，包括类似于语言符号的符号。[①]

诠释学真正的发展，就体现在它对文本的理解、解释与应用上。普遍诠释学倡导者阿斯特（Georg Ast）着重强调理解与解释是在原来作品基础上的创生，即将解释文字流传物的意义与理解文字所包含的古代精神很好地融合起来。自从阿斯特抛出了普遍诠释学思想之锚之后，施莱尔马赫的重构思想和狄尔泰关于精神科学的普遍的方法论的建立，使诠释学研究的文本范围扩大到了精神的客观化物中——精神的客观化物概念汲取了黑格尔的"绝对精神"论述，指包含人类生物学及哲学范畴关于精神的概念之内的所有精神活动的产出，包括语言、文字、艺术作品到实际的产物，例如工具、机器等等，都可以作为精神的客观化物从而进入诠释学文本界域。在经历了海德格尔与伽达默尔的本体论诠释学分析之后，文本作为诠释学的中心问题实现了诠释学向方法论的回归。

埃米利奥·贝蒂（Emilio Betti）将文本的概念做了扩大化的说明，他重新概括了文本的定义，"从迅速流逝的讲话到固定的文献和无言的遗迹，从文字到密码数字和艺术的象征，从发音清晰的语言到造型的或音乐的表象，从说明、解释到主动的行为，从面部表情到举止方式和性格类型，以及我们所建造的房屋、花园、桥梁、工具等，都可以说是精神的客观化物。"[②]

---

① ［法］保罗·利科尔：《解释学与人文科学》，河北人民出版社 1987 年版，第 226—229 页。

② 洪汉鼎：《诠释学——它的历史和当代发展》，人民出版社 2001 年版，第 260 页。

由于科学哲学与诠释学思想的交汇及人们对科学进行的诠释学分析，科学诠释学的研究对象从文字文本无形中转化成为科学文本。由于科学诠释学所要面对的是整个科学系统，它的对象涵盖了整个科学领域，所以科学诠释学的文本具有了更广泛的范围。曹志平对文本做了具体的阐述，[①] 首先，他将文本概念做了一种普遍化的理解，凡是由人类创造的各种符号凝聚的，承载着人类文化、思想、观点、传统意识等的物品都可以构成文本，而科学文本则是科学思想和科学理论的载体，不同学科的文本由于研究对象与科学传统之间的差异包括学科之间不平衡的发展状态相关。其次，他将科学文本分为以下三类：第一类科学文本是用数学语言进行表达的文本；这种文本以术语的方式出现，从形式结构中获得意义并且意义是隐匿于科学公式之中的。第二类科学文本涉及实验或实践的描述与说明；主要是对科学活动中实验或实践过程及研究对象的经验性说明。第三类科学文本存于第一、二类科学文本之间，并且与二者共同构成意义完整的科学文本。它是指两者的具体化表现与关联，即一、二类科学文本的具体因素以"合乎逻辑的形式相互连结"[②]的产物。科学文本体现出其具有文本的统一性特征，这种统一性既不是反映在文本的语境背景之下的，也并非反映在文本流露出的思想内容中，而是构成诠释学基础文本的构成要素——文本的语言中。由于科学文本包含自然语言的描述与说明，科学解释需要在形式的数学语言之间与描述经验的语言之间建立一种毫无歧义的关系。既然科学诠释学的文本范围涵盖了科学整体，所以科学文本理应具有更广泛的含义，它不仅包括上述哲学诠释学对于传统文本的概括，还包括科学发展进程中新学科的进发所激起的新的文本形式。为了更好地理解文本概念与科学文本的主要特征，我们将科学文本划分为基础文本和广延文本。其中，基础文本包括了符号文本与文字文本，广延文本包括扩展了的实验室文本及物质化文本。

1. 基础文本

按照传统诠释学的观点，诠释学最初的研究对象是具有特殊性质的

---

① 曹志平：《理解与科学解释》，社会科学文献出版社 2005 年版，第 154 页。

② 同上。

文本，当理性取代原始的宗教崇拜之后，诠释学的研究对象从圣经、宗教教义等特殊文本转向物质世界与人类精神的具体表象中，文本也从单一性的文字性文本扩展到"日常生活文本和自然界这个有待解码的'大文本'"①。

近代科学研究中，科学展示自然界运转规律的机械论诠释模式，自然界被看作是不可再分的无名粒子，它规定了事物的根本属性，这种机械论的观点下形成了相对孤立的自然界存在状态。自然界作为客观实在一直是科学研究者们孜孜不倦的研习对象，它成为近、现代自然科学的最基本研究对象。而对于科学诠释学的主张者来说，马丁·埃杰（Martin Eger）将传统的"自然之书"扩展成为"两本书"，一是传统意义上的客观自然界的"自然之书"，另一本书则是科学文化领域概念之下的"科学之书"，他对"科学之书"不厌其烦的论证体现出了多重诠释的观点。② 比如说，他举例医生通过辅助设备亲自检查患者身体结构并直接获得 X 光片就是对"自然之书"的阅读；对"科学之书"（book of science）的阅读，恰如求知者对医学者的论文与著作的阅读——这与波普尔的"第三世界"理论极为相似，它记录着理论、实验报告、问题与解决方式等内容，是"客观思想内容、特别是科学思想和诗歌思想，以及艺术作品的世界"③。自然之书面向的是"真实的"对象，而科学之书面对的是科学语言描述下的自然，它包含着科学家自身经验与个人知识。科学家不可能完全展示科学研究活动的所有部分，因为它涉及科学研究的本体论问题，但科学的具体研究工作可以是一个实验、一种规则、一个模型或理论，它构成了这本科学之书的某个章节或代表了某个知识点，科学家撰写的科学之书有着自身特殊的解释，并且不能穷尽所有科学研究活动的条件与环境。④ 言下之意，科学诠释学所要面对的是科学之书而不再是自然之书，诠释学中的理解与解释的行为建立在科学

---

① ［意］安贝托·艾柯等：《诠释与过度诠释》，科里尼编，王宇根译，生活·读书·新知三联书店 1997 年版，第 30 页。

② Márta Fehér, Olga Kiss, László Ropolyi. *Hermeneutics and Science*, Dordrecht：Kluwer Academic Publishers，1999，p. 270.

③ 洪汉鼎：《诠释学——它的历史和当代发展》，人民出版社 2001 年版，第 282 页。

④ Martin Eger, *Hermeneutics as an Approach to Science*：Part Ⅱ，*Science & Education 2*，Netherlands：Kluwer Academic Publishers，1993，pp. 318－319.

之书的构成而非对其进行的简单的阅读之上。换句话说，科学知识通过研究而产生，并以文字形式记录下来，再通过传授者的社会化普及，最终被研习者接受。在这个过程中，传授者承担着传播、复述的任务，研习者成了科学认知产物的受益者。之后，他们又以该项科学的"局外人"身份介入到该项科学本体中。① 二者的不同点在于，自然之书面对的是真实的自然界，科学之书是科学研究活动之下对自然的理解，它通过科学研究者传袭下来的科学理论、命题、实验、模型等众多因素的分析，形成新科学研究环境下的理解过程。

"在科学学者化和专门化的今天，对科学文本的理解日益突出起来，有时候甚至比科学研究本身对于社会的作用和大众的影响更为重要。"② 科学文本之所以重要，是由于它往往承载着科学思想与科学观念，因而文本经常被等同于科学理论本身，科学研究的语境与研究背景也蕴含在科学文本之中，它对不同学科的语言与分类进行表征，从科学研究发端直到科学理论的成形与科学成果的问世，无一不是与文本形式相关。科学文本同时也是科学理解与解释的研究对象，是科学解释客观化的要素，并且文本的创作与解释的循环过程也体现在科学研究的整个进程中。③ 因此，科学文本是理解科学哲学与哲学诠释学的关系的基础，是整个科学研究体系的关键点，对科学文本进行详细的研究有助于廓清科学研究中科学哲学与哲学诠释学之间关于理解与解释、应用之间的关系。

总的来说，科学诠释学基础文本可以归结为包括符号文本与文字文本等一切科学研究中的对象，例如"科学理论、科学概念、科学的数学形式、科学的实验现象以及被称作'科学事实'的东西，乃至科学活动（如观察）中人的行为，都可看做是理解与科学解释的文本"④。

其实，科学诠释学的文本概念脱离了古代诠释学文本范围的局限，

---

① Martin Eger, *Hermeneutics as an Approach to Science*：*Part* II，*Science & Education 2*，Netherlands：Kluwer Academic Publishers，1993，p. 323.

② 殷杰：《哲学对话的新平台——科学语用学元理论研究》，山西科技出版社 2003 年版，第 9 页。

③ 曹志平：《理解与科学解释——解释学视野中的科学解释研究》，社会科学文献出版社 2005 年版，第 153 页。

④ 同上书，第 153—154 页。

不仅包括语言、文字性的叙述与流传物，而且拓展到行为本身、物质化文本、后现代的影像视觉文本等。特殊的科学研究对象有涉及无文字文本的情况，例如某些学科中存在着使用物质性的文本作为研究对象。当面对自然领域时，科学家们所需要寻求理解的自然世界是一种文本，那么不同文化背景下视觉主义的他显、成像技术展示的结果与转译等所造就的视觉形式也是一种文本。针对此种文本的诠释学分析是对知觉的解释，它的关注点与传统诠释学文字文本不一样，是非言述或文字形式的。例如 20 世纪末兴起的观念摄影中的错觉摄影，就是为寻求视觉语言的可能性而采用格式塔转换、错觉心理学等原理进行的创作。无论文本以什么样的形式体现，它们作为阅读的对象，都是作为客体嵌入主观知觉，从客观上来讲它们映射了生活世界的总体结构。无论如何，阅读文本是科学活动中最基本的知觉活动，知觉经验作为感觉经验的组成部分在科学研究中是非常重要的，知觉的复杂性与多样性也决定了知觉对象的诠释学特征。

2. 广延文本

除上述的科学诠释学研究对象的基础文本之外，文本还包括另外一种形式，科学研究中存在的广延的即扩展了的文本。这种广延的文本体现在两个方面，一是实验室文本，二是物质化文本，例如科学研究中科学仪器读数、图像显现，用日常语言和科学语言进行描述的文本语言与图片、照片、图像等记录科学实验现象和自然事件的非文字物品等等，这种文本成为科学实体或者参与了具体科学研究过程。而科学研究的基础活动就包含对仪器文本的"阅读"，该文本是在规范的环境下与其他精密仪器相互作用而产生的，属于一种人工形式的文本。这种人工形式文本的确立使文本概念逸离了诠释学最初的文本概念而得到了扩展化，形成了独特的实验室文本与物质化的科学诠释学文本。

关于实验室文本，我们首先需要了解它是如何成为科学诠释学的研究对象的。布鲁诺·拉图尔（Bruno Latour）曾经指出，当人们对实验结果或是科学文字性文本产生怀疑的时候，并非直接从这样的科学文本直接面对自然本身，而是将注意力投放在科学文本生成的实验室中。在拉图尔对科学文本是基于知识建构的阐述过程里，我们将研究兴趣由文字性文本转向了产生或提供科学文本的实验室——实验室是聚集仪器的地方。通常来说，仪器（或称为记录设备，inscription device）可以被定义为在科学文本里提供任何可见显示的装置或装配（set-up），按照拉图尔的思路，只有作为最终读数而用来作为技术性论文的最后层次的装置才是仪器，类似温度计等提供中间数据读出的设备则不被称为仪器，因为它们并不构成科学研究成果文章中的可见显示。① 既然我们要从仪器中获得产生科学文本的数据，实验室就成为了"科学的创作间"②。所有的可见显示都是在实验室中形成的，正是由于实验室生产出对可见显示的描述，在实验室中这种眼见为实的彻悟完成了格式塔转换。这种描述与传统文本不同，它的描述只有受专业性训练后才可以阅读。③ 实验室通过仪器产生的文本承载了大部分人类科学实验活动，自然科学通过实验才获得面对"物自体"的机会。因此，实验室文本是通过仪器在标准化的环境中得到的，仪器在去语境化的同时被重新语境化，它所产出的科学文本的结构与意义要受到新语境下理论和法则的制约，所以说，实验室文本是科学文化和人实践的产物，是在被控制的科学环境中承载到科学仪器上的自然。对读者来说，该科学文本中语言性的符号标记从对象转变为读者本身的一部分，这里面包含一种实践的过程，即读者必须把理论性知识与具体实验操作结合起来，这种文本是由形式系统与经验事实构成的，自然科学中的研究对象借用仪器来表现自己，就像在对待文本理解没有唯一的、最终的意义一样，科学研究中同样不存在唯一的、最终的知觉与科学世界。④

　　与实验室文本不同的是，人们对科学文本的客观性分析总是在科学家的实验室文本形成之后，所以实验室的行为与实验室文本本身并不产生直接的关联。科学文本的产生一部分来自先验文本，另一部分来自实验室里的执行过程。所以我们可以这样认为，实验室中所产出的科学文

---

① Bruno Latour, *Science in action: how to follow scientists and engineers through society*, Cambridge: Harvard University Press, 1987, pp. 67-68.

② R. P. Crease, *Hermeneutics and the Natural Sciences*, Kluwer Academic Publishers, 1997, p. 116.

③ Ibid. , p. 119.

④ 张汝伦：《意义的探究——当代西方释义学》，辽宁人民出版社1986年版，第362—369页。

本的客观性是被制造出来的。对这种制造出来的科学文本客观性的把握可以使人们对实验室过程了解得更加详细，并且可以帮助人们观察到随着时间的推移所研究的科学现象产生出的不同表象。这样，人们大可不必直接面对自然本身而从实验室中对科学现象达到共时与历时客观性的把握。

关于物质化的文本，它是在文本概念经历了某种程度的扩张之后形成的，即诠释学的传统文本从最古老的经文、法律、语文学等记录并保存流传下来的符号或文字文本的形式拓展到物质性的形式。唐·伊德（Don Idhe）对这种文本形式做出了全面的论述，将诠释的文本扩展到了非文字性的流传物上。伊德认为"传统诠释学观点不是简单的区分自然科学与人类科学，而是诠释学与实证主义二元复合体（H/P binary）"，[①] 诠释的对象也并非单一的文字性文本以及对其作者语境的重现，而是广袤的物质世界。他通过"反对哲学史"观点来拓展"物质化"的诠释学，在论述沉默的研究对象时采用了物质性的诠释学这一说法，这种物质化的文本状态通过分析可以转化为人类的科学实践。这样一来，诠释学的文本被扩大化了，文本从诠释学发展之初的简单文本转化到非文字文本上。比如，对新疆博尔塔拉米尔其克大草原上伫立的一尊尊石像的研究，这种科学考察的对象从简单的文字文本更趋向物质实体。一方面，通过对碳14的放射性同位素含量的技术手段进行测定，对石像形成年代形成初步的了解之外，更需要地面勘探技术、物探技术、航空摄影、航片分析等物理技术的佐证。另一方面，通过对古书、文献的记载、走访当地牧民，了解远古时代该地区的宗教信仰及祭祀仪式，并通过语言学家对鹿石上古老的粟特文的解释，通过多种角度对石像做出尽可能准确的解释。

除此之外，科学诠释学还应注意到行为作为文本的特殊性。利科尔对文本的阐释延伸到了富有意义的人类行为之中，人类行为是一个有意义的实体，当行为在其体现四种间距化形式的范围内便可以被当成文本。它与文学文本一样，表现出某种意义以及具有某种指谓。"与文本

---

① Don Idhe, "Thingly hermeneutics: Technoconstructions", R. P. Crease. *Hermeneutics and the Natural Sciences*, Dordrecht: Kluwer Academic Publishers, 1997, p.111.

一样表现出某种意义以及具有某种指谓，它也拥有内在结构以及某种可能的世界，即人类存在的某种潜在方式，这种潜在方式能通过解释过程得以阐明。"① 行为与文字文本一样是具有意义的实体，只是这个实体的意义是在整体的机构中才可以被理解。

科学文本以整体性形式成为科学诠释学的研究对象具有客观性与历史性，它的客观性表现在文本结构的统一与客观存在上；它的历史性则体现在文本在漫长的历史繁衍中由于受到文化、政治、科技、经济及社会变迁等因素的影响而发生本质的变化中，特别是文化结构的改变，对诠释学系统文本认识上的变化，也会对诠释学文本的理解形成推进或后撤。

二　科学诠释学的研究核心和目的

（一）对语言的关注

> 科学家并没有凭空创造科学事实，他用未加工的事实制作科学事实。因而科学家不能自由而随意地制作科学事实。工人不管如何有本领，他的自由度总是受到他所加工的材料性质的限制……总而言之，科学家就事实而创造的一切不过是他用以阐述这一事实的语言。
>
> ——彭加勒

1. 分析哲学与诠释学的共同话题

当语言取代认识论成为哲学研究簇新的航向标时，英美以分析为主导的科学哲学与欧洲大陆传统诠释学之间的碰撞促使对语言的研究变得广泛开来，分析哲学与大陆哲学思想的交叉使得传统诠释学中关于理解与解释的问题迎来了新的发展局面。无论是当代以分析为主的科学哲学

---

① ［法］保罗·利科尔：《解释学与人文科学》，陶元华等译，河北人民出版社 1981 年版，英文版编者导言，第 17 页。

家，还是抱有科学诠释学态度的研究者，都将语言作为自己的研究对象。二者最基本的共通点即为对语言的研究，尽管它们在对待语言理解的态度及方式上不尽相同。

20世纪初期科学哲学所发生的语言学转向使近代哲学所关心的认识论问题被语言分析所取代。语言不再是传统哲学讨论中涉及的一个工具性的问题，而是成为哲学反思自身传统的一个起点，同时也成为日常语言哲学家方法论的基本出发点。

现代逻辑的产生引领了20世纪哲学的语言学转向，英美分析哲学"通过对语言形式的句法结构和语义结构的逻辑分析，去把握隐含在语词背后的经验意义，从而推崇科学主义的极端观念和形式理性的绝对权威"①。分析哲学先驱路德维希·弗雷格（Friedrich Frege）的主要观点就是对语言性质进行研究，把自然语言的日常用法、形式逻辑的理想语言加以区分，借助形式逻辑的思想语言所建立起来的标准将日常语言日常用法中的错误剔除。弗雷格关于含义的概念与维特根斯坦在《逻辑哲学论》中所表达的观点都认为：一种逻辑上完满的语言只是那些精确的、有确定含义的表达式。若想描画实在的最终结构，一种逻辑上意思清楚的语言的纯粹模型就不能够模糊不清，这种语言规则必须是一种严密的系统阐述的演算规则。

分析哲学和语言哲学经历了20世纪前半期的"语言学转向"之后，弗雷格、前期维特根斯坦、塔尔斯基、卡尔纳普等人通过使用语言、语形分析用来探讨科学命题与意义问题，特别是弗雷格对意义与意谓的区分为后期的分析哲学语言学研究提供了新的研究方向，但是这个时期的分析哲学的语言研究只是将语言视为与人类实际生活毫无关系的纯粹形式的研究，而奥斯汀、后期维特根斯坦、奎因、戴维森等分析哲学家研究中的语言、语用学则对语言的意义进行追踪已然是20世纪70年代之后的事情了。②

维特根斯坦后期观点与之前的观点有着明显的二分，早期维特根斯

①　郭贵春：《后现代科学实在论》，知识出版社1995年版，第2页。

②　殷杰：《学对话的新平台——科学语用学的元理论研究》，山西科学技术出版社2003年版。

坦思想的失误之处在于把语言同世界的关系看作是对应同构的关系，即把语言的本质当作是世界的本质，将命题与事实、语言与世界的关系理解为严格单一的对应关系。后经雷姆赛（Frank Ramsey）的批判和斯拉法（P. Sraffa）对其的诘难，维特根斯坦意识到这种本质主义的错误，同时认识到语词本身的意义是人们所赋予的，命题与其所描述的事物具有简单的对应关系极不合理，因为世界并非按照某一特定方式组织而成并得以用语言进行描述，而是存在多少种描述方法，就有多少种对世界的划分，概念只有在一定的语境下才有意义。① 维特根斯坦后期观点针对笛卡尔心灵概念及私人语言的批判，并承认多样语言游戏的存在。他对"语言游戏"概念的阐述说明了生活形式构成其基础，意味着任何语言游戏都只能在一定的生活形式中、人类实践活动中得到理解，人类社会实践决定了语言表达式的意义。② 语言游戏所要突出的是语言的使用和用途是广泛的活动或"生活形式的组成部分"③，所以，"语言游戏"的概念明显带有社会性的因素。语言的逻辑形式与表述世界的方式在《哲学研究》中被转换为各个语言游戏的"规则"，在《哲学研究》与《逻辑哲学论》中，语言逻辑函项阐述的差异是由于维特根斯坦将人类活动（社会的"生活形式"、"习惯"与"制度"）纳入到了语言游戏的基本观念之中。这种"语用化"的改变所带来的结果是：（自然）科学理解世界的方式与精确性理想标准一同被语言游戏解释世界的不同标准所取代。④

另外，维特根斯坦强调规则依赖于语言的用法，语词在不同的环境下所代表的意义是不同的，而且语言游戏中所使用的规则是事先确定下来的规定性的规则，这种规则具有建构的特征，这种在先的规则针对个体，即从认识主体出发的意识主体形式，它参与与认识对象或客体之间交流的过程。所以，认识活动亦与个体意识相关。

---

① 张汝伦：《现代西方哲学十五讲》，北京大学出版社 2003 年版，第 199 页。

② 同上书，第 202 页。

③ ［美］M. K. 穆尼茨：《当代分析哲学》，吴牟人、张汝伦等译，复旦大学出版社 1986 年版，第 341 页。

④ Karl-Otto Aper, *Towards a Transformation of Philosophy*, Translated by Glyn Adey and David Fisby, Marquette Univisity Press, 1998, p. 22.

当维特根斯坦提及解释一种语言游戏中各种表达式的意义必须包括弄清支配它们的使用的语法规则时，并不是指所有规则都是一种详细、系统阐述的精密演算下所凸显的规则。比如说在数学的语言里，规则得到仔细的阐述和整理；而另一些与数学语言所不同的其他语言里，掌握其规则、学会使用它们并不一定也要有这样本领的人把这些规则完全无遗地陈述出来。即在每一种语言中，即使阐述清晰、表述明确，这些规则仍旧保留着晦涩的因素。无论是维特根斯坦关于语言游戏的分析对语言在实际生活中多样性的重视，还是以"语言使用"为核心的语用学模式发展所做出的贡献，维特根斯坦后期的语言观明显具有了诠释学的特质。阿佩尔认为后期维特根斯坦所研究的中心问题也围绕意义与理解的问题。他指出，维特根斯坦的后期著述《哲学研究》中观点清晰地表明，包含着意义理解的人类行为本身就是可理解的，由此完全可以领会维特根斯坦观点的诠释学因素。语言游戏的模型不仅包括意义层面上对当前世界的直接把握，从另一个角度来讲，可以认为是意向性的诠释学理解，这种意向性的理解隐匿于对世界的直观理解之中并通过人类行为得到表述。[1]

奎因的观点相对来说温和一些。他除了对逻辑及语言关系的研究，还致力于学习过程中心理因素及社会因素的影响。[2] 特别是针对儿童早期语言学习初级阶段获得使用语言能力的特点，他意识到语言包含人类文化和行为的多样化。另外，他强调没有教条的经验论，所有知识与信念的整体都是人工制造物，与经验紧密相关，或者说整个科学就像以经验为边界的力场。经验的冲突会引起场中内部的重新判定，由于陈述之间逻辑上的关联性，一些陈述的再判定会引起其他陈述的重新论断，任何特殊经验与科学场内的特殊陈述并无关联。所以，任何陈述都避免不了修正与抛弃，当确定真理及关于真理的知识时，不应将个别的句子单独抽象出来考虑，而应与与它同处于一个信念的意义网络中的其他陈述

---

① Karl-Otto Aper, *Towards a Transformation of Philosophy*, Translated by Glyn Adey and David Fisby, Marquette Univisity Press, 1998, p. 24.

② ［美］M. K. 穆尼茨：《当代分析哲学》，吴牟人、张汝伦等译，复旦大学出版社1986年版，第341—346页。

联系在一起考虑。① 也就是说当代哲学对意义的追求更多地表现在语言的使用上，即关注作为交流媒介的语言的使用及注意语言的有效交流。需要注意的是，奎因关于完全翻译的论争类似于诠释学中源于解释的论争。在此基础上，奎因的译不准原则完全可以与诠释学中文本解释的不确定性相论衡，奎因所做的在不同语言及文化间的翻译的问题与诠释学中的解释如出一辙，他主张对"完全的理解"能够获得可能的方式就是试图去描绘这样一幅图景：对使用母语的言说者对于环境变化所做的语言层面的反应进行描述。他运用试错法来获得是或不是的信息以证实假定是否正确与伽达默尔主张相似，在对话过程中，读者通过部分理解文本进而达到理解完整文本。除此之外，本体论的相对性也是与语言机制中的语言结构和功能相关联的，指称相对于不同的概念体系，背景语言才使问题具有相对的意义，而意义的存在反过来得益于该背景语言，只有对于某个确定的背景理论，相对于某个选定的把一种理论翻译为另一种理论的翻译手册，才能有意义地限定理论的论域。由于语言的不同及文化背景、引证的经典及思维模式的不同，翻译不可能达到穷尽的地步，转译过程有语言与文化两重障碍。所以，转译势必暗含着翻译者自身的思想，需要译者的理解与翻译的能力。

分析哲学将语言问题作为哲学研究的核心问题还表现在语言自身文化意义凸显的时候，意义理论就不仅是语言的文本意义而是语言的用法意义了。"语言的规则支配着句子，科学的定律和理论支配着这种文本的结构和意义。这种文本体现了科学的意义，也展示了人们所意向的东西。在科学文本中，物理的符号体系视标准仪器和规范情况的相互作用而定。"② "从语义学到语用学的发展，标志着英美语言哲学家研究逐渐从以科学研究的方式追问和证实语言意义，转向以文化研究的方式展现语言使用中的丰富意义。"③

---

① Willard Van Orman Quine, *From a logical point of view*, second edition by Harper & Row Publishers, 1963, p. 44.

② 张汝伦：《意义的探究——当代西方释义学》，辽宁人民出版社 1986 年版，第 366 页。

③ 江怡：《分析哲学与诠释学的共同话题》，《山东大学学报（哲学社会科学版）》2007 年第 6 期。

　　马尔库塞坚持认为，实证主义与分析哲学思考方式本身是一种单向度的思考方式，因为它把语言的意义同经验事实、实践等同起来，并把既定事实无批判地接受，将多维度的语言统一为单向度的语言，而忽视了语言在现代单向度社会中已经受到某种目的的灌输与操控。而西方思想中原始的逻辑起源将理性作为颠覆性的、否定性的力量，它通过理论理性和实践理性来总结真理，试图证明理论和实践的真理是与主观条件无涉的客观条件，从而将主观世界与客观世界对立起来，形成理性、真理和实在三者之间的平等关系。① 语言学转向即用现代逻辑技术来进行语言分析，但是语言分析并不是万能的，它虽然可以暂时规避矛盾与本体论的问题，但期望以此来解决所有哲学问题是不可能的。② 比如说在所有的科学研究中，科学事实的表述都是通过语言进行的，既然如此，科学研究的操行中就存在着非中性的因素。彭加勒曾经道明科学事实是语言的约定，即用科学语言将未加工的事实转译为科学事实。科学家的创造就表现在创造阐述事实的语言之上，进而，这种被创造出来的阐述事实的语言便拥有了一定的独立性。

　　1974 年爱尔兰根学派创始人之一卡姆拉（Wilhem Kamlah）厘清了前科学知识与科学知识在语言方面的区别及日常语言与科学语言的不同。他认为人类交流所使用的自然语言具有根据语境确定的指称，它的基础化特性使其成为人类日常生活中交流的媒介；另一位创始人洛伦岑（Paul Lorenzen）则致力于理想化语言模型的创立，他提出的原语言（正规语言 die orthosprache）的概念是将语言规范化，使其成为一种严格的具有精确逻辑构造的符号系统。③ 总体来看，两位学者对哲学新动向的总结主要是针对英美分析哲学，包括弗雷格、罗素等人及牛津日常语言学派和维也纳学派，以及后来的逻辑实用主义和批判理性主义，因为他们的研究展示了哲学研究中语言分析的不同方法和阶段。

---

　　① Herbert Marcuse One-Dimensional Man, *Studies in the Ideology of Advanced industrial society*, Introduction to second edition, New York, Beacon Press, 1991, pp. 127 – 128.

　　② 殷杰：《哲学对话的新平台——科学语用学的元理论研究》，山西科学技术出版社 2003 年版，第 34 页。

　　③ 汪堂家：《世俗化与科学的诠释学因素——伽达默尔与爱尔兰根学派》，《世界哲学》2008 年第 1 期。

与后期分析哲学将语言及语言分析当作理解世界的主要对象相比，诠释学从建立伊始就一直将语言作为其基本的研究对象。语言对于诠释学的重要性不言而喻，以至于伽达默尔在《真理与方法》一书中直接提出——能被理解的存在就是语言——这样的以语言为主线的诠释学本体论转向，从伽达默尔对语言的重视到后现代诠释学的研究注重将理解视为对话的方式，都在尽可能更好地分析把握认识论领域与本体论领域的主体间性。而后现代的诠释学研究表现出对传统诠释学观点的抵制，理解的活动得以发生并不是通过情景再现的方式重新进入作者内心世界进而对作者作品实现还原与重建，而是需要从语言结构分析的方式获得对语言中蕴含的生活形式的理解，所以我们说诠释学的研究一直离不开对语言的分析应用。其中，保罗·利科尔尝试着通过语言学的分析将诠释学从局部诠释学过渡到一般的诠释学，而这种扩张最首要的关注点正是语言，利科尔将诠释学定义为关于文本的解释相关联的理解程序的理论，是凝结在语义上的生活表现，即通过文本的结构布局、方式风格展现它所涉及的境界。①

英美分析哲学逐渐形成了把语言看作是理解思想与世界的主要对象的观点，之后哲学的语言学转向所产生的新的语义分析的方法"作为一种内在的语言哲学的研究方法，具有统一整个科学知识和哲学理性的功能，使得本体论与认识论、现实世界与可能世界、直观经验与模型重建、指称概念与实在意义，在语义分析的过程中内在地联结在一体，形成了把握科学世界观和方法论的新视角"。② 奎因与维特根斯坦关于语言的观点对诠释学者产生了一定的影响，欧洲大陆的诠释学研究者开始考虑从语义学分析或语用学角度进行哲学研究。其实，维特根斯坦的后期观点也体现了诠释学的因素，他的后期观点在某些方面与狄尔泰的关系就像他与弗雷格和罗素的关系一样的密切。③ 这种对于语言的充分关注带来另一种方式，即对隐喻的容纳与接受。分析哲学者开始深入到人

---

① P. Ricoeur, *The Rule of Metaphor*, Toronto：University of Toronto Press, 1977, p. 220.

② 殷杰：《哲学对话的新平台——科学语用学的元理论研究》，山西科学技术出版社2000年版，第32页。

③ ［美］威瑟斯·布恩：《多维视界中的维特根斯坦》，张志林等选编，郝亿春等译，华东师范大学出版社2005年版，第132页。

类语言使用的文化意蕴中来，试图通过对语言的文化意义的分析找到人类存在的意义。

诠释学自始至终都把语言看作一切解释活动的基础，从施莱尔马赫的浪漫主义诠释学开始直至 20 世纪后期诠释学作为普遍的方法论的提出，诠释学已经从面向狭义文本的"弱诠释学"走向了"强诠释学"。这种情况下，语言不再作为交流工具而作为人类交流的一种技能体现在人类对语言的反思和批判中。对语言意义的理解不仅是诠释学者所做的努力，也是英美分析的科学哲学家所关注的事情。他们意识到了早期分析的科学哲学忽视了对有意义的事物的理解，所以更多地采用了维特根斯坦后期的观点，不再把对语言的研究当作纯粹形式的研究，而是通过对语言的理解达到对思想的把握。

2．隐喻的力量

基于科学语言的哲学分析是从广义的角度对待科学整体的，所以"科学研究都涉及语言的表述、解释、修辞等语言使用的问题"。① 鉴于语言在科学研究中的重要地位，与语言相关的隐喻的功能就变得明显起来。关于隐喻的发展最早可以追溯到古希腊时期亚里士多德对隐喻所做出的详而细致的论述中，他将隐喻总结为将一个事物的名称转称用于另一个事物之上，包括由种转向类，反之亦然，或者根据模拟关系由种转向种的一种方式。

为了突出隐喻在科学研究中的功用，本书对隐喻的概述角度既非亚氏从活动方式的角度出发对隐喻特征的描述，也非将隐喻限制在法国修辞学家方达尼尔（P. Fantanier）口中的辞格，而是通过隐喻在社会生活和科学研究中的普遍存在，用来表征隐喻在科学研究——特别是概念的形成与普及过程中所发挥的重要作用。

雷考夫（G. Lackoff）和约翰逊（M. Johnson）② 认为隐喻的实质是通过另一类事物来理解和经历某一类事物，人类的整个概念系统都是建

① 殷杰：《哲学对话的新平台——科学语用学的元理论研究》，山西科学技术出版社 2003 年版。

② G. Lackoff and M. Johnson, *Metaphors We Live By*, Chicago, The University of Chicago Press, 1980, p. 3.

立在隐喻基础之上的，隐喻不仅是一种语言表达形式，而且指人类思维和行为的方式。甚至人类进行思考和行动的日常概念系统，在本质上也基本是隐喻性的。雷考夫用"认知拓扑学"对隐喻做了刻画，他认为抽象思想具有主观特性：它以自我为中心，由认知者通过他的认知图投射到世界。隐喻将源域的认知图（The cognitive maps）投射到目标域（本体）上，从而使目标通过喻源被置于空间的物质的经验之中。根据这个观点，隐喻图式是一种抽象表达，它将一个抽象域的概念（知识）结构，建立于另一个更为具体的义域的感觉（可感知的）基础上。①

　　传统的隐喻研究受逻辑经验主义的影响，局限在语言内部结构中。相关研究者认为隐喻仅仅是在规范的理论陈述的逻辑语形上就能够解决的语言现象，这种观点把隐喻看作是语言的异体表达形式。从 20 世纪80 年代之后，借助雷考夫与约翰逊对隐喻的研究，后期"具身哲学"（embodied philosophy, philosophy in the flesh）的提出及对客观主义的分析，才使隐喻与人类思维与认知建立起紧密的关系。"尽管科学理论的建构主要是非隐喻性的，但是，即便是自然科学的传统语言也不能声称完全是字面意义的；自然科学必须利用隐喻，用以建构、陈述并传播新的思想。因此，隐喻是所有话语不可分割的组成部分。"②

　　实际上，科学研究的隐喻功能体现在为科学研究者提供一种"概念框架"基础之上，它将一些不易观测到的对象用简单易懂的通俗语言表达出来，帮助人们加深理解，并且通过这种转译过程，将与科学研究有关的事物传达给公众。科学研究者通过隐喻的方式将晦涩难懂的科学术语及相关内容与日常生活联系起来，有利于科学理论与概念的推广与增加公众的接受度，增加科学的公众理解力与科学理论与成果的推广与普及，扩大科学概念蕴含的信息量与扩展传统的思维认知模式，从而积极推动科学知识与科学研究成果的传播。并且隐喻本质的投射过程属性可以帮助理解多样的复杂性学科，促进各学科之间的协作并保留各个学科的学科特性。同时，使"认知主体在不改变隐喻始源的自主结构

　　①　胡壮麟：《认知隐喻学》，北京大学出版社 2004 年版，第 72 页。

　　②　D. Fishelov, *Metaphor of Gene*, Pennsylvania, Pennsylvania State University Press, 1993, p. 5. 转引自吴琳《自然科学中的隐喻及其效力》，《科学技术与辩证法》2007 年第 1 期。

符号系统的同时，赋予目标领域一个新的本体，使目标领域的自主结构给予这个新本体以新结构，从而将一个对象领域的知识推移到另一对象领域中去，使原初领域科学概念的外延和内涵同时得到拓展和延伸"①。

如果将整个科学研究当作人类活动基础的话，那么隐喻贯穿于整个科学研究。由于人类认知水平、文化背景、实验设备、宗教信仰等多种因素的局限，早期的科学概念大多都使用隐喻的方式，特别是许多科学发现的成果和理论的说明与推广都不约而同地采用了这种方式来向公众表明与传达科学理论所涵盖的意义。早在 17 世纪，伽利略使用望远镜对金星进行观察后发现其与月球一样有着同样的位相变化，囿于当时统治千余年的亚里士多德和托勒密"天动说"不可撼动的牢固地位，他采用了一种字母排列的方式将此发现记录下来，即"爱神的母亲效仿狄安娜的位相"（Cynthiae figures aemulatur mater amorum）——爱神的母亲是维纳斯，即金星，而狄安娜则是月神的罗马名字，由此指代对日心说的支持。这是早期的关于记述中的隐喻。之后，隐喻一直与科学研究保持着非常紧密的联系，特别是在自然科学研究的初级阶段中，当对某件事物的陈述不能够立即获得一种严格的逻辑表达的时候，或者不能解答引起某一现象的起因机制时，科学研究者在通过现象与发现之间的规律、模式类比之后，通常会借助隐喻的方式使人们对其研究内容得以明晰，从而在公众和社会中推广开来。

作为超前于人类理解的当代物理学、生物学等学科也会经常使用隐喻的描述方式。比如量子力学体系的理论构建就通过使用大量的隐喻来发挥其映射功能，由此在经典力学与量子力学中搭建沟通的"桥梁"，使新旧理论的转替与衔接表现得更加平和，波粒二象性的"隐喻重描"、量子力学中表示力学量的算符和具体表示方式、量子力学自然语言的解释及众多新学科的教学过程中都不可避免地使用了隐喻的方式。② 作为一名物理学家和科学诠释学的拥护者，希兰早先是排斥用隐喻的方式描述科学现象的，他认同海森堡用数学方式来诠释量子力学，认为要比玻尔用波和粒子互补的图景隐喻方式要"科

---

① 李小博：《科学修辞学研究》，科学出版社 2010 年版，第 29 页。
② 郭贵春：《科学隐喻的方法论意义》，《中国社会科学》2004 年第 2 期，第 100 页。

学"得多，[1] 但是后来希兰意识到科学发现过程具有诠释学的特征，隐喻在发现过程中又必不可少，就开始关注科学研究发现中隐喻的使用与其作用。[2] 其实，"在物理学的发展史上，隐喻是由科学共同体集体约定并广泛认同的，具有确定的稳定性和一致性，而不是瞬时的、暂时的和权宜的东西。更主要的是，它具有重要的方法论的功能，而且常常是自然地、非强制地、潜在地、微妙地发挥着它的功能；同时，隐喻作为一种思维工具，是科学共同体为了求解难题，突破理论发展的概念瓶颈的一种集体约定的结晶，它不仅促进了科学共同体主体间的统一，同时通过新的理论假设的提出引导了新的科学预测，推动了科学假设的创立和发展。"[3] 另外，作为一种形式体系的量子力学，其相关数学公式只有与具体物理测量和实验操作过程相联系时才可以产生它的物理意义，物理意义的一致性要通过数学化的语言形式与概念体系相结合来实现。所以，物理学中必然会引入隐喻，这是一种必然的选择。

因此，隐喻不仅是一种语言表达方式，也是人类思维与行为方式的语词化，人类的概念系统最初都是建立在隐喻的基础之上。科学家通过将隐喻作为描述、理解以及相互之间的沟通与交流的方式，通过隐喻形成新的科学概念及新科学理论并且恰当地将旧理论的概念引入新的理论，指明了科学研究的深层朝向与人类认知模型的叠进。

除了科学发现中所使用的隐喻之外，隐喻在科学概念的形成及新旧科学概念的更替过程中也起到了不可低估的作用。首先，隐喻的本质决定了隐喻在科学研究对象与范畴之间的相似性。这促使研究者在不同的经验世界或观念世界之间形成对照关联；其次，由隐喻概括出来的科学概念是对某种现象的通俗描述，是对现象所蕴含信息的重新架构，特别是概念的隐喻说明体现着科学概念提出者的研究思路和研究倾向。所以为了避免晦涩、冗杂的科学概念给人们带来理解上的不便，科学概念的提出者在概念成形和初期推广阶段都会采用隐喻的方式，以此使科学概

①　B. Babich, *Hermeneutic Philosophy of Science, Van Gogh's Eyes, and God*, Kluwer Academic Publishers, 2002, p. 220.

②　R. P. Crease, *Hermeneutics and the Natural Sciences*, Kluwer Academic Publishers, 1997, p. 289.

③　郭贵春：《科学隐喻的方法论意义》，《中国社会科学》2004 年第 2 期，第 98 页。

念在科学共同体或不同学科之间确立通约的原则。

尽管隐喻获得了整个科学及科学研究体系中不可或缺的地位，但是隐喻的意义还需要借助相关的背景或一定的语境才能够捕捉得到。自然科学正是对隐喻这种特殊的"诠释"方式的广泛使用而获得公众普遍性接受的社会意义。隐喻的使用目的也是因为隐喻的意义体现在语词中，但背景却是与语境相关。比如计算机科学中关于"数字地球"、"木马"、"病毒"等都是在使用隐喻，人们对该隐喻的理解一定是建立在与计算机科学和互联网领域相关知识的基础上，并且在把握该学科的动态发展的前提下才可以更好地理解隐喻的真正意旨。正如保罗·利科尔所言，意义的变化（需要借助于语境的充分帮助）影响了语词。正如我们能够把语词描述为一种"隐喻的用法"或"无文字的意义"一样，语词始终是特殊的语境所赋予的"突然出现的意义"的载体。① 即隐喻的意义是在语词中体现出来的，而发生的背景是在语境关联的动作之下。所以，隐喻的意义一定是通过相关联的背景和语境才得以读出，而背景知识作为一种"前见"的确在人们认识客观世界的过程中起着决定性的作用。

（二）对意义的追求

> 真理不在蒙满灰尘的权威著作中，而是在宇宙、自然界这部伟大的无字书中。
>
> ——伽利略

在人们的传统观念中，诠释学的研究主旨就是对意义的追求，特别是追求流传物形式的文本的意义。不仅如此，科学诠释学也表现出了对意义的关注与重视。只是与诠释学以文字文本为研究对象不同，科学诠释学面对的是整个自然界和建立在自然界上的科学研究。所以，科学诠释学对意义的研究不仅包括对科学文本意义的解读，还包括人类行为与

---

① ［法］保罗·利科尔：《解释学与人文科学》，陶远华等译，河北人民出版社1987年版，第170—171页。

人类活动自身所蕴含的意义。

从伽利略时代开始，人们就将自然看成一本翻阅开来的书，这本自然之书是上帝创作的一劳永逸的完整的文本形式，对此文本的阅读就是自然科学研究的表现形式，由世界万物构成的"自然之书"成为科学单一的研究对象。之后的很长一个时期，以牛顿为代表的许多自然科学家都将自然界看作是机械性的有机体，甚至关于宇宙的生成过程都可以用简单的数学方程式来表示。在他们的眼中，科学只是展示自然界运转规律的手段，对自然科学的研究就是通过机械论的方法掌握自然界事物的发展及进步规律，并将其作为理解自然运动的基本过程。这种传统的科学观认为，探寻自然之书的真理应该消除一切主观因素，用纯粹客观的方式与观念对自然之书进行阅读。这时的自然界成为剥开神学外衣之下的毫无意义的客观世界，它遵循僵化的近代物理学定律，排斥任何与人类有关的主观因素的影响与作用，人们急于"否定自然的精神性，消除一切由人类心灵反射于自然的象征"①。这个时期的自然科学研究对象往往被认为既不与精神和情感等主观因素相关，也并非它们的衍生物，自然界不具备富含意义的条件与认识基础，意义一直被视为与自然科学研究毫不相干。可以这样说，近代物理学获得的成功正是建立在对意义忽视的基础上。

20 世纪 20 年代量子物理学的创立宣告着经典物理学时代的结束，宇宙世界不再是牛顿眼中那座精确的大钟，新物理学的出现，给予主观性和偶然性充分的肯定，传统物理学对纯粹客观性的推崇面临着新的挑战，宏观领域中的因果律在微观世界中甚至不成立。具有前瞻性思想的科学家们意识到僵化的教条主义的缺陷，由经典物理学构建起来的科学大厦有瞬间倾覆的危险。新物理学视角下的"自然之书"是一个不可分割的、统一的系统，偶然性与随机性、混沌性及无序性一直隐匿在客观事物的自然属性之中。新物理体系的建立证明了当代科学研究无法与主观性及主观因素完全地脱离开来，宇宙成了"参与者的宇宙"②。

对"自然之书"的重新解读展示了宇宙并非简单的机械论决定的

① 施雁飞：《科学解释学》，湖南出版社 1991 年版，第 25 页。
② 罗伯特·邓肯主编：《科学的未知世界》，上海科学教育出版社 1985 年版，第 36 页。

有机体，但是，关于自然之书是否富含意义一直是人们无法回避的论题。在经验主义者眼中意义超出了纯粹客观事实的范畴，从而无法构成自然科学的研究对象。那么，这本自然之书究竟是否饱含意义？在这个基础上建立的科学研究与人类活动所追求的目标到底是什么？这些问题一直萦绕在人们心中。

　　20世纪前半期，人们把科学看作一种速记式的描述或思维方式，认为科学只能回答是什么（what－）的问题，而不能回答为什么（why－）的问题，追问为什么的问题被认为是一个无意义的伪问题，科学应该着力于描述而不是解释。① 而按照诠释学对意义的追求这个原始任务来看，抛弃了对意义的追求就相当于放弃了研究对象，这是所有科学家与科学哲学家所不能够接受的。于是，在外界对逻辑经验主义证实原则及证实原则本身不可靠性的批判声中，后期逻辑经验主义者也表现出了对意义的关注，他们将研究重心转向语言本身就是从语言分析的角度讨论意义问题。那么自然之书的意义究竟体现在哪里？解决意义的问题可以通过早期逻辑经验主义者倡导的"统一科学"来完成吗？答案是否定的。暂且不说统一科学的主张是否合理，单就分析哲学家对意义的追求更注重思想研究的趋势来看，他们对意义的把握仍旧停留在理想化的层面。

　　阿佩尔曾旗帜鲜明地指出自然科学与精神科学之间有着互补性的主张，这种主张是从对统一科学的批判开始的。在他看来，真正的诠释学的研究"处于与自然科学对事件的对象化和说明活动的互补关系中"，自然科学家不可能仅仅自为地说明某物，而是需要沟通与交流，所以"自然科学家的实验共同体总是相应于一个语义解释共同体"。而且主体间性的沟通中不能由客观科学的方法程序来左右，因为人类具有两种互补的认知旨趣。一是由以自然规律之洞见为基础的技术实践的必然性所决定的认知旨趣；二是由社会的、有道德意义的实践之必然性所决定的认知旨趣。第二种旨趣的目标也是在技术实践的基础上对有意义的人

① Pearson, K., *The Grammar of Science*, New York：Meridian Books, 1957, XI. 转引自张志林《科学解释与理解类型》，《科学技术与辩证法》2003年第6期，第29—31页。

类存在的理解。① 简言之，意义是在人类在客观世界中进行科学活动的本质追求与研究目标。在传统的诠释学中更是将意义看作是超越作者之上和文本意义思想的追求。

从科学诠释学角度分析，自然界本身作为科学家的观察对象总是充满着意义，这并不是说科学家对自然界所进行的科学研究具有意义，而是说自然界本身就富有意义。② 当自然科学的数据与事实作为对大自然的人为干预的结果的时候，它们便饱含着意义。③ 举例来说，新物理学中不确定性与非决定性、偶然事件或突发事件的产生会对科学研究过程造成影响。薛定谔（E. Schrodinger）为了解决爱因斯坦相对论平行宇宙之说，提出量子理论的理想实验——"薛定谔之猫"，该佯谬的提出是为了形象地向他人解释量子领域中的观察与测量都与人的主观因素相关，观测结果会使观察对象发生改变；海森堡（Werner Heisenberg）把关注力投入到测量仪器中，从仪器对微观领域研究所造成的影响来看，仪器不应再被看作揭示隐藏的实在的手段，而是应看作所研究的实在的一个构成部分；玻尔（David Bohr）也对此表现出极大的兴趣，他从威廉·詹姆斯（William James）的心理学意识流概念暗示内省分析的局限中获得启示，认为如果在思维停止之前对其做出审视则会中断意识流，那么思维也必然受到破坏。也就是说，主、客体之间相互关联，主体会对客体造成干扰，这一点在玻尔对量子力学的诠释中起到了很大的作用。所以，科学事实总是建立在自然界的基础之上，并且通常都是历史条件下的人类语言与文化所决定的，它蕴含的意义是体现在语言中的社会实体，所以我们了解意义只能依靠公众的社会经验。

充满着意义的自然界对理解诠释学与科学间的关系非常重要，它需要人们对意义做出细致思量，通过探讨整体与部分之间的相互关系而领会到富含意义的自然并非独立个体的产物，而是社会条件下众多个体通

---

① 洪汉鼎：《理解与解释——诠释学经典文选》，东方出版社 2001 年版，第 303—347 页。

② Márta Fehér, Olga Kiss and László Ropolyi（eds.），*Hermeneutics and Science*，Kluwer Academic Publishers，1999，p. 296.

③ ［德］L. 格尔德塞策尔：《解释学的系统、循环与辩证法》，王彤译，《哲学译丛》1988 年第 6 期。

过理论与实践的方式而形成的互存关系。① 像传统物理学那般把教科书而不是饱含意义的文本的形式当作简单的物理对象，人类活动被机械地描述成为与科学研究相关的动作而非根据情境而做出的有意义的反应，生命就被局限在一种生理过程而非生活历程中。

科学诠释学在对待意义的问题上形成了两种观点，我们姑且称之为科学诠释学关于意义之强观点与弱观点。强观点认为世界的主题就是意义的关联，世界上的任何探求都是为了寻找意义，就连自然科学描述因果关系也是为了寻找其间的意义联结，旨在研究因果关系的自然科学知识并无用武之地，因为它们并不能提供任何有关意义联结的信息，而这些意义的联结对构成世界又是如此的重要。② 科学诠释学强观点拥护本体论诠释学，即把确定意义的理解作为一种存在方式而不是心理活动；而弱观点则从方法论基础上强调理解过程是为了确定意义的活动这一单一主旨。尽管如此，科学诠释学关于意义之弱观点也认为自然科学的因果关系的研究及单纯依靠自然科学的研究方法很难把握精神科学的要旨，自然科学的诠释学分析需要人们明晰意义的结构，了解自然界整体与部分之间的相互关系，以及探讨意义产生的背景和其中明显的诠释学属性。③ 也就是说，饱含意义的自然并非孤立的存在，而是在理论和实践基础上单独个体的集合。恰如胡塞尔在《欧洲科学危机与超验现象学》中所描述的那样："世界不仅仅是为了个体的人而存在，而是为了人类共同体而存在；也就是说这种直观性的理解是社会共同体化的表现。"④

正是由于近代科学对自然去意义化的思想造成了科学诠释学的逶迤进程，自然界被褫夺了其富含意义的属性。当人们重新审视自然界，并把科学研究视为人类活动的一部分的时候，科学理论的理解与解释之间就不再显得矛盾重重，以至于越来越多的人开始对自然科学进行诠释学

---

① Márta Fehér, Olga Kiss and László Ropolyi. *Hermeneutics and Science*, Kluwer Academic Publishers, 1999, p. 296.

② C. Mantzavinos, *Naturalistic Hermeneutics. translated by Darrell Arnold*, New York: Cambridge University Press, 2005, p. 74.

③ Márta Fehér, *Olga Kiss and László Ropolyi*, *Hermeneutics and Science*, Kluwer Academic Publishers, 1999, p. 296.

④ Ibid. .

分析。特别是在对自然之书进行读解的过程中，主观性因素的介入对实验室数据造成的影响以及实验后果的不确定性，为自然界重新获得意义奠定了基础，自然界的意义在对自然界进行科学研究的诠释学解读中表现了出来，并且由于意义与理论的关联进而被确定下来。

既然我们确定了对意义的追求成为科学诠释学的终极目标，那么与人类活动息息相关的生活世界就成为科学研究的意义基础，而生活世界之所以成为当代科学研究意义基础，主要援引于胡塞尔对生活世界的论述。

自从胡塞尔《欧洲科学的危机与超验现象学》一书出版以来，关于生活世界讨论的热情就从未减退。胡塞尔认为，人类常常把最原初的直观置于首位，即把本身包括一切实际生活与科学思想生活的，作为源泉滋养技术意义形成的、前科学与科学之外的生活世界置于首位，[1] 从文艺复兴时期开始的物理主义与客观主义是近代欧洲科学危机产生的根源，伽利略通过数学化的自然创造出来的科学世界掩盖了生活世界，使得人们把科学世界作为真实的研究对象而落入实证主义的视域之中，这样，由数学理念所构建的世界就在不经意间取代了人们实际的生活世界——那个通过知觉赋予人们的、被经验着的并且能够被经验到的真实的生活世界。[2]

胡塞尔从现象学的观点出发，极力地想把科学世界从实际的生活世界中剥离出来，以达到对科学研究意义基础的挽救，他眼中所谓的科学危机是指近代科学研究脱离了生活世界的研究范围，实证主义限制了科学的自由发展而陷入肤浅的自然主义与客观主义，特别是实证主义关于事实科学的科学观曲解了科学研究的意义基础，意义与价值和理性的问题都应该成为科学研究关注的事物，科学不能将主观领域的事物排斥在科学研究之外，应以全部的存在者作为研究对象。近代科学家称之为"客观存在"的世界其实是一个"通过公式规定的自身数学化的自然"，是一个理念和理想化的世界，而生活世界应该是通过知觉被给予的，能

---

① 倪梁康：《胡塞尔选集》，上海三联书店 1997 年版，第 1038 页。

② Eemund Husserl, *The Crisis of European Sciences and Transcendental Phenomenology*, Trans by D. Carr, Evanson, Northwestern University Press, 1970, p. 48.

够被直观地经验且可以被经验到的自然，是"在我们的具体世界中不断作为实际的东西给予我们的世界"，这个生活世界具有多重含义，因为"生活世界对于我们这些清醒地生活于其中的人来说总是已经在那里了，对于我们来说就是预先存在的，是一切实践的基础"，因此，生活世界主要是一个实践和知觉的世界，而科学世界是以生活世界为基础的一种特殊形式。①

胡塞尔认为，意义之所以被认为是超出了纯粹客观事实的范畴而不作为自然科学所研究的对象，就是由于近代科学建立在这种规范的"公式世界"基础上，并且由于这种对客体意义是由主体赋予的抵制导致了自然科学研究建立在错误的意义基础之上，这一切都是由于伽利略将自然数学化从而导致纯几何学和数学等关于"纯粹的观念存有"的科学被运用到感性经验的世界中。其实这种数学化了的自然仅是科学研究基础的一小部分，科学真正的研究基础是包含着自然界的生活世界——那个被自然科学遗忘了的意义基础。② 尽管不能否定自然科学所取得的辉煌成果，但伽利略对自然科学之外生活世界的"掩盖"，至少将自然科学的定律当成真理本身这样一种做法忽视了自然科学研究之外的意义获得，这样的科学研究失去了最基础的东西。

除胡塞尔之外，柯瓦雷（Alexandre Koyré）在对近代科学的概括上也曾经断言——牛顿和近代科学的推进者打破了天与地之间的屏障，将其统一为一个宇宙整体，却将人们真实生活着的世界代之以一个"量"的世界，具体化了的几何世界——包含所有事物唯独没有人的位置的世界。③ 实证主义对科学研究中主体性与主观性因素的排斥同样忽略了主、客体之间的统一，加之其对意义的不屑忘却了客体的意义是由主体所赋予的。特别是科学实验中对客观自然界的工具性干预中已经包含着感觉器官对世界的身体介入，这种介入在前科学经验中就已经被预先假

① 韩连庆：《技术与知觉——唐·伊德对海德格尔技术哲学的批判与超越》，《自然辩证法通讯》2004 年第 5 期。

② Eemund Husserl, *The Crisis of European Sciences and Transcendental Phenomenology*, trans by D. Carr, Evanson, Northwestern University Press, 1970, p. 48.

③ ［比］伊·普里戈金、［法］伊·斯唐热：《从混沌到有序——人与自然的新对话》，曾庆宏、沈小峰译，上海译文出版社 1987 年版，第 71—72 页。

定了，人类总是将自身对自然界的考度拿来作为实验科学的衡量标准，用一种在思维中发生的规律性过程的先天框架来探索自然，并把这种先天框架以工具装置的形式——人工自然——与自然本身联系起来。

20 世纪之后，欧洲大陆特别是德国的科学论也在悄然发生着转变，横亘在英美大陆分析哲学与欧洲大陆诠释学哲学之间关于理解与解释、意义与语言之间的障碍在逐渐消弭，自然科学多元化的研究方式势必需要方法论的扩张，科学研究与诠释学之间在研究的意义基础上出现了融合状态，但这并不意味着自然科学与精神科学一样具有同样的研究对象（subject matter），而是指它们各自研究对象富含意义的方式与本体论分析不尽相同而已。以洛伦岑、卡姆拉为代表的爱尔兰根学派的结构主义和以超越论与实用论为基础的阿佩尔与哈贝马斯的诠释学科学论观点都认为应该在历史与社会分析的条件下，将科学恢复到科学认识明证性的基础——生活世界上来，这样科学理论就成为建筑在存在基础上的实践活动。这样一来，生活世界重新获得了科学研究意义基础的地位。无论是英美分析哲学的观点还是德国新认识论的主张，都是现代西方科学哲学迈向科学诠释学的重要标志，这种朝向诠释学的转变加深了人们对科学观及整个科学研究体系的重新论断，从而使人们对科学关于理解、解释与实践的应用得到恰如其分的把握。

胡塞尔对生活世界的论述和科学诠释学强调的饱含意义的自然构成科学研究的意义基础观点有着共同的主张，特别是科学诠释学对于意义的探讨使诠释学从本体论再次复还到方法论层面，重申了科学及科学研究的意义基础应该是饱含意义的生活世界，且生活世界的哲学概念是日常生活世界的映射，人们在这个世界中相互交流、实践社会活动并用理论及经验的技能来解决问题。它不是对日常生活的简单说明，也不是反映日常生活的模型或理论，因为它不能把日常生活中的所有事件用抽象的方式一一归列出来。① 此外，生活世界是语言与文化实践的产生者和传承者，它不可避免地受语言、文化与知识的相互交流的影响，这些不可抗因素的渗入悄然充斥着人们的生存空间，由于对这种理论与经验的

---

① P. A. Heelan, *The scope of hermeneutics in natural science*, Great Britain, Elsevier Science Ltd. , 1998, p. 278.

熟知使人们忘却了区分感性与数学中的时空，只有当人们置身于其他文化背景的情形下才会意识到文化背景之间所存在的差异。不仅如此，甚至连人们自然科学与精神科学认识上的分裂也源于熟知性。罗蒂在《哲学与自然之镜》中提到：认识论与诠释学之间的分界并非强调自然科学与精神科学的区别，也不是对事实与真理、理论与实践之间的区别，也不是对只有自然科学能形成客观性知识观点的固守，而只是一种熟知性。二者之间的区别仅是因为诠释学对研究对象的阐释是我们所不熟知的，相反认识论的阐释对象是我们所熟知的事物。① 正是由于人们被"抛置"于另外一种无法对其进行选择和控制的历史进程之中，人类在先得到关于经验的语言、文化、交流会影响后来的判断。尽管生活世界并非人类主体能够选择与创造的，但它却时刻影响着人类作为主体的生活经验，它是以先验于认识论的人类经验的本体论角度来展现的，是"存在"的方式。

由此看来，诠释学作为对存在本身及对意义探寻的一种方式，不能固步于自然科学主义那样的观点与立场中，它更需要贴近生活世界的人文意义上的关怀，生活世界被定义为科学研究的意义领域，使从诠释学维度对科学进行的分析变得更加合理与完整。

---

① Richard Rorty, *Philosophy and the Mirror of Nature*, New Jersey, Princeton, 1979, pp. 321 - 353.

第 四 章

科学诠释学的方法论特征

一 诠释方法论原则的重提与衍化

埃米里奥·贝蒂（Emilio Betti）在《作为精神科学一般方法论的诠释学》一文中坚持诠释学的方法论原则，否定诠释学的本体论转向，并且肯定了解释具有客观上的规则和一般公认的方法。他从精神的客观化物（Geistesobjektivierungen 或 Objektivation des Geistes）概念出发，强调诠释对象的客观性离不开诠释主体的主观性参与，并且主观性可以深入到诠释对象的整体性与客观性之中。贝蒂恢复了诠释学作为精神科学普遍方法论，并制定了具体的诠释方法，将其归纳为诠释学的标准原则——诠释方法论原则。[①]

诠释学中关于理解与解释之间的辩证关系成为诠释方法论原则的产生基础，既然科学诠释学是从诠释学理论基础上演化过来的，且科学诠释学是作为一种概念性工具而增进人们对整体科学的理解为目的，所以，诠释方法论四原则在涉及诠释学应用的基础上进行衍化之后可以运用到科学诠释学当中。

---

① 关于贝蒂在《作为精神科学一般方法论的诠释学》（*Die Hermeneutik als allgemeine Methodik der Geisteswissenschaften*）一文中提到的诠释方法论原则，洪汉鼎译为解释的方法论原则，潘德荣译为诠释的原则，本书为了保持上下文一致而又不失表达诠释学作为方法论的观点，故采用"诠释方法论原则"的说法。

（一）关于诠释主体的原则

属于诠释主体的两条原则分别为：理解的现实性原则和诠释意义的正确性原则。关于诠释主体的理解现实性原则是指诠释的过程可以按照解释者的兴趣、态度和现实问题进行调整的可能性，任何原来的经验都要相对于这种诠释学所做出的新解释的改变而发生变化。这一点在哈贝马斯批判的诠释学观点中圆满地体现出来，即自然科学同样以特定的人类旨趣为指导，纯粹去情景化的、无旨趣的科学认知是不存在的。自然科学反映出人们对技术性地控制周围事物的旨趣，同时自然科学研究也是在一定的技能、设备与物质基础的条件下发生的，除了材料或技能的缺失之外，科学研究的重心与方向发生变迁、科学在司法体系中的地位如何、科学家与科学机构享有的政治权利等传统政治性因素也会对科学实践造成影响。特别是当科学纳入政治实践的范畴，科学知识的发展置于现象的建构与操纵，这种建构和操纵也会导致处于新境况下新技能的出现，那么"通过科学技术和设备的标准化，通过对非科学的实践和情境的调整以适应科学材料和科学实践的应用"的这些发展在科学政治学的范围下扩展到了实验之外的社会生活中。因此，"世界成了一个被构造的世界，因为它反映了技术能力、工具设备及其所揭示的现象的系统化拓展"[1]。

另外，由于选择性心理因素的存在，人们在接受信息的时候会受到选择性心理的影响，通常表现为人们很容易首先接受与自身期望接近或与自身立场相一致的内容，而规避对自己不利的内容，反之亦然。

诠释意义的正确性原则可以简单归结为共鸣的发生，也就是要求诠释者的主观因素与诠释对象的客观性保持和谐一致，并且主体的创造性诠释不应损害诠释对象的意义整体之预见，[2] 理应客观公正地"将自己生动的现实性带入与他从对象所接受的刺激的紧密和谐之中"，[3] 它类

---

① ［美］约瑟夫·劳斯：《知识与权力——走向科学的政治之学》，盛晓明、邱慧译，北京大学出版社 2004 年版，第 226 页。

② 潘德荣：《诠释学：方法论与本体论》，《中文自学指导》2004 年第 1 期。

③ 洪汉鼎：《诠释学——它的历史和当代发展》，人民出版社 2001 年版，第 265 页。

似于施莱尔马赫的"心理移情"。按照狄尔泰的理解，则可表示为诠释者把他自己的生命性置于历史背景之中，从而引起心理过程的重塑而在自身中引起的对陌生生命的模仿过程。若从利科尔的"占有"概念出发也可以把握理解的正确性原则在科学诠释学中的表现方式：在科学文本的研究中，为了融入实验室情境，"占有"科学文本是指科学家在进入科学活动中，完全被"交付"给科学研究的文本了，实验室研究则体现了这种"自我剥夺"的过程。这种占有并不是传统意义之上把文本交付给读者，而是占有者进入文本世界而丧失自己的过程，占有不再表现为一种拥有而是体现了一种自我丧失，从而"直接自我的自我理解被由文本的世界所中介的自我反思所代替"①。

(二) 关于诠释对象的原则

属于诠释对象的两条原则分别为：诠释对象自主性原则和诠释对象整体性原则。诠释对象自主性原则是指"富有意义的形式是独立自主的，并且必须按照它们自身的发展逻辑，它们所具有的联系在它们的必然性、融贯性和结论性里被理解"；诠释学对象的整体性原则即诠释学循环：我们可以从规则中了解整体与其部分之间的关系，"正是元素之间的这种元素关系以及元素与其共同整体的关系才允许了富有意义形式在整体与个别或个别与其整体的关系里得以相互阐明和解释。"② 即整体的意义可以从部分中推出，部分必须依靠整体来理解。

诠释对象整体性原则可以理解为诠释学循环——而诠释学循环则证明了前见存在的合理性。"科学工作总是得益于前有、前见与前概念的把握。"③ 即"预设了关于初始检验条件的陈述，这种理论假设是不可以用来预测实验结果的。这些初始条件的确定反过来又依赖于受理论支

① 洪汉鼎：《诠释学——它的历史和当代发展》，人民出版社 2001 年版，第 303 页。

② 洪汉鼎：《理解与解释——诠释学经典文选》，东方出版社 2001 年版，第 130—135 页。

③ R. P. Crease, *Hermeneutics and the Natural Sciences*, Dordrecht：Kluwer Academic Publishers, 1997, p. 54.

持的类似规律的法则，这些法则的证据也同样取决于不断扩大的理论假设"，[1] 前见在诠释学的理解中具有重要的意义。伽达默尔赞同前见的合理性，他认为理解的基础就是前见的存在，他对待前见的态度是从理解的历史性开始的，即科学的进步并非按照线性与累积性的模式，需要考虑科学革命发生时所处的既定的历史性因素与环境因素。

诠释方法论原则中关于诠释主体的原则基础也可以衍化为科学诠释学对于人类主体的认识，正如查尔斯·泰勒（Charles Taylor）与魏海默（Joel Weinsheimer）在对伽达默尔诠释学进行重解的时候表述到的那样，诠释学不应被局限于人类学的范畴，所有的科学都是诠释学的。[2] 泰勒的科学诠释学思想恢复了人的概念，他认为人是自我界定（self-definition）的动物，由于理解的境况不同，或是找到了更合适的描述、预见与解释说明的方式，人的自我界定也在发生变化，并彻底改变自身；相反，作为自在存在的人类之外的事物并不能主动做出这样的改变，而只能被动地接受着人们用更恰当的词语对其做出的描述与说明。泰勒采用的这种方式巧妙地化解了科学诠释学无法建立在像逻辑经验主义那样，将对意义的理解建立在预测活动的精确性上的责问，并以此阐发了精确预测活动不可靠的最重要原因即人的自我界定。泰勒阐述道："为什么不能把我们对意义的理解当成发现逻辑的一个部分，就像逻辑经验主义者对于我们不可加以形式化的观点所建议的那样，并仍然把我们的科学建立在预测活动的精确性上？自然科学的预测成功是与如下事实联系在一起的，系统的过去与未来的一切状态都可以用同一组概念描述为（例如）同一变元的值……只要过去与未来被纳入同一概念网，人们就可把未来状态理解作过去状态的某种函数，从而可进行预测。这种概念的统一性在有关人的科学中就不灵了，因为概念的更新反过来改变了人的现实。"[3]

但是，无论是关于诠释主体的原则还是关于诠释对象的原则，都离

---

① ［美］约瑟夫·劳斯：《知识与权力——走向科学的政治之学》，盛晓明、邱慧译，北京大学出版社 2004 年版，第 55 页。

② Márta Fehér, Olga Kiss and László Ropolyi, *Hermeneutics and Science*, Kluwer Academic Publishers, 1999, p. 8.

③ C. 泰勒：《解释和人的科学》，《形而上学评论》1971 年第 25 期，第 48—49 页。

不开历史因素分析，像大陆哲学流派主要代表者胡塞尔、海德格尔、伽达默尔、哈贝马斯、梅洛—庞蒂等人就倾向于从历史的角度对事物进行非历史性的分析。最具影响力的是伽达默尔提出的效果历史的概念，揭示出理解本身必须蕴含历史实在，即在所有的理解中，不管我们是否明确意识到，这种效果历史总是在起作用。因此，理解不是一个主体的行为，而属于效果历史的一个方面。纯粹客观的、无任何特殊视角维度的理解不可能存在。那么，意识同样会因为拥有一个前历史（pre-history）而被历史所影响，反过来也会受到后历史（post-history）的影响，这样一种意识就被称作"效果历史意识"。效果历史意识是对诠释学处境的意识，由于人们无法置身于该种处境之外，因而无法获得关于该情境的任何客观性认识，这意味着理解的过程本不应该以主、客观对立的方式来对处境做出分析，而应该具备掌握"处境"这一概念的客观认识的能力，在处境之中而要得出对这种处境的阐明是一项不可能完成的任务，使之减少混乱的办法就是把解释过程的重心从主观性转移，将自身置于效果历史的影响中。① 简言之，效果历史意识就是要将诠释者的视域定位在一定的历史条件之下，诠释者务必清晰地把握理解的时间与历史局限性，理解与解释同是历史的产物，效果历史意识体现了对自身意识的反思。诠释者与诠释对象之间的相辅相成体现了诠释者无法置身于历史因素之外而对解释对象做出论述，而是主、客体辩证统一的过程。

　　科学研究同样受着效果历史的影响，例如经验主义所崇尚经验事实的获取过程，无论是经验事实的获得还是对科学实验、理论的操守和检验，始终不能摆脱效果历史的影响。逻辑经验主义过分注重自然科学实验重复证实后的客观性，强调以科学的方法建立经验性的知识，透过观察来把握经验，这种旨在建立客观性知识基础的急进忽略了历史性的纳入，拒绝将效果历史意识作为经验获得的重要因素。由此，逻辑经验主义者对科学认识基础过于自信的认定受到了多方质疑。历史主义学派对普遍有效的一元方法论观点持有批判的态度。库恩首先发难，他认为科学方法并不是孤立的，而是依赖于范式并由范式所决定的，不同范式中科学研究者对科学理论、科学问题与科学研究方法、真理评价标准的观

---

① Hans-Georg Gadamer, *Truth and Method*, London, Continuum, 1989, pp. 300 – 301.

点各不相同。作为科学史学家，库恩的历史主义科学哲学研究观点渗透着诠释学的因素，他把古籍阅读的新的方式称为科学史的诠释学发现，他坚信科学史与诠释学探索文本意义一样是从事文本解释的学科，历史是属于诠释学的事业。无论科学家们是否仅仅是观察、测量、描述、从经验概括中进行归纳推理并阐述所谓的"自然规律"，也无论他们是否做出解释，他们总是依据一个意义框架来阐明他们所探讨的现象。换言之，之所以存在欧洲大陆的哲学诠释学与英美分析哲学之间对科学理解的不同思考方式，得因不同的哲学家们处于不同的"处境"，不同的处境形成不同的研究模式，这都是诠释主体的自身局限性所限制的，是主体自身所熟悉的，理解和已知的东西，是诠释主体揭示事物的参照系。

另外，逻辑经验主义以科学的解释为中心构建的自然科学方法论，在理论上抹去了任何与人类知识主体有关的特征，坚持"非历史的"抽象理性主义，认为一切科学知识都必定能从观察所与的事实那里推演出来。经验主义未"注意经验的内在历史性"，而事实是"真正的经验是对我们自身历史性的经验"。诠释学观点的关键之处在于：我们无法得到任何客观性的认识，因为我们处于某种处境之中，而对这种处境的阐释，恰恰是效果历史意识的一种反思。

康德早就提出：为了避免对科学研究的独断论和怀疑主义，必须超越方法论问题而先行对主体认识能力进行理性批判，以回答科学史怎样成为可能这个先于方法论的问题。[①] 海德格尔也指出：任何存在论，必须把澄清存在的意义理解为自己的基本任务。本体论诠释学的分析把科学领会为一种生存方式，是对存在者与存在进行揭示和展开的在世方式。这样，理解与解释便是根植于人类日常生活世界的一种存在而无可避免地接受历史的、社会的无意识的嵌套。

推而广之，由于科学诠释学是科学研究包含理解、解释与应用的三要素的统一过程，那么科学诠释学方法论基本原则理应吻合贝蒂所提出的上述方法论原则。按照诠释学关于诠释对象的两条原则，我们分析其在科学诠释学中的适用。朱作言院士曾经指出科学的自主性含义之一就

①　［德］伊曼努尔·康德：《纯粹理性批判》，邓晓芒译，华中师范大学出版社2000年版，第52页。

是体现于科学及外部环境关系中，也就是说，科学并不是独立存在的，它作为一个整体同政治、经济等社会建制一样具有不取决于科学之外的独立的价值；之二是体现科学共同体成员之间独特关系的内部科学的自主性。但科学的自主性"并不意味着科学完全是一个与外部世界隔绝的、自给自足的'社会'，而是说科学同社会其他方面的关系是良性互动的"①。另外，科学研究中很容易发现诠释学循环，例如关于感知与观察等科学理论的基础陈述具有独特的确定属性，这些属性只有从理论内部才会获得，由于整体是由局部构成的，若想了解局部事物，必须通过整体的了解来把握。具体到科学研究中，表现为从事物的表象出发，通过对表象背后规律的摸索而认识事物的本质与事物出现所形成的辩证关系。人类在日常生活中所体会到的经验现象的组成因素都与现象的其他表象相关联，每一部分具有的特性总是与整体和其他部分相关。这种诠释学循环有助于理解"为什么定量研究方法给予经验内容以意义，为什么理论荷载的数据依赖于作为公众文化实体的受测实体向公众的自我显现，特别是为什么观测仪器起着既创造、改进理论意义，又创造、改进文化意义的双重作用"②。由于存在意义的理解必定存在一种"循环"，即使旧的循环被打破，作为存在意义上的循环势必永久地持续下去。

二　理解、解释与应用的统一

关于理解与解释的论述，早在 1858 年和 1883 年德罗伊森（J. G. Droysen）在《历史概论》和狄尔泰在《精神科学引论》中就已经将"理解"与"解释"作为相对独立的术语区分开来。从那时起，有关理解与解释、精神科学与自然科学之间关系的争论就不曾停止，并且由于狄尔泰对诠释学作为精神科学独立方法论的坚持，理解与解释也成为精神科学与自然科学相互对立的一个因素。不仅如此，理解与解释在分析

---

① 朱作言：《同行评议与科学自主性》，《中国科学基金》2004 年第 5 期。
② 范岱年：《P. A. 希伦和诠释学的科学哲学》，《自然辩证法通讯》2006 年第 1 期。

哲学内部也引起了争论,① 精神科学与自然科学方法论之争也多源于对理解与解释的辩驳,二者之间的关系一度被认为是弥合精神科学与自然科学之间鸿沟的重要节点。

(一) 理解的三个模式

理解一直存在于科学中,只是由于近代自然科学对意义的忽视使人们忽略了科学中的理解,而当代科学哲学将关于理解的着眼点落在对思维方式的探究中,将经验作为科学基础的否定旨在突出科学逻辑的作用,通过对科学研究主体的关注,把科学体系建立在建构基础上,这种观点为人们更好地理解科学提供了新的视角。

安东尼奥·德拉戈 (Antonino Drago) 在对理解做了全面的考察后,将科学中的理解分为三种模式②:

第一种模式:对客观的科学的理解模式。这种理解通常是指对科学课本 (textbook) 的学习,理解对象是与科学有关的以客观性形式存在的东西,是对科学的客观性事物的理解。它包括对科学研究中的经典逻辑、解决问题的分析方法、运算与演算、公式与法则、实验结果与测量设备等客观事物的熟知与掌握。

第二种模式:夹带主观因素的理解模式。这种理解模式是指理解过程中包含着个人的直觉思维、概念结构、个体感知与前理解的主观性因素。例如,相对论中四维时空的认识,量子力学中波粒二象性的探讨等等。

第三种模式:执两用中的模式。即对论辩双方的观点、理论等采取最适合的方式。这种理解称之为对有效实在的 (effective) 科学的理解。例如,数学发展史上关于实无穷与潜无穷的争论:实无穷是指把无限的整体本身作为一个现成的单位,把无限对象看成可以自我完成的过程或无穷整体。它的支持者康托在此基础上建立了朴素集合论,康托认为潜

---

① K. O. 阿佩尔:《解释——理解争论的历史回顾》,《哲学译丛》1987 年第 6 期。

② Márta Fehér, Olga Kiss and László Ropolyi. *Hermeneutics and Science*, Kluwer Academic Publishers, 1999, p. 138.

无穷不可能独立存在，脱离了作为整体存在的实无穷，无穷是不可想象的；数学上的潜无穷思想是指：把无限看作永远在延伸着的，一种变化着成长着被不断产生出来的东西来解释。它永远处在构造中，永远完成不了，是潜在的，而不是实在的。古代的亚里士多德就是潜无穷的支持者，近代潜无穷的支持者当属直觉主义数学学派的鲁伊兹·布劳威尔（Luitzen Brouwer）、彭加莱与外尔（Hermann Weyl）。按照此观点，自然数不能构成为一个集合，因为这个集合是永远也完成不了的，它不能构成一个实在的整体，而是永远都在构造之中，古时的芝诺悖论就是典型的潜无穷的例子。

执两用中的模式则辩证地认为实无穷与潜无穷都存在，并且二者是不同的。两种无穷观不应厚此薄彼，也不能在排斥与吞并另一种无穷观的背景世界的前提下寻求自身的发展，应该在各自不同的背景下得到发展和不同的诠释，建造出一个能够容纳两种无穷观及其背景世界的数学框架，以期不同的无穷观可以在数学领域中获得相应的理解。①

受德拉戈关于理解模式的启发，受过诠释学训练的人们很容易将理解科学的第一模式与海德格尔诠释学思想中的"前有"（Vorhabe）对应起来；理解的第二种模式对应"前见"（Vorsicht），因为这种模式的理解科学方式体现了前见的存在，关键点在于对语言的使用，科学家之间的相互交流并不使用正式的专业术语而使用日常通俗化的语言，但是却使用正式的语言进行表述；第三种模式显然是与"前理解"（Vorgriff）相对应的，对有效实在的科学的理解不仅包括对传统科学理论结构的熟知，也包括对革命性概念的包容。

（二）解释的三个阶段

西方科学哲学的传统解释观在哲学层面上对形而上学是持否定态度的，他们将科学解释看作是无主体、旨趣与意向性的理性过程。实际上，"试图避免任何意向性的概念是没有任何出路的……客观的意向概

---

① 朱梧槚：《无穷观问题的研究——历史的回顾与思考》，《南京航空航天大学学报》2002 年第 2 期，第 101—107 页。

念就是解释的或说明的概念……科学表述的规范特性只能是被语言共同体认可的表述特性，这一点是不言而喻的。所以，这种依据语言共同体的说明本质上是一种'文化的说明'……正确的客观特性在于与文化相对特性的一致性……换句话说，在说明中，公众语言的意义就在于文化的相对特性，而任何可保证的科学论断都必然会由文化的相对特性来加以解释，从而展示出后现代科学哲学说明的文化特性。"① 德国哲学家卡尔—奥托·阿佩尔将"理解—解释争论"分为两个阶段。第一个阶段是诠释学与唯科学论还原论之间的对立；第二个阶段的对立是为了防止自然科学方法论的过分扩张进而对逻辑经验主义"统一科学"主张的对抗。这一阶段的争论推进了对自然科学进行诠释学分析，对科学诠释学的发展大有裨益。首先，传统认识论的"解释"由于形式化的语言系统逐步被逻辑—语义学解释所替代，从而使得新解释更加精确、具有限定性；第二，正是由于逻辑—语义学的解释将自然科学之外的有关社会、历史、主体的因素的弃用引起精神科学对自身理解方法论的反思，并构成以科学解释为基础的逻辑论证纲领向本体论诠释学前科学领域的理性回归；第三，促使英美分析哲学对科学进行诠释学分析的接纳，形成"理解"与"解释"之间由对立转向互补的多元方法论基础。② 于是，历史上争论不休的关于"理解—解释"之间的争论从宏观上划分为"理解或解释"与"理解与解释"的两个阶段，在微观上则划分为方法论、认识论和本体论的三个逻辑层次。"理解与解释"与"理解或解释"的阶段，既包括关乎生命移情、个别性的、诠释学循环的理解与实证的、普遍性的解释的对立，也包括亨普尔对解释覆盖律模式的普遍应用。③

　　解释作为诠释学的核心问题一直是人们关注的焦点，在对待解释的问题上，吉登斯（Anthony Giddens）与哈贝马斯（Jürgen Habermas）曾有过双重解释的争论。尽管二者的观点存有分歧，但二人都不否认自然

---

① 郭贵春：《科学哲学的后现代趋向》，《自然辩证法通讯》1998 年第 6 期。

② ［德］卡尔—奥托·阿佩尔：《解释——理解争论的历史回顾》，《哲学译丛》1987 年第 6 期。

③ 曹志平：《理解与科学解释——解释学视野中的科学解释研究》，社会科学文献出版社 2005 年版，第 104 页。

科学的诠释学因素。

吉登斯认为："就像存在于其他意义结构类型中的冲突一样，在科学中，范例的调解或理论规划的广泛不一致都是诠释学的对象。但精神科学不像自然科学，它所关注的是一个前解释的世界。在这一世界中，意义的创造和再生产都是力图分析人类社会的冲突。这正是社会科学存在着多重解释的原因。"① 哈贝马斯则认为，尽管依靠范式对数据进行理论描述需要第一阶段（stage 1）的解释，但对于精神科学而言，解释首先与观察者所直接使用的语言相关，这种前理论知识是未作为客体而直接使用的。所以解释行为的初级阶段是必要的，对于科学整体或者其他学科，都存在一个依赖语言学习的解释的初级阶段（stage 0）。科学领域下所有的观察者和观察活动不可避免地面对客观得到的语言并且使用它。

美国当代哲学家马丁·埃杰（Martin Eger）在反思吉登斯与哈贝马斯关于双重诠释的观点及之间存有分歧的争论后，并没有直接对自然科学与精神科学之间存在的区别做出论述，反而对解释本身产生了极大的兴趣，他列出了解释的三个阶段并给出了详细的说明：初级阶段（stage 0），是阅读"自然之书"与履行日常科学实践的数据获得阶段；第一阶段（stage 1）是解释数据、构建吻合数据的理论构建阶段；第二阶段（stage 2）是以他种方式解释高阶理论的阶段。②

就像人类学家进行田野调查一样，他们在面对不同传统和不同人类生活、生产方式的时候，如果想要融入其中，必须先找到前解释的世界与语言。换句话说，就是对先前的和不同的世界有一个整体性的把握。在自然科学中也是如此，如果某人想参与到一项前沿科学或特殊学科的研究中去，前提基础就是要充分了解该项学科的常用术语及专业性概念，知晓学科发展方向与研究主旨，并且掌握相关科学模型与研究成果、算式和基本研究方法。也就是说，在进入任何一个新领域时，所有人都归属于初学者的行列。

---

① 于尔根·哈贝马斯：《哈贝马斯精粹》，曹卫东选译，南京大学出版社 2004 年版，第 176 页。

② R. P. Crease, *Hermeneutics and the Natural Sciences*, Dordrecht: Kluwer Academic Publishers, 1997, pp. 85 – 87.

　　另外，语言作为解释工具的重要性也不可忽视，它是在新领域进行研究必须要渡过的难关。因为在不同的文化背景下，人与人之间、不同学科之间所进行的交流与对话都需要依靠语言这个交流中介，并且研究过程中出现的现象和研究成果的传播与推广也必须依靠语言来解说，从而使人们熟知和理解研究过程与研究结果，所以，语言作为交流中介首先应该被当作客体来对待。另外，在创新领域的科研下，科学家经常发现没有合适的说明性的语言来对新领域、新事物、新理论成果做出描述，而只能依据专业特点使用近似的语言描述或者使用隐喻。这样，学习者面对的将不仅仅是科学的物质化的形式文本，而且还要在先前他人的解释上增加对语言的理解。

　　对于哈贝马斯的双重结构的研究范式，埃杰认为他忽略了人作为主体进入了科学研究，因为科学研究也包含参与者的意愿。当研究者进入研究领域之前，他必须具有这种参与研究的"主观意向"，通过自身各方面的努力而从该科学研究领域的"局外人"变成"局内人"（go native），即通过对该学科的基本理论、概念、发展历史、常用术语的学习而掌握基础信息，而这一切又与解释密不可分，像波兰尼那个著名的例子一样：医学专业的学生必须在有经验的医生的教诲下，才能够明白医学荧光透视光片中影像的含义，例如 X 光片。之后，这个学生便掌握了独自阅读 X 光片的基本技能，这种技能将成为他自身的学习经验而应用到今后的医学学习和 X 光片的判断中去，只有这样，他掌握的医学知识的意义才真正地全部显露出来。再以获得医学概念的意义为例，任何人在作为医学初学者的学习过程中，医学概念对于初学者来讲是作为研究对象的客体，它本身包含的意义对于学习主体来说是晦涩难懂的，初学者只有在学校或者前辈的教导之下，通过他们对科学理论的来源、机器操作等解释过程，才能获得概念的真正意义，得到对整个医学影像的完整分析。如果他只琢磨 X 光片中的身体纹路的阴影是无法获得全部知识的，这种过程就类似于读者对一句话的每一个词单独进行分析一样，他不会把握整个句子的意义，而只有减少对概念本身的关注度，使其从关注中心转移之后，概念的整体意义才能够发挥出来。

（三）理解、解释与应用三位一体

正是由于狄尔泰急于批驳穆勒的关于自然科学在精神科学领域的渗透，才形成自然科学与精神科学之间各自方法论的独立，特别是对理解和解释之间的严格区分是从狄尔泰和他的支持者那里得到坚决拥护的，这种对立使精神科学与自然科学二者之间存在一道无法逾越的鸿沟。穆勒曾经声称，所谓的道德或人类科学应被理解为仅仅在程度上不同于自然科学的经验归纳科学，自然科学与精神科学之间有一些差异是毫无疑问的，但是彼此采取独立的方法论却断不可取，因为任何方法论都不是限定在固定的领域中的，科学也蕴含着诠释学的因素。理解与解释构成人类活动的基本关系，理解与解释的方法论、认识论与本体论的统一是对科学整体的辩证理解，并且蕴含着科学方法论的间断性与连续性的统一。正确掌握理解与解释及二者之间的关系有利于厘清科学研究的整体思路。理解与解释关系从本体论、认识论与方法论体现了三种不同的角度。从本体论角度来看，首先，理解是解释的基础，解释展现的是理解的可能性，其次，理解在解释中有成为自身的可能性。[①]从认识论角度来看，理解与解释是主、客体关于认知层面的关系，理解是人的理性认识能力，解释成为陈述性的消除困惑的主张。从方法论角度来看，理解与解释之间的关系则根植于最初的诠释学基础的技巧和方法。

现代诠释学涉及理解、解释与应用的三者统一从伽达默尔的哲学诠释学观点中明确地体现出来，他强调理解的同时包含着解释与应用的过程，并且阐明应用与解释是理解的行为，三者融合统一共同论述了诠释学方法应用于现代科学理解的发展趋势。

与以往的传统诠释学不同，传统的诠释学是单一的关于理解与解释的学科，它有相对独立的研究对象，例如文学诠释学、神学诠释学、历史诠释学与艺术诠释学等等，这个时期的诠释学研究对象比较特定，诠

---

① 曹志平：《理解与科学解释——解释学视野中的科学解释研究》，社会科学文献出版社 2005 年版，第 109 页。

释的技艺也一度被归结到逻辑学的范围，成为逻辑学的组成部分。诠释学最初被作为解释书面文献的技巧，经过施莱尔马赫的发展，诠释学重心从"解释"转变为"理解"，这种观点认为解释与理解在语言上的各自独立性是由于解释是语言的公开表达，而理解可以在心理层面实现。施莱尔马赫的这种区分本意不是将理解与解释对立起来，而仅是强调诠释学重心的转移。直到19世纪中叶诠释学才作为自然科学相对立的人文科学的独立的方法论，后经过本体论转向和作为理论与实践双重任务的诠释学之后，这时的诠释学不仅囊括一般的理论知识，还包括理论与实践的双重结合，因此，诠释学一直与理解、解释与应用紧密相关。

尽管狄尔泰将理解与解释作为不同的方法论基础对立起来，但这种对立并不能将"解释"彻底排除在精神科学以及它为精神科学奠基的历史理性之外，而只是被实证化了的自然所遵循的"规律解释"与"因果解释"等概念，他对理解和解释之间做出的论述只能表明自然科学与精神科学在研究基础上的不同，而理解与解释一直奠基在精神科学与自然科学之上，并且正如我们所知道的那样，诠释学的重要性是在认识到理解与解释之间的统一关系之后才建立的，解释并非理解过程的附属品，理解本身就是解释，而解释则是理解的形式。① 那么，自然科学中的理解是如何表现出来的？

我们知道，世界存在的万象之流之所以可以抽象地沉淀为系统的知识源于人类理解及理解升华的思维过程。人类通过对现象的理解摸索出把握自然规律与客观事实的途径，通过思维过程的凝练和实践的过程之后与世界建立起系统的沟通方式。比如在古罗马时期，人们发现这样的一种现象：输水管在跨越10米以上的山坡时，就输送不上去了。为了解决这个问题，人们只能将水管中的空气抽掉形成真空，才可以顺利地将水输送到高处。尽管人们解决了水的输送问题，但是却不明白个中缘由，只能用亚里士多德的"大自然讨厌真空"的言论来进行解释。自从托里拆利的真空实验与压强关系的推定，人们的头脑中形成关于压强的科学知识之后，才可以科学地对这个问题做出合理的解释。也就是

---

① Hans-Georg Gadamer, *Truth and Method*, Trans by Joel Weinsheimer and Donald G. Marshall, New York, Continuum Publishing Group, 2004, p. 306.

说，科学不仅仅局限在观察与描述事实，而且要在对事实的观察描述基础上得到理解，从而形成完整的科学概念体系，并运用它来解释这些事实。所以，由于人类理解活动的特殊意义，使人类理解过程在自然科学的产生与发展中起着重要的推进作用，自然科学离不开人类的理解过程，人类的理解活动又促进了自然科学的进步，正是这种理解、解释与实际应用的统一促进了科学与技术的发展与社会的进步。

而关于理解与解释的融合在分析哲学内部也悄然兴起，只是它与诠释学站在不同的分析立场上。"分析主义视科学为一定的语言陈述形式，并对这一形式进行逻辑——概念方面的分析；结构主义视科学为基于理性行为之上的'结构'；诠释学的目的是，从历史的实现与角度出发通过一定的方法把握对科学的'理解'。"① 并且，后期逻辑经验主义主要代表人物亨普尔在《自然科学的哲学》的第一章中提到：不同分支的科学研究可以分为两大类：经验科学和非经验科学。前者力求探讨、描述、解释和预言我们生活的世界上发生的事件。因此，它们的陈述必须用我们的经验事实来检验……经验科学本身又常常分为自然科学和社会科学。这种区分的标准比区分经验研究与非经验的标准更不清楚。②

为了抵制自然科学方法论的侵袭，狄尔泰的拥护者们曾一度坚决捍卫其"自然需要说明，精神需要理解"的警句；海德格尔则将科学研究与科学活动当作人类在世的方式，如果依照这种本体论的分析，理解与解释就不会分离开来；伽达默尔认为近代科学所承担的工作，对事物的分析与重建与世界构架的发展脉络相比，只是一种特殊展开的领域，这种展开的领域又受制于整个世界构架机制，所以科学不可否认地包含着理解的过程。贝蒂对诠释中主体、客体原则的阐述中将解释刻画为面向理解的过程，他认为解释的过程最终是要解决理解的认识论问题，所以解释完全可以被描绘成面向理解的过程，它的任务之一就是要使人们达到对某物的理解，而理解则是需要通过语言为中介而实现。理解、解

---

① ［德］汉斯·波塞尔：《科学：什么是科学》，李文潮译，上海三联书店2002年版，第13页。

② ［美］卡尔·亨普尔：《自然科学的哲学》，张华夏等译，生活·读书·新知三联书店2002年版，第2页。

释与应用的三位一体是指理解与解释的主体和客体之间需要有客观化于富有意义形式里的精神作为连通，理解与解释主体的任务在于对精神客观化物中的思想、精神及创造性的重新思考。"理解是弧形的沟通桥梁，一种把这些形式与那个曾经产生它们而它们又与之分离的内在重新结合统一的沟通桥梁；当然，正是这些形式的一种内在化，这些形式的内容才在这种内在化中转入与原本具有的主观性不同的主观性中。"①也就是说理解成为对意义的"重新认识"（re-cognition）与"重新构造"（re-construction），是对同质的他者精神的重新构建。而按照洪堡（Wilhelm von Humboldt）的观点，解释是为了解决理解问题的过程；利科尔则重新探讨了理解与解释（说明）之间的互补关系，为消解理解与解释（说明）之间的对立起了极大的作用，为诠释学恢复了作为方法论的基础；后经现象学—诠释学的科学哲学家们不懈的努力，"一个以理解与解释为中心，以诠释学现象学为哲学背景理解自然科学的研究中心正在形成"②。

海德格尔曾说"一切解释都奠基于领会"，从科学诠释学角度来分析，所有科学与学术研究不外乎关于理论的各种解释，而理论又与实践相关。由于事物具有文化实践荷载的意义与理论荷载的意义，所以对事物的把握也具有实践荷载的文化视角与理论荷载的视角，这样造成了不同的视角理解事物的不同剖面，不同的理解造成不同的解释原则与解释方式，而两种视角是相互补充的。解释以理解为前提基础，解释依靠理解与实践而提升。

之后，越来越多的科学哲学家意识到将理解与解释割裂开来的谬误，转而采用辩证的方式来对待理解与解释之间的关系。既然解释的任务旨在让某物得到理解，对有意义的行为的把握也需要理解，为了把握理解与解释之间的统一，可以将理解通过语言的中介而实现，正因为科学面对的是广泛的领域，所以人类可以通过语言或类似语言的中介来表达对意义的理解。

---

①　洪汉鼎：《理解与解释——诠释学经典文选》，东方出版社 2001 年版，第 129 页。

②　陈其荣、曹志平：《自然科学与人文社会科学方法论中的"理解与解释"》，《浙江大学学报》2004 年第 3 期，原文使用"解释学"，在此为表示诠释学包含理解、解释与应用的统一，文中统一使用"诠释学"，下同。

　　纵观诠释学发展的历史，从古代神学诠释学与法学诠释学的普遍发展，到语文学方法论的诠释学，延伸至科学诠释学为止，诠释学似乎一直在强调"应用"。在早期诠释学领域中，应用是指将普遍的原则、理论恰当地运用在诠释者所处的具体情境中，并且与理解和解释一样构成诠释学过程不可或缺的部分。所以，诠释学从词源上来讲早已包括理解、解释与应用三个要素，特别是在当代科学诠释学的产生与发展中，诠释学的应用日益凸显出"实践智慧"的概念，这在伽达默尔后期的诠释学观点中得到过明确的阐述，他受亚里士多德实践哲学的启发，重新注解了亚里士多德的实践智慧，并把其关联至当今社会科学理论与实践研究之中，这种实践智慧的提出与倡导将在科学的整体演进中发挥重要的作用。

三　诠释学循环

　　生活在科学世界中的人，只是不加批判地持有一套隐蔽的形而上学立场。

——埃德温·伯特

（一）科学研究中的诠释学循环

　　古老的诠释学循环体现在整体与部分之间不可割裂的关系中，尽管施莱尔马赫和狄尔泰已经将整体与部分的关系扩展到了文本和社会历史语境的关联，强化了主观性，但这种诠释学循环的侧重点仍旧落在文本与作者之间，读者作为理解的主体并未真正进入诠释学循环之中。伽达默尔将其推进了一步，将诠释学循环论述为一种理解中的对话，成为一种开放式的循环，将读者作为理解的主体引入了诠释学循环。

　　从认识论角度来讲，传统逻辑经验主义对科学理论的分析属于静态的逻辑分析，以科学研究者为理解主体的探讨与传统的诠释学研究一样并未实际性地进入整个循环过程，这种循环止步于自然现象与科学理论间及相关文本之间的联系，是一种狭义的循环，只有将科学活动中发生的理解加入科学家个体与科学共同体之间的对话中，才可以将主体间性引入理解的循环过程中而形成真正意义上的诠释学循环。

关于诠释学循环，贝蒂使用了创造过程的倒转来加以论述。他认为认识客体是由人们理解它们的方式所决定的，这种理解方式中的解释将富有意义的形式的原有主观性转换为解释者的主观性，同时必须使之保持客观化状态，这种矛盾化的状态形成了解释过程的辩证关系。另外，在诠释学循环的论述基础上，贝蒂也强调了诠释学循环中主观因素所起的重要作用，即研究中的主观性不能完全被摒弃，但是这种主观性必须深入到解释对象的外在性与客观性之中才能够避免主观性在解释对象上形成的简单的一对一映射。在其他的诠释学研究者看来，解释过程的这种辩证关系正好可以使用诠释学的循环来做出明晰的论断，即是一种与理解自发性紧密相关的主观因素与富有意义的客观实在二者之间理解的往复与深入的循环过程。"循环的出现或者最高层次的呈现是以预设已经'适用于说明所可能知的一切'为临界点的。这也就是当代诠释学大师伽达默尔指出的，任何理解中都包含的承诺或约定。'诠释学循环'的合法性就在于求得一个合理的'阿基米德点'，而开创分子生物学研究领域的'超循环理论'，其依据就在于'自组织系统'逻辑的推演。"①

考虑到当前复杂的科学研究，主、客体的划界存在移动的现象，主、客体之间的界定已经不能够依照传统的二分法进行划分。这种主、客体划界移动的现象广泛存在于当代科学研究中，它是诠释学循环的另外一种体现方式。让我们以太阳中微子的勘探为例来论证科学研究中的诠释学循环。

根据中微子的科学定义，中微子属于轻子的一种，它是组成自然界的最基本粒子之一，自从 1956 年被观测到之后，它引起了科学界广泛的研究兴趣。为了研究中微子的性质，各国建造了大量的探测设施，比较著名的有日本神冈町的地下中微子探测装置（Super-Kamiokande）、意大利的"宏观"中微子探测设备、俄罗斯在贝加尔湖水下建造的中

---

① 李武装、刘曙光：《信息哲学作为元哲学何以可能》，《东北大学学报（社会科学版）》2012 年第 1 期。

微子探测设施以及美国在南极地区建造的中微子观测装置等等都是用来研究太阳中微子的大型中微子探测器。[①] 从 20 世纪 60 年代起，科学家就开始测量抵达地球的中微子，对其进行的研究一直持续到现在。直到目前，关于中微子的研究会议仍然每两年在意大利举办一次，吸引了各国对中微子研究感兴趣的物理与天文学家与会。人类对太阳进行的研究就是通过中微子这个承载着信息的中介实现的，包括对太阳进行研究得出的很多结论都是通过设备勘测与对这些粒子的前期研究所得出的。但是，在对中微子进行逐步深入的研究的过程中人们发现，中微子经常以研究客体的形式覆盖至整个研究过程。如此一来，研究便陷入了这样一种循环之中，即我们要想了解太阳核心必须通过中微子；但是要想了解中微子，似乎必须要研究太阳核心——因为我们依靠掌握太阳产生的中微子的研究才可以解开中微子是否转化成为其他物质之谜。这就是处在主体的所有前理解与客体的回馈之间，并且可以影响主体前理解的循环，反之亦然。[②]

如果从科学诠释学的维度进行分析，可以得出这样的论述：由于在实际的研究过程中关涉到了仪器（或设备）使用，仪器（或设备）参与下的主/客体之间的相互牵制作用，导致了主/客体划分界限的改变。在这种基础上，希兰提出了"具身"理论，即人们融入环境或"参与"世界的方式，旨在从诠释学的角度来对人工物或技术的应用进行哲学分析，即人们通过仪器（或设备）观察某些现象，一旦这些仪器（或设备）成为主体的一部分，便形成主体知觉器官的延展。在这种过程中形成了一种具身关系，即人们与环境之间的关系，物质化的技术或人工物就包含在这种关系中，它融入了人们的身体经验。

科学的探究分析离不开具身理论的介入，具身已经成为科学家存在的一种方式。当代哲学家马丁·埃杰接受了这种观点并举例说：就像宇航员在太空中的活动一样，他们需要穿着航天服，这种特殊制作的包含复杂技术的服饰可以帮助宇航员从容地在异己的环境中继续他的研究或

---

① 详细内容参见 http://baike.baidu.com/view/9474.htm。

② R. P. Crease, *Hermeneutics and the Natural Sciences*, Dordrecht: Kluwer Academic Publishers, 1997, p.97.

进行科研活动，它已经成为宇航员身体的一部分，是肢体的一种拓展。航天服是人工技术的具体体现，它在研发的过程中经受了各种条件与环境下的功能测试，并且根据使用者的反馈意见来继续改进和提升相关的技术。那么，装备完毕的宇航员是属于整个科学研究过程中的主体还是属于客体显得模糊不清。如果说航天服只是为了提供一种在外界环境下进行科研的条件的话，就忽视了这样一种事实，即航天服本身已经"具身"到我们的科研过程中。比如说，登月航天服要适应月球引力、压力、辐射及月球温度变化，在整个科研过程中，航天服首先是作为客体进入研究过程的核心，一旦研制成功并装备到航天员身上形成一种具身关系时，便被当作主体的一部分或多或少地忽略掉了。① 于此我们联想到，当我们谈及科学的语言、实验的设备与仪器的操作甚至是对科学文本的学习时，是针对研究者本身还是整个研究过程呢？实际情况是学习的过程总是与学习对象相关联，如果说宇航员对航天服的穿着和使用也是一个学习的过程，那么，关于自然科学是否是诠释学的争论就可以转移到讨论学习过程本身是否属于科学这个简单的问题之上了。

在对自然界进行无限的科学探索中，人类不断地提高研究工具的技术含量，也有更多高精尖的设备投放到研究中加以使用，越来越多的仪器（或设备）被划归为科学研究主体的一部分，如此一来，科学研究主体明显地被扩大化了，并且经常被人们忽略，只有出现质疑、产生争论或研究结果出现偏差的时候，这些被扩大了的主体部分才作为认识客体而重新拾获被独立对待的权利。它被去语境化（decontextualized）的同时，在一种新的理论框架内，作为一个实体被重新语境化（recontextualize）而成为新的研究对象。这样做的结果模糊了主客体之间的界限，使一些本应该作为研究对象之一的客体纳入主体之内，成为主体的一部分。另外，像实验中经常使用的仪器数据也属于上述这种情况，实验中仪器的读数是作为"中间数据"而存在的，例如温度计、记录指针、计时器等等人们常见的仪器，尽管它们在实验中都取得了对实验有

① Martin Eger, *Hermeneutics as an Approach to Science*: Part Ⅱ. *Science & Education 2*, Netherlands, Kluwer Academic Publishers, 1993, pp. 309, 303 – 328.

意义的数据读数，但却因为"它们并不构成被最终使用在文章里的可见显示"，① 而作为一个阶段性的辅助数据，失去了其作为客观事物的必然属性。

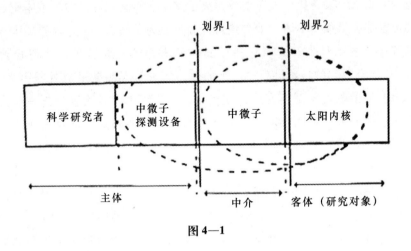

图4—1

所以，科学研究中的主、客体分界并非一成不变，它在具体实践中会发生移动。仍旧以太阳中微子研究为例，埃杰把主体、客体的多元划分以图4—1② 方式呈现了出来：我们可以看到，传统的主、客体二元划分已经被多元划分所取代。不同的观察设备进入主体成为观察主体的一部分，形成了不同的观察角度，得到不同的观察结果。人们可以通过这种改善了的设备不断地进行观察，拓展观察主体而不断得出新的结论。太阳中微子的整个研究过程被当作科学家与传统（理论）间的对话。当理论与实验数据吻合的时候，旧的循环被打破，但是作为存在意义基础上的诠释学循环却仍在继续。当某个新假设出现且无法用原有理论论证的时候，会出现新的对话过程，直到科学家找到这种下一个突破点之前，这种由核物理到太阳模型再到中微子理论之间的循环必将一直

①　布鲁诺·拉图尔：《科学在行动——怎样在社会中跟随科学家和工程师》，刘文旋、郑开译，东方出版社2005年版，第114页。

②　图片来自 Martin Eger，"Achievements of the hermeneutic-phenomenological approach to natural science"，R. P. Crease. *Hermeneutics and the Natural Sciences*，Dordrecht：Kluwer Academic Publishers，1997，p. 98。

存在下去。

埃杰把这种科学与科学传统之间的互涉认作诠释学研究科学的重点，无论面对任何诘难，诠释学始终关注着的都是前理解的问题。例如，我们知道量子力学的表述方式中，矩阵力学与波动力学是完全等价的，它们只应用了经典力学中的哈密尔顿函数，而狄拉克提出并由费曼建立了路径积分的第三种表述——它使用了经典力学的拉格朗日函数。在建立路径积分的过程中，费曼必须充分了解狄拉克关于量子力学中拉格朗日函数的思想，并设想其是正确的，通过从拉格朗日函数推导出薛定谔方程的办法，来佐证路径积分的方式适合对作用量原理的表述以及对量子力学的诠释。所以，"科学工作总是得益于前有、前见与前概念的把握"[1]。按照科学的诠释学理解方式，是"预设了关于初始检验条件的陈述，这种理论假设是不可以用来预测实验结果的。这些初始条件的确定反过来又依赖于受理论支持的类似规律的法则，这些法则的证据也同样取决于不断扩大的理论假设"[2]。

总之，对科学研究的主体、客体的传统划分已经被多元划分形式所取代，不同的观察设备进入实验过程中，由于观察角度的不同可以得到相异的观察结果与理论。科学研究中同时存在两种诠释学循环：内部的循环与外部的循环。内部的循环是由实验数据的获得与设备使用之间的循环检验所构成的；外部的循环是这样发生的：实验过程需要先前既定理论的设计与指导，但实验的执行却是对既定理论产生怀疑的状态下。按照诠释学的分析思路，实验的执行对既定理论的冲击体现了理论并不能完全决定实验结果这样一种观点，很多实验的执行是为了获得新的理论。[3] 正是由于对原有科学研究任一环节的质疑，才会产生验证原有理论或产生新理论的实验设计与实验的具体执行。

---

[1]　R. P. Crease, *Hermeneutics and the Natural Sciences*, Dordrecht：Kluwer Academic Publishers, 1997, p. 259.

[2]　[美] 约瑟夫·劳斯：《知识与权力：走向科学的政治哲学》，盛晓明等译，北京大学出版社 2004 年版，第 55 页。

[3]　Márta Fehér, Olga Kiss and László Ropolyi, *Hermeneutics and Science*, Kluwer Academic Publishers, 1999, pp. 25 – 33.

（二）本体论预设下的循环验证

除了存在诠释学循环，当代科学研究中的循环验证也随之被提了出来。比如说奎因提出的"本体论的相对性"（ontological relativity）就预示着他已经意识到整个科学研究定位在一个统一的、首尾呼应的概念系统与整体理论与验证体系的背景环境中，一成不变的概念体系只适用于学科发展的某一种情况，其他情况下必须考虑到实验室之外的因素的干涉与相互作用。按照奎因的观点，本体论的相对性是指原有的概念体系并不一定完全适用于学科新的发展方向和新领域。例如从物理学发展的整个历史进程来看，原有的物理学理论就完全不适合当代物理学的研究，特别是针对新事物所做的所有科研与实验是不能够在传统的实验室中完成的，传统的实验室及相关设备显得过于落后，人们总不可能再使用肉眼或陈旧的测量设备或电子元件去观测浩渺的宇宙或微观世界。

传统的科学认知观认为，科学知识总是形成于人们对世界的感知经验与科学的研究方法之上。而事实情况是，不同的科学理论总是投射在一定的本体论预设的基础上，奠基于此种知识体系上所进行的认知活动具有相对的、不确定的性质，并且这种科学知识体系下的理论论证会陷入一种循环论证的旋涡，它表现在人们在接受某种理论的时候，往往在当前的本体论预设的基础上使用这种理论的成果去检验该理论起点的合理性，即科学家们总是根据某一领域内各自的研究而提出假说与论据解释科学现象及既定理论，再根据解释的合理性程度来论证理论的正确性，这种情况就属于循环论证，因为在这种基础上建立的科学假说和科学理论得不到更加客观标准的验证与衡量。①

从语境论分析的角度来分析本体论预设，由于科学解释需要通过语言学行为来实现，该语言学行为内容的呈现与完成会牵涉到科学解释被提出时的意向性。正是由于科学解释过程形成的语用边界扩张或收缩直接导致了科学解释效力的变化。科学解释的语境特殊性所包含的问题、背景与主体及意向性四个要素表现出科学解释总是建立在科学研究参与

---

① 赵南元：《认知科学揭秘》，清华大学出版社 2002 年版，第 46—61 页。

者不同的视角与本体论预设（参考域）之上，包含着解释主体知识状况或认知状态且具有不同价值取向的论述。例如欧氏几何公设之一的平行公理只有在欧氏空间才适用，欧氏空间中三角形内角和等于 180 度，而在非欧空间中则很容易找到三角形内角和大于 180 度的情形。

除此之外，知识具有一种与自身相关的本体论预设，它对知识界限进行规范的同时界定了科学研究对象及所使用的科学方法论。近代科学家在原子论与机械主义的基础上对客观自然世界进行研究与探查，科学知识和研究得出的相对客观性结论都依赖人们对它的本体论预设。例如第一性质与第二性质同为一些西方科学家和哲学家通常使用的关于物体性质的概括，第一性质可用数量的方式表现，如广延、形状、运动、不可入性等；第二性质是颜色、声音、气味等。它们不是物体本身所固有的属性，而是物体的一种能力，这种能力借助于第一性质就产生了色、声、味等感觉。在特定的本体论范围内，知识是明确有效的，超出这种本体论范围，客观性知识的局限性就显露出来了，因为"科学世界在它形成之初，就已经用一整套基本概念和定律对各种哲学问题作出了明确的回答。科学世界的光明透亮，是以基本概念和定律的思想遮蔽功能为前提的"①。另外需要指出的是，相异的本体论预设与立场是由于不同的语境造成的。知识是相对于特定的存在条件而存在，"宇宙就是由实体和过程的无穷变化着的无数语境所构成的，每一个语境构成了相对自主和可信的知识或真理，所有实在都是有条件的或依赖语境而存在的。"②

从诠释学角度来看循环论证可以得到这样的论断，即若想抵制科学的形而上的因素，当代科学研究必须要在科学的、正确的本体论预设前提下进行，而在该本体论预设的基础上所得出的科学研究的客观性证明反过来又体现了本体论预设的正确性，由于科学发展的客观性与价值观体系使然，这种循环论证是无法避免的。所以，这种循环验证本身也构成诠释学循环。

---

① 刘胜利：《科学思想史的魅力——评亚历山大·柯瓦雷研究科学革命的三本著作》，《中国科技史杂志》2008 年第 3 期。

② 殷杰：《语境主义世界观特征》，《哲学研究》2006 年第 5 期。

　　同一本体论预设下的循环验证同样存在于当代科学研究中，具体表现为新科学与复杂性学科的出现，学科之间与不同学科之间需要理论的相互佐证，这种理论的相辅相成的相互验证关系存续在同一个理论的本体论预设之下从而构成循环论证。另外，整个生命体系的大循环结构限定了处于这种生存环境下的科学研究循环验证的特征。智利人马图拉纳（Humberto R. Maturana）和维莱拉（Francisco Varela）在 1972 年出版的《自创生与认知：生命的实现》（*Autopoiesis and Cognition：The Realization of the Living*）中就明确提出了生命系统的自创生理论（Autopoiesis），自创生理论认为生命系统是自创生的，它可以不停地生产自己，是一个具有自我繁殖、信息处理等能力的自我指涉的循环结构，因为自创生系统身兼生产者与产品，所以是一个循环的系统。马图拉纳将该理论提升到了认识整个生命体系的高度，坚持认为如果人类不理解单个活体细胞的系统特征的话就无从认识有机生命体本身，而生命系统中关于系统和边界的概念只是观察者从观察的角度做出的区分，因为对于构成生命体的细胞来说，限定性的范围都不存在，分子只跟临近的分子发生相互作用，而不区分临近分子属于细胞之内或之外。简单地说，细胞呈现出动态的、复杂的化学网络的形式，只有当人类从观察者的角度审视细胞层面才会得出所谓的边界与整体的概念。

　　由此看来，人们对生命系统所做的解释都应该是非目的论的，它不应该带有任何功能性和目的性，可观察到的生命系统现象都来自于纯粹的相邻内部组成部分之间的相互作用，而观察到的这些部分与整体功能之间的关系只能由外界的观察者所做出，[①] 简而言之，只有切实地介入到生命中去才能够解释生命这个现象。

　　总之，生物体的自创生理论所表现出的循环往复，呈现出了诠释学循环的基本特征。推而广之，如果符合自创生理论的要件，自创生系统理论可以顺延到人类社会中来，繁衍出自创生理论在其他域面的应用，如法学、社会学、心理学、建筑学等方面。例如德国社会学家尼克拉斯·卢曼（Niklas Luhmann）在纯粹法学的基础上提出了法律自创生理

---

① J. Mingers, *Self-Producing Systems-Implications and Applications of Autopoiesis*, New York, Plenum Press, 1995.

论；在马图拉纳、福尔斯特（Heinz von Foerster）以及卢曼的思想基础上，贡塔·托依布纳（Gunther Teubner）运用自组织和自创生的概念发展出一种将法律看作是一个超循环闭合的社会系统的概念；而自创生理论与生物学和建筑学之间的联结始于19世纪末，"生物学的自创生理论已经成为建筑学追求的重要目标，以抵抗那种预先给定的形式和模式。要求建筑师具备系统变化的视野，要从建筑作为个人标志的观念，转换到建筑作为生态系统的认识"①。尽管卢曼借用生物学"自创生"的理论延伸至现代社会的法律论述，用"循环的网状结构"来解释法律的有效性受到了生物学家的质疑，② 但是与生物的自创生性质相比，社会和法律的自创生需要形成新的和不同的自我关联循环，以便为更高层次的自创生系统提供基础。③

从马图拉纳与维莱拉从活体细胞的实例出发揭示生命系统的自然属性的论述中，人们意识到环境引发系统结构的改变，系统的反馈又反过来影响环境，这个过程是一种循环，且自创生理论的创建不仅是为了表明生命体系通过结构来确定的观点，更重要的是由结构决定的生命体系概念延伸到人类活动中。从诠释学的角度分析，系统之间的耦合与移情与反移情的发生类似，都属于两个不同系统的耦合表现，这种表现基于语言的基础之上而不是简单的纯粹的信息交流与传输。自创生理论描述的是生命体系动态构成的核心，生命体系需要同外界交换其生存所必需的资源，换言之，它们既是自主系统又是依赖系统，这种复杂性的关系不能用线性思维来理解，因为线性思维总是将它们割裂开来独立分析，而忽视了它们之间存在的相互关联性。④

---

① 虞刚：《自创生建筑系统的来源与发展简论》，《建筑与文化》2011年第5期。

② Humberto Maturana, Francisco Varela, *The Tree of Knowledge*: *The Biological Roots of Human Understanding*, Boston, Shambhala, 1987, p. 220.

③ ［德］图依布纳：《法律：一个自创生系统》，张骐译，北京大学出版社2004年版，第39页。

④ Humberto Mariotti, *Autopoiesis*, *culture*, *and society*（http://www.oikos.org/mariotti.htm）。温贝托·马里奥蒂，精神病学家，心理理疗师，从事复杂性科学及应用的研究，帕拉斯雅典娜协会的研究员。

第 五 章

科学诠释学的当代发展

> 在寻找生命的和谐时，人们千万不能忘记，在存在的戏剧中，
> 我们自身既是演员，又是观众。
>
> ——大卫·玻尔

一 科学诠释学的理论关联

（一）科学诠释学与现象学

科学诠释学的问世吸收了大量的现象学思想，甚至可以说科学诠释学和现象学在某些思想领域中的观点是互通的。比如胡塞尔引导人们从纯粹的主体性来理解事物，他倡导的现象学还原就是排除因袭的传统观点、自然观点和理论构造，从而直接"面向事物本身"（Zu den Sachen selbst），这些思想的精髓也体现在狄尔泰提出的从生命本身了解生命的诠释学观点中。正是由于众多有着现象学研究背景的哲学家们的不懈努力，我们得以从现象学—诠释学的角度重读当代科学的意义基础，所以很多学者也将自己的科学诠释学观点谦逊地称为现象学—诠释学的科学哲学。

至于早期发现现象学和诠释学之间的关联，并据此做出论述的诠释学者可以追溯到海德格尔与伽达默尔这两位哲学耆宿。诠释学在海氏那里提高到了存在论的高度，他从更深刻的角度提出了前理解的存在——即我思之所思的"事情本身"的诠释学前理解维度。海德格尔将现象

学、诠释学和存在论相结合，从诠释学维度分析现象学，以此表明其承担着基础存在论的角色，不仅如此，海德格尔还使用存在论分析现象学，认为现象学必须让我们看到的"事情"（Sache）就是存在，所以，海德格尔不仅以存在论的方式转换了现象学，而且转换了诠释学本身。① 他的诠释学存在论分析不仅意味着对所谓的理解（Verstehen）的功能的阐述，而且指明了诠释学不再局限于文字文本的解释规则，亦不再是精神科学的研究方法，他的诠释学分析跳出了认识论的圈子，从对抗认识论与科学理论的绝对优先性开始，重申存在论的基础地位，强调科学认知基础就是"在世"，存在问题的具体体现就是存在的意义（meaning）问题。

海德格尔的本体论诠释学观点认为意义始于随着此在之在得到的领会，它是由行为、理论与语言所构成的使某物得以领会的载体，是前有、前见与前理解所筹划的何所向。顺着海德格尔的思路来看，生活世界是意义得以流传的载体，意义依靠语言、文化与知识之间的相互交流而形成，它通过语言或类似语言的媒介传承下来，并且不可避免地受语言、文化、历史间性等因素的影响。所以，我们说意义是属于公众领域概念的人类理解的产物，关于意义获得的客观性因素的渗入不经意间充斥和改造人们的生活经验，并且影响着对我们对流传下来的事物的理解与解释，在以意义为主导的主体性研究中，自然科学与精神科学是类似的。②

现象学避免任何无根据的理论构建，也就是说拒斥从任何片面的理论中推演出整个人类生活的一切现象。在胡塞尔的现象学分析中，生活世界是通过知觉被给予的、能够被直观地经验并且可以被经验到的自然，是"在我们的具体世界中不断作为实际的东西给予我们的世界"，而科学家面对的客观实在的真实世界，是从伽利略时代起就定义了的"通过公式规定的自身数学化的自然"。这种自然是一种理念和理想化的世界，胡塞尔力图用超验现象学的视角来取代当代科学对客观生活世

---

① ［匈］伊斯特凡·M. 费赫：《现象学、解释学、生命哲学——海德格尔与胡塞尔、狄尔泰及雅斯贝尔斯遭遇》，朱松峰译，《世界哲学》2005 年第 3 期。

② Márta Fehér, Olga Kiss and László Ropolyi, *Hermeneutics and Science*, Kluwer Academic Publishers, 1999, p. 298.

界的说明，而伽达默尔后期工作的一部分，就是在《哲学解释学》书中对胡塞尔对欧洲科学危机的分析与"生活世界"的概念的阐述及发现现象学与诠释学之间的关联并做出比较，介绍现象学与诠释学及它们之间的渊源。

当代现象学—诠释学的科学哲学先驱之一希兰对科学诠释学的论述因袭了胡塞尔现象学与海德格尔的部分诠释学思想，或者说希兰的科学诠释学思想本身就是建立在胡塞尔现象学与海德格尔的本体论诠释学基础上，并通过海德格尔本体论的哲学诠释学思维分析当代科学中的诠释学。希兰对现象学生活世界概念的分析入木三分，甚至把对自然科学的诠释学和现象学的解读直接建立在"生活世界"概念基础上，将生活世界概念划归为关于人类理解的哲学领域，生活世界以人与人、人与环境在文化关系条件背景下相互交流的具体行为为特征。

希兰认为，生活世界中的人类个体被动地接受某种语言、文化、群落等一系列事物，这些事物赋予生活世界之意义、结构与目的——它们或多或少地渗透到人们的生活经验中——尽管生活世界不是由个体创造或选择的，它应该说是一种展现人类在历史条件下实际日常实践中的理解或存在，由于它不能够通过抽象的方式具体一一枚举出来，所以它既不是对日常生活简单的陈述与说明，也不是关于日常生活世界的模型和理论，而是充斥着具有目的性社会活动的日常生活世界的映射，[①] 有且只有这种基础上的生活世界才是科学研究活动的客观外部条件。

早期胡塞尔、海德格尔及梅洛—庞蒂等人从现象学角度出发对生活世界做出的阐述，为科学诠释学的建立奠定了稳固的现象学理论根基，希兰在对科学进行诠释学分析中也是在胡塞尔的"生活世界"基础上做出的，只是他更注重主体与客观研究对象之间的关联性分析，他的科学哲学思想融入了现象学与诠释学的双重因素，揭示了诠释学之于科学研究和科学理解的意义，形成了诠释学—现象学的科学哲学，促进了西方 20 世纪 80 年代以来科学哲学的诠释学转向。

在对待生活世界的概念上，希兰承袭了胡塞尔的观点。在他看来，

---

① Patrick A. Heelan, "The Scope of Hermeneutics in Natural Science", *Studies in the History and Philosophy of Science*, Vol. 29, 1998, p. 274.

伽利略科学探索的努力是对上帝之书——自然的注解，我们之所以对伽利略当时所经验的东西一无所知，是因为我们与他处于不同的时代环境之下，我们被"抛置"于另外一种历史进程之中，所经验着的生活世界已经有别于伽利略时代的生活世界。为了跳出前科学时代"理想化"的理念世界，我们有且仅有一种办法，那便是借助于历史的条件性来理解他们与获得认知，毕竟我们所处的自然"不是科学家所独有的，而是所有体验着的公众创造出来的一种社会结构"。①

　　希兰在阐明他的科学诠释学的观点上沿袭了胡塞尔现象学与海德格尔后期的诠释学思想。他的这种分析旨在为说明性理论指明一个新的意会方向，剖析说明性理论与生活世界的关联，特别是指出逻辑经验主义与诠释学在科学的说明性目的上和在宏观的知识的角度上如何关涉，意在将历史性、文化、传统等这些在理论与说明的分析中缺失的因素引入科学哲学。希兰指出，说明性理论在自然科学的研究过程中发挥了很好的预见作用，属于自然科学方法论层面。在欧洲大陆哲学传统中，诠释学是与英美分析哲学所谓"科学"的说明性方法相对而言的，我们既不能说人文科学应完全理解为是诠释性的，也不能把自然科学完全归入说明性。以历史计量学为例，它就是依靠经济理论研究计量对象，通过经济理论指导间接计量中数据转化与换算的问题，是一门将经济学、统计学或计算机学等定量分析方法运用于历史或经济史研究的交叉学科。

　　实际上，希兰已经意识到，精神科学在某些方面中已经有明显的说明性趋向。②从诠释学的意义追求之目的上来看，对文本意义的寻求、理解与重构，就是为了"避免误解"而更好地体会作者本意。由此，在对待科学知识与意义的寻求中，意义是人类理解的产物，属于公众领域的概念，而生活世界首先就是意义流传的载体，意义依靠语言、文化与知识相互交流形成，通过语言或类似语言的媒介传承下来，并不可避免地受语言、文化、历史间性等一些因素的影响。意义中客观性因素的

　　①　Patrick. A. Heelan, "The Scope of Hermeneutics in Natural Science", *Studies in the History and Philosophy of Science*, Vol. 29, 1998, p. 274.

　　②　Ibid. .

渗入不经意间充斥和改造人们的生活经验，并且影响着我们对流传下来的事物的理解与解释。所以，在以意义为主导的主体性研究中，自然科学与社会科学、人类学是类似的。① 他认为，意义是由行为、理论与语言所构成的，理论意义形成抽象的概念，行为构成文化或实践的部分。诠释学方法是一个过程，是当前条件下的研究者试着给先前事件构造现代意义的过程，公众经验的意义不仅是个体的精神表现，也是公众的经验表现，这意味着，无论我们怎么样进行经验，客体总是与人类生活文化息息相关。

以著名的伦敦塔灵异事件为例。进入伦敦塔的一些参观者会出现程度不一的幻听幻觉。在人们当下无法用理性来解释所发生的事情的时候，通常都会用文化渗入的方式来对其进行描述。环境因素在描述者的描述过程中至关重要，这里不仅包括建筑结构、地理位置、磁场、寒冷气流、昏暗及变换的光线的客观因素，而且与描述者知识背景、文化历史的熏染相关，这就说明了为什么熟知英国历史的参观者更容易受到潜意识的影响而做出判断。这是当时所产生的较为"科学"的论断。而近年来，更多的建筑学家与物理学家通过进一步的测试发现，伦敦塔的建筑用料为坚硬的大理石，这种石料极容易产生次声波，当人们处于次声波干扰的环境下，极容易做出错误的主观判断。这就为这种现象赋予了科学事实，相比来说，这种说法更加"科学"，容易使人接受。

科学的工作总是处于诠释学覆盖之下的，有其自己的历史与界域，而不可以通过单一的理论来认知与解释。并且，我们应该承认，科学是关乎真实"生活世界"的，而不是由单一的理论与系统构成的。例如16、17 世纪的近代科学发展阶段，当时的科学活动并不关心人类本身的实践兴趣，而更多关注的是造物主的智慧，那个时代的科学著述通常都以第一人称写就，牛顿和波义耳就明确表示他们的科学研究由神学问题开始，开普勒与吉尔伯特的很多研究也是用生活语言来描述的，直到19 世纪初期，科学著述才具有了现代的模式，更倾向于基于研究过程

---

① Márta Fehér, Olga Kiss and László Ropolyi, *Hermeneutics and Science*, Kluwer Academic Publishers, 1999, p. 298.

本身来进行客观的科学报道。也就是说，科学始终处在科学家们的"生活世界"中，希兰提出的"视域实在论"是对波普尔"观察渗透理论"的扩展，表明生活世界中的现象是通过实验观测"理论实体"而形成的，所以观测对象及其测量数据具有实践荷载的解释职能与理论荷载的数据职能。特别是在诠释科学文本时，要注意科学文本的语境、史境或有关情境，从而避免主观意识的负面影响。初始的问题是在生活世界前理论时期作为一种经验而出现的，人们试着对其做出进一步的理解。首先是找出一种合适的假说/理论，然后这种假说/理论在实验室中被转换成新的问题，新问题是基于理论荷载的技术上的，新技术又产生了基于后理论的不同于初始问题的新的实验。之后这种结果便被用于解决初始问题的回答上。这种循环发生变化，不仅受研究者局部生活世界环境和加入的新技术的影响，也受科学共同体成员、科学术语、表述方式与媒体的影响。这些步骤构成了一系列遵循时间顺序的人类活动，没有人可以预测成功，而只可以叙事的方式描述，这种方式从属于科学的历史，这种叙事的方式也只限于一种局部诠释学的影响下。

如果从实践的角度看待现象学与科学诠释学的话，生活世界是一切实践的基础，测量的实践最终成为几何学的观念化和形式化；胡塞尔创立的以意识哲学为取向的现象学到海德格尔那里则成为了关于此在实践的存在论哲学，[1] 海德格尔认为必须更本源地研究"现象学"，才能赢得其深层的本质和独特的哲学史位置，"如果说我们把现象学理解为让思想本己的实事显示其自身的话，那么海德格尔则走着一条现象学到存在思想的道路"。[2] 由此我们看出，现象学对实践的关注从胡塞尔那里就已经开始了，并且在海德格尔那里得到了发挥，现象学关于实践的观点运用到科学诠释学中，表现为科学诠释学家认为科学实验绝非完全客观的施行与存在，而是实验是部分创造的。神经生理学家克里斯（Robert Crease）在对实验现象结果的客观性进行研究时指出，整个实验过程是在"执行与操控"之中的，要想更好地理解科学的客观性，

① 吴彤：《实践的诠释与现象学》，《哲学研究》2012 年第 2 期。
② 宋继杰：《海德格尔的现象学观念——存在与时间"导论"的再审查》，《江苏社会科学》2011 年第 1 期。

必须首先考虑到这种执行与操控的优先性。在科学实验当中，无论是准备实验设备还是选择研究对象，都要尽量确保实验过程的正确有效性，但这个准备过程中既没有数据采集、观察与测量，也没有可验证的假设，科学观察包括实验仪器（设备）的采选与使用具有主观性。这就是为什么克里斯称之为"制造出来的客观性"。科学实验与实践离不开实验者所处的外围环境与设备使用，特别是新科学理论的产生，往往不能忽视在此之前众多的科学理论与实验的支撑。

美国当代哲学家唐·伊德也是现象学—诠释学科学哲学思想的代表之一，他撰文提及诠释学—现象学传统对科学研究的三个贡献分别是科学社会学强纲领、科学对政治及施行属性的重视及科学认识论实践的研究。

从 20 世纪 70 年代开始，伊德对知觉现象学产生了浓厚的兴趣，进而逐步转向对技术哲学的研究，他对知觉现象学的考虑转化为对科学研究中使用的工具及具身化的关注，即自然科学实践的研究中所使用工具的变化如何影响了与其相关的科学的变化。更关键的是，他认为在精神科学中必须考虑技术的使用者及其实践的相关内在关系。从现象学及实用主义角度来讲，伊德对技术科学现象的研究，是通过"使不可见的显现"的方式——成像技术的科学分析，主张所有的科学（或者是技术科学）都是制造出来的，并且暗含了身体行为、知觉与实践，以期表明科学对知识的创造是从技术的层面上来实现的。[①] 从古老的天文学观测开始直到 20 世纪 40 年代萌生的射电天文学的进步，传统的视觉天文学的界限被打破，这离不开工具技术的飞跃，伊德将这种借助于全新的成像技术，使主体通过技术设备与知识之间所形成的新的关系称之为"诠释关系"。例如广泛应用于气象观测、资源考察、地图测绘和军事侦察等领域的遥感技术就是根据电磁波的理论，通过相关传感仪器对远距离目标所辐射和反射的电磁波信息的收集、处理与成像等一系列活动，从而对研究目标进行探测和识别的综合技术。在伊德看来，通过这种技术的成像过程产生一种可知觉或者说是可读的信息，通过这种可读

---

① ［美］唐·伊德：《让事物说话——后现象学与技术科学》，韩连庆译，北京大学出版社 2008 年版，第 63 页。

的方式，科学家和研究者才可以"读出"和"知觉"到图像实质中所需要的信息。这种过程是一种诠释的过程，与传统诠释学的表现方式不同的是，这种诠释关系脱离了传统诠释学在文本或语言域的诠释，而是拓展到物质化的诠释过程，并且，成像的信息攫取是以视觉模式所呈现的，所以，在这个基础上属于现象学的诠释，它对于人类视觉的格式塔功能来说也是可通达的。

从诠释学—现象学的视角来理解科学，已经引起越来越多的关注。例如基西尔也客观地指出科学诠释学的论点中的不足之处：科学的"诠释"理应包含海德格尔的实践诠释学的观点；科克尔曼斯则认为科学研究依赖于一种先在的意义结构，这些意义结构并非完全依靠研究者自身的观察。科学的前见总是在无意识的指引与影响着人们的研究和实践；至于海德格尔与伽达默尔一贯坚持的科学与生活世界二者之间存在明显的分界这一点被梅洛—庞蒂与加斯东·巴歇拉尔（Gaston Bachelard）所否认，他们认为这种分界只存在于科学知识的实践—认识模型之中。应该说，以现象学—诠释学为视角分析科学这种全新的方法对于更全面地认识科学的本质，无疑具有重要的理论意义。

（二）科学诠释学与建构主义社会学

建构主义社会学（constructivist sociology）的科学观与科学诠释学的科学观在强调科学是建构的这一点上比较类似，但二者在对科学进行分析时所使用的阐述方式、使用的词汇等方面却迥然不同。埃杰以对比的方式论述了建构主义社会学学者思想中的诠释学因素，一方面是为了展示诠释学与建构主义社会学学者观点的关联与差异，另一方面为了指明诠释学方法论在对科学的分析层面明显优于建构主义社会学。

建构主义社会学在推进知识的社会性研究过程中，否定了自然界对科学知识形成的影响，特别是强调人工环境和非自然因素在知识生产中的绝对作用，并且认为知识的建构与社会文化密不可分，是人类社会实践和社会制度的产物，或者相关的社会群体互动和协商的结果。① 建构主义社会学者将托马斯·库恩《科学革命的结构》作为其思想来源与论据，因为库恩认为社会共识（consensus）决定了"自然"而不是自然决定了科学共识。② 顺延着库恩的这种思想，建构主义社会学学者提出了"协商"（negotiation）理论。

"协商"（又称协定、磋商）原指人们为达成一致而进行的正式谈判。通常被认为是指不同团体为获得经济或政治利益的目的而达成的一致。建构主义的代表柯林斯（Henry Collins）所强调的协商的受益者包括科学家群体及广泛的社会集团。他认为"只有通过社会构造，科学争论的'逻辑'才能得到支持。几乎没有科学家真正深入观察过争论过程中的其他观点——都是协定"。③

布鲁诺·拉图尔（Bruno Latour）尽管一再地变换其研究概念与研究进路，但是他的思想还是经常被冠以"建构主义社会学"的标签。④ 他思想中的成功协商范例体现于《科学在行动》一书之中。20 世纪初期，美国海军建造吨位更大、作战能力更强的战舰却时常在海上迷路，原因是传统的磁性罗盘由于处在四周都是钢铁的环境里而失去指南效果。斯佩里（Elmer Sperry）建议海军放弃磁性罗盘而改用陀螺罗盘。他在美国海军的资助下成功地改进了陀螺罗盘并应用于海军战舰，美国海军重新获得了海上霸权的能力，斯佩里的陀螺罗盘也成为轮船与飞机的重要仪器之一。建构主义社会学者认为斯佩里与美国海军之间就罗盘技术研发过程所做的交流就是协商的过程。此外建构主义社会学者认为协商可以适用于数学中。大卫·布鲁尔（David Bloor）1976 年出版的《知识与社会意向》一书对数学与逻辑学中的协商做了阐述。特别是当一般性概括出现与随后出现的一系列冲突的时候，就应该通过协商对原有论述重新定义或者对其的使用加以限制。比如在拓扑学的多面体欧拉

---

① Robert Audi, *Cambridge Dictionary of Philosophy*, Cambridge University Press, 1999, p. 855.

② 史蒂芬·科林：《巫毒社会学：科学社会学的最近发展》，刘华杰译，《哲学译丛》2000 年第 2 期，第 22 页。

③ 成素梅、张帆：《柯林斯的科学争论研究述评》，《沧桑》2007 年第 2 期，第 133 页。

④ 王阳：《拉图尔的理论定位》，《哲学动态》2003 年第 7 期。

公式中，P 是一个多面体，V 是多面体的顶点个数，F 是多面体的面数，E 是多面体的棱数，X（P）是多面体的欧拉示性数，则满足 V + F - E = X（P），当且仅当在简单多面体中，X（P）为 2，如果多面体同胚于一个接有 h 个环柄的球面，那么 X（P）= 2 - 2h。欧拉示性数是拓扑不变量，多面体的定义就是在这样的协商中完成的，通过协商过程完善欧拉多面体公式的适用条件。

协商理论在英美国家获得较高的认同度，而持有科学诠释学观点的人们所关注的是建构主义社会学的协商理论如何应对科学工作中产生的分歧，恰当地处理各种理论之间的关系，并且在过程中是如何发挥协商作用的。他们更倾向于使用"对话"的方式来代替建构主义社会学者的协商理论，包括用以阐明前理解的存在及理论与前理论之间的碰撞及融通的过程。

此外，建构主义社会学者也在关注着实验中存在的循环，与科学诠释学对诠释学循环所做出的论述不同的是，建构主义社会学者将其描述为"实验者的回归"。经典著作《改变秩序》一书中，柯林斯通过对韦伯（Joseph Weber）引力波探测的实验的思考，提出"实验者的回归"（the experimenter's regress）概念，即"一个原始实验是否成立取决于实验结果 r 是否为真，r 是否为真需要通过重复实验的检验者用适当的仪器来加以检验，而检验者的能力和仪器的适当性需要用其实验结果 r′ 是否为真来衡量，但是我们又不知道这个检验的测量结果是否是真的，r′ 是否为真取决于 r 是否被相信为真……如此无限回归循环"[1]。正如柯林斯在跟踪引力波实验时所发现的那样：科学家要探测引力波，首先要知道引力波是否存在；要知道引力波是否存在，就要知道实验操作是否得当；要知道实验操作是否得当，就得看实验是否得到了正确的结果；然而，结果是否正确又要取决于引力波是否存在。[2] 夏平（Steven Shapin）在《利维坦与空气泵》中对实验者重复实验操作的分析再度诠释了实验者回归的思想，中微子研究过程按照这种方式可以表述为实验客

---

[1]　何华青、吴彤：《实验的可重复性研究——新实验主义与科学知识社会学比较》，《自然辩证法通讯》2008 年第 4 期。

[2]　H. Collins, *Changing Order*, University of Chicago Press, 1992, p. 84.

体与仪器设备之间的互存关系。即为了获得实验的正确数据，我们必须适当地使用仪器、操作得当；为了检验是否正确使用仪器并操作得当，就需要根据实验是否得到了正确的数据。那么，那些持传统科学观的人主张用可重复性实验来确定科学知识的观点，就得不到有效的结果。无论是柯林斯还是夏平都认为，如果想要打破这种回归使科学研究实现突破性的发展只有依靠社会协商机制等等非科学因素的介入。

关于"实验者的回归"观点，持科学诠释学观点的学者们认为，由于存在意义的理解，这种"回归"或"循环"必定存在，因为理论和实验是诠释世界最科学的方式，这种循环证明了前见所在。

在针对太阳中微子研究的解释中，建构主义社会学的协商理论显露出其弱点。比如说，20世纪60年代开始，科学家就开始测量抵达地球的中微子的数量，然而得出的结果仅为根据太阳活动理论算出的结果的几分之一，探测结果与理论推算值不符意味着当前的太阳活动理论或中微子理论至少有一个存在着问题。那么按照社会建构主义的协商理论，这个问题是可以避免的，因为只要依靠协商理论来协调，平衡结果与理论之间的数值关系就可以解决这个问题，但事实并非如此。建构主义社会学的协商理论所暴露出的缺点是因为建构主义社会学者过分强调实验本身是解决争议、达成共识的过程，过分强调实验结果是协商出来的。之所以说科学诠释学的分析要优于建构主义社会学，是由于建构主义社会学关于协商理论的阐述本身就不够严谨，建构主义社会学的科学观对科学知识客观性的怀疑态度是不可取的。尽管当代科学的发展特征考虑到主观性因素的介入，但是常规的科学研究的理论与数据获得仍旧遵循着真实、严谨的思路，在一定的逻辑性基础上通过专业性的研究方法一步步求证出来，并且可以通过多方理论证明。

其实，协商性质不同是不可以同等对待的。按照其对协商理论的阐述方式，我们可以提出这样的疑问，巴赫恰勒说服戴维斯加入太阳中微子的研究是一种协商，这种协商是针对太阳中微子研究的实验结果的；而在戴维斯加入到实验研究中之后，听取他人建议研究中微子的过程中与他人进行的协商则是针对具体的实验过程的，这两种协商可以划归为一类吗？当然不可以，因为科学实验的结果与复杂的实验过程中的协商是两码事，社会建构论将这两种性质的协商混为一谈，这种协商的随意性会成为理论阐述的最大失误，并且非常容易受到反对者的批判与攻击。

所以，虽然协商这种社会过程存在于科学活动中，"但这并不意味着科学知识是由社会条件决定的，而可能是由科学家认识战略失误导致的"①。并且由于建构主义社会学者刻意强调社会性因素对知识形成的制约，使他们意识不到科学家长时间不间断的努力、探测与观察设备改进、新数据的获得等非社会因素对科学研究本身所形成的影响。建构主义社会学者对协商理论进行了辩护，他们认为人们所需要掌握的是真理观的用法而非意义，真理可以给人们提供庇护，使其不受急速发展的他类项目及其倡导者湍急思想的影响，又使用非真理打开分析世界的门户，但是真理的使用取决于人们的目的与意图，所以真正的研究核心在于研究主体对什么是真的、什么是建构出来的双方面的清醒认识。

建构主义社会学者对协商不假思索的滥用，造成了所有活动都与社会兴趣关联起来这样一种后果，形成这种后果的危害就是同化了不同种类的活动，并将其全部冠以"社会的"标签。虽然科学工作"始于与某种具体情境关联及对此情景的深刻理解"，② 但是在复杂的实验中，协商的确起着一定的作用，但是该作用仅限于科学家之间的配合与协作之上，整个常规研究中的实验操演——包括实作的程序与实验的结果——则不能依靠建构主义社会学的协商理论。

面对"协商"理论普适性的扩张，人们必须保持清醒的态度对其批判与发扬。协商理论把任何活动都与社会因素牵系在一起并冠以"社会"之名，过分强调了非科学因素在科学研究中所起的作用，使人们把协商的结果当作唯一的、客观性的科学解释，使"真相变得模糊，把科学神秘化"，③ 成为人们认识和评价错综复杂的科学进程的绊脚石。通过对社会建构论与现象学、诠释学词汇并行比较，还是坚持使用诠释

---

① 胡杨：《强纲领的建构与解构（上）——兼论 SSK 研究纲领的转向》，《哲学动态》2003 年第 11 期。

② R. P. Crease, *Hermeneutics and the Natural Sciences*, Dordrecht：Kluwer Academic Publishers, 1997, p. 259.

③ Ibid., p. 8.

学词汇更适合对科学研究做出具体分析，因为在对自然科学的描述中，它更具有前瞻性。①

（三）科学诠释学与认知科学

> 哲学家对物质世界基本看法的改变，令科学家察觉到人类感觉器官的惊人限制。
>
> ——林肯·本奈特

认知科学从与以往科学哲学与社会学研究所不同的角度论述了科学具有诠释学的因素。广义的认知科学是以行为与智力研究为主的针对动物体大脑与信息如何进行表征、传递与转换的研究，包括语言学、神经科学、人工智能、哲学、人类学与心理学等众多学科，它涉及的范围相当广泛，从低阶的学习阶段到高阶的逻辑与规划的决策机制，从神经系统的闭合回路到大脑组织。总体来说，认知科学研究可以描述为思维通过精神的表象结构及基于这些结构上的运算程序操作对事物得到更完美的理解。②

当今认知科学的迅猛发展最大限度地证明了人们对科学进行诠释学分析的合理性与必要性。特别是对人类认知系统构成封闭循环的相关论述，从理论上证明了人类头脑中的世界与自身经验不可分割的关联性，这样人脑的认知过程被视为是一种自我表述的过程，观察者的所有陈述都是关于观察者本身的陈述。人类对世界所产生的认识是通过感觉而对实在的描述进行必要的修整之后产生的，并且对物体的感知及所谓的客观性是大脑认识系统的本征行为表现。比如说，二阶事理学创导者美国人福尔斯特（Heinz von Forester）在受到相对论和量子力学思考及表述方式的启发之后，开始非常注重主体角色及产生的相关效应，他将人类认知活动形象地比喻为"一个大脑被要求写出大脑的理论"，从他的观

---

① R. P. Crease, *Hermeneutics and the Natural Sciences*, Dordrecht：Kluwer Academic Publishers, 1997, pp. 259, 100.

② Thagard Paul, *Mind：Introduction to Cognitive Science*, Edward N. Zalta（ed.）, 2nd Revised Edition, MIT Press, 2008.

点来看，人的大脑本身功能就与控制论相关，若要做出关于大脑的理论，则必须将研究者本身的大脑活动因素考虑进去。[1]

与大脑理论相关的认知科学之所以可以获得控制论者的关注是由于，从微观角度来讲，人脑可以被认为是一个复杂的自动控制系统，人对物体的感知是大脑神经系统的本征态表现，它具有高度复杂性与封闭性的特点。它的高度复杂性表现在人脑中数亿的基础活动单元——神经元及其之间结成的关系网；封闭性表现在任何人头脑中所认定的事实都是其自身认知系统运算的本征态，与其自身经验密不可分。所以，人脑可以被理解为是一个复杂的相对封闭的认知系统，认知过程是通过神经元的逐层运算得到的，可以用一个递归函数进行表述，认知行为也可以理解为生命体中的神经系统将自身组成一种状态，从而稳定地捕捉外部现实计算成的稳定态的多层级运算的动态过程。[2]

在认知科学中，有关大脑的功能和构造是众多研究中最具有挑战性的课题，因为人们的所有活动本质都可以还原到大脑对信号进行加工与处理的过程。格式塔心理学家认为人的大脑视觉中心视皮层是一个电化学力场，视皮层中局部刺激点之间有力的相互作用。[3]　人类感知、情感及体内活动等都要受头脑中电化学等因素的影响。对于以人脑为客体对象的研究来说，人脑既是需要解释的研究对象，又是产生解释的主体，它同时具有主体性与客体性的特征，那么无论是作为热力学定义域内的，还是作为控制的、学习的、演算的与信息贮存、处理与创造的器官，人脑都表现出了自我组织和自我理解的特性。所以，人脑是诠释学的器官。[4]

由于人脑是一个复杂而庞大的系统，所以人脑产生的思维与认知过程也是复杂的过程。哲学意义上的大脑所产生的认知经常被冠以一元论或二元论的标签，但是这种概括并不适合使用在大脑的生物学概念范畴

---

①　胡继旋：《对理解的理解：介绍海因茨·冯·福尔斯特及二阶事理学（二阶控制论）学派》，详细内容参见 http://www.wintopgroup.com/readings/articles/foerster.pdf。

②　同上。

③　韦太默：《对运动事物的观看》，《心理学杂志》1912 年第 1 期，第 161—265 页。

④　Péter érdi, Ildikó aradi, *The brain as a hermeneutic device*, Márta Fehér, Olga Kiss and László Ropolyi, Hermeneutics and Science, Kluwer Academic Publishers, 1999.

中。在诠释学的意义基础上，哲学概念范畴中的大脑的思维与生物学概念范畴中作为器官的大脑在某种程度上是可以调和的，由于大脑既是解释对象其本身又是解释者，所以在关于研究人脑的理论中，传统的主、客体及它们与人脑理论之间的关系可以用自我相关性（self‑reference）来解释，这种自我相关性又涉及自我控制、自我观察和自我描述，所以它可以用来解决主、客体二分的困境。并且人脑神经科学研究表明，人脑在接受外界信号时，"各种感觉得到的神经脉冲信息在进入大脑之前和之后都受到了肆无忌惮的加工（或者叫做歪曲），这些信息被变换、被分割、被取舍、被重组，这些处理不管按照什么原则进行，至少有一点可以肯定，即这些处理不是按照'高保真'的原则进行的。"[①] "观察者必然要对他所感知的材料加以整饬，因为他从原始材料中不会得到关于自然界物体或过程的稳定的和全面的记录"，[②] 所以我们说，这种认知过程及大脑的活动都具有诠释学的因素。

近年来，关于人脑研究的各式学说层出不穷，比如同步振荡说认为意识是被感觉调转而成的，是大脑的"内在"状态，而且是大脑中的神经元共同协作而体现出来的一种功能态，而不是感觉刺激的一个"反应物"；动态核假说 DCH（dynamic core hypothesis）则强调神经系统在意识活动发生时体现出高度的整合性与分化性。不仅如此，美国神经生理学与控制论家麦卡洛赫还给出了人工神经网络的概念及人工神经元的数学模型，从而开创了人工神经网络研究的时代，他创立的实验认识论（Experimental epistemology）的观点认为知识是通过观察者自己以及环境的沟通形成的，并从神经生理学的角度研究了人类感知与思想的产生缘由，以及人类大脑作为一种"诠释的器官"是如何对身体进行适当调节及知识究竟是如何形成的，并用控制论的观点研究人类"认知"和"感知"的操控。[③] 前庭动眼反射机理就是神经控制的简单的例

---

①　赵南元：《认知科学揭秘》，清华大学出版社 2002 年版，第 98 页。

②　李醒民：《科学事实和实验检验》，《社会科学战线》2009 年第 11 期。

③　Mcculloch W, *A historical introduction to the postulational foundations of experimental episte-mology*, Embodiments of mind, Cambridge, Mass, MIT Press, 1965. 转引自万百五《控制论创立六十年》，《控制理论与应用》2008 年第 4 期。

子，如图5—1①：它根据眼球运动的神经回路，通过一种主动补偿视觉误差的方法，使影像在视网膜上维持稳定。例如，在盯住一个物体的时候，头部若朝某一方向运动，眼球则会朝该方向的反方向移动。

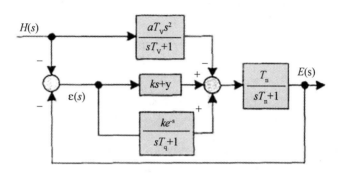

图5—1 眼球前庭动眼反射控制系统简化结构

从宏观的角度分析，人类认知过程的复杂性与认知过程中各个因素的参与也可以用闭环控制系统函数进行说明，如图5—2。该闭环控制系统中，当扰动信号N（s）=0时，该闭环传递函数表达为：

$$\Phi(s) = \frac{C(s)}{R(s)} = \frac{G_1(s)\,G_2(s)}{1 + G_1(s)\,G_2(s)\,H(s)};$$

同理，人类认知过程也可以使用该闭环控制系统来做出说明：输入信号R（s）与输出信号C（s）的比值可以指代人类个体接收的经验性知识及对该信息的理解输出，前向通道传递函数G（s）指代知识的授习过程中各种客观性因素，例如文化环境、教育背景、语言等，反馈通道传递函数H（s）则用来指明个体的理解力与对知识的掌控能力，当扰动信号N（s）（这里我们可以将它理解为科学革命或者颠覆性的科学理论与知识）可以忽略不计的时候，认知系统的传递函数，可以使用上述闭环传递函数 $\frac{C(s)}{R(s)} = \frac{G_1(s)\,G_2(s)}{1 + G_1(s)\,G_2(s)\,H(s)}$ 来做出说明：

① 图片来自李恒宇等《基于眼球前庭动眼反射的机器人视觉误差主动补偿方法》，《机器人》2011年第1期。

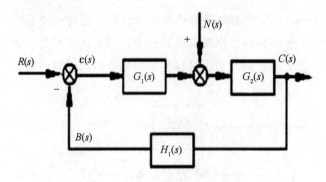

图 5—2　闭环控制系统典型结构

由于个体认知不同，个体理解力与领悟力存在差异，所以用自动控制传递函数描述的认知过程表示的知识的输出与输入的比值也不尽相同。

此外，关于人脑的隐喻功能及知觉的诠释学特征早已被学界所认可。电极电路、全息摄影与电脑等仪器都被视为大脑的隐喻体或隐喻模型显现。[1] 此外，科学研究人员通过超级计算机模拟宇宙与相关运算方式，证明了加速膨胀的宇宙中，描述大尺度时空结构因果关系网络的曲线图，是一个具有显著聚类特征的幂函数曲线，它和许多复杂网络如互联网、社交网、生物网络等惊人的相似。按照非线性科学的分形理论来讲，宇宙的某些局部和过程与整体相似。近日，美国加利福尼亚大学圣地亚哥分校超级计算机中心互联网数据分析联合会的德米特里·克里奥科夫说：虽然不能直接说宇宙就是一个大脑或一台计算机，但人们经过研究发现宇宙的发展演化和复杂网络具有等效性。也就是说还存有某种人们还未曾料到的相似法则控制着这些完全不同的复杂系统的动态演化。即不同的真实网络之间的结构和动态发展上具有相似性，这表明或许存在某些能够准确描述该网络发展动向的宇宙法则。[2]

从诠释学维度进行分析，与大脑这个开放性的复杂系统密切相关的认识过程具有诠释学特征，它体现在以下几个方面。首先，认知的过程

---

① Márta Fehér, Olga Kiss and László Ropolyi, *Hermeneutics and Science*, Kluwer Academic Publishers, 1999, p. 183.

② 详细内容参见中国科技网（http：//www.stdaily.com/kjrb/content/2012 – 11/22/content_ 543437. htm）。

是动态的、自我超越的自组织过程，是不同视域之间既竞争又协同的交融结合的后果；其次，认知的飞跃不是线性的、机械的增长过程，而是包含了前理解与前见的由知识能力结构与驱动调控结构组成的整体在视域交互作用中产生的整体涌现性表现出来的；① 再者，科学研究相关经验获得的基础是人类知觉行为，而人类中枢神经系统具有诠释学性质，所以人类知觉行为也具有诠释学的特征。从整个科学研究进程来看，科学研究活动是与知觉行为相关的诠释学活动，人类主体面对自然而产生的知觉行为就好比诠释学中的读者面对文本一样。

　　认知科学与科学诠释学关于对主体性的考察建立在同一个研究基础之上，认知科学是从生物体特征入手对其进行考察，而科学诠释学则建立在人类活动中的主体性与主观因素的重视之上，只是对它们进行的论述相对保守一些。特别是，当科学诠释学将研究对象从单一的文本扩大到科学整体之后，更应该在自我批判的基础上将诠释学对理解的主体特征的重视普及开来，并且需要密切关注其他哲学思想中蕴含的诠释学因素，从而完善自身的理论建设。比如萨特（Jean Paul Sartre）对主体性的恢复在于强调世界万物由于主体存在而存在，他说："我们的每一种感觉都伴随着意识活动，即意识到人的存在是起'揭示作用'的，就是说由于人的存在，才有万物的存在，或者说人是万物借以显示自己的手段……我们每有所举动，世界便被披示出一种新的面貌。这个风景，如果我们弃之不顾，它就失去见证，停滞在永恒的默默无闻状态之中"；② 卢卡契（Georg Luacs）在《审美特性》第二卷第七章中明确提出"没有主观就没有客观"、"在接受主体里唤起一定的经验"的恢复主体性的论断；③ 另外，关于认识论的逆境模型论述了认识主体对客观世界的把握是形成在认识主体中的虚像，它表现为"客观世界在认识主体中的世界像镜面背后的投影"；④ 再有，为了解决主、客体性二分

---

① 赵光武：《哲学解释学的解释理论与复杂性探索》，《北京大学学报（哲学社会科学版）》2004 年第 4 期。

② 柳鸣九：《萨特研究》，中国社会科学出版社 1981 年版，第 2—3 页。

③ 刘秀兰：《论卢卡契的"没有主观就没有客观"》，《中国人民大学学报》2000 年第 4 期。

④ 赵南元：《认知科学揭秘》，清华大学出版社 2002 年版，第 96—100 页。

的困境，罗斯勒（Otto E. Rössler）内生理论的提出论证了传统认知的局限性，他提出将世界用"外生的"（exophysics）与"内生的"（endophysics）两种方式来描述，而内生理论的核心观点就是强调身处世界环境中的观察者如何影响与限制了观察的过程；[①] 帕斯克（Gordon Pask）在他的"对话理论"（Conversation Theory）中首次针对物理性个体（M-individual）而提出心理性个体（P-individual）概念，它的内涵就是存在于单个或多个个人之中的一套基本完备的、彼此相容互不矛盾的概念系统。物理性个体与心理性个体这两个概念的要点在于：在一个物理性个体（的头脑）中，有可能存在不止一个心理性个体，如一个人有可能同时拥有两个或若干个互相矛盾的概念系统——不同视角的观点，相互矛盾的立场，甚至双重人格等等，而同一个心理性个体则有可能共存于许多个生理性个体之中。[②]

由此看来，任何单一领域获得的成功都不能意味着它们可以完美地诠释有关生命体的理论，因为生命体的复杂性使得它们拥有使用各自独特的语言来进行描述的方式，所以庞大的生命系统的复杂性不可能归结为用统一的物理的语言来描述，而诠释学的自我反身性（self – reflexive）解释与诠释学循环规避了传统的主、客二分形式，将主体纳入诠释学循环的语境之中，为生物学的研究提供了有效的解释方法。从人类大脑的生物学功能研究伊始，排除相对的客观因素的影响，把握知识产生的本质问题是大脑系统的本征表现，科学诠释学维度对认知科学的分析正是拨冗存简地把握了事物本质，实现了真正的现象学还原。

二 当代科学理解中的科学诠释学

伽达默尔在《哲学诠释学》中曾经指出：现在的问题是面对近代科学的存在，我们怎样保证我们存在所具有的诠释学条件的合法性，因为近代科学同不带倾向的无偏见的原则相一致……诠释学的问题，如同

---

① 详细内容参见 http：//en. wikipedia. org/wiki/Endophysics。

② 详细内容参见 http：//www. wintopgroup. com/readings/articles/taiwan_ paper_ c. php。

我已经加以阐明的那样，并不局限于我开始自己研究的领域。我真正关心的是拯救一种理论基础，从而使我们能够处理当代文化的基本事实，即科学及其工业的、技术的利用。其实，我们从其后期著述中已经看出，伽达默尔的诠释学思想已经有向自然科学的诠释学分析扩张的趋势，他也已经意识到诠释学介入当代科学务必保持与其发展步调相一致。

(一) 科学理解特征的多元化朝向

尽管习见知觉形式带有局限性，我们却绝不能废弃这些知觉形式——它们濡染了我们的全部语言，而且一切的经验归根到底必须借助于它们来表达。恰恰是这样一种情况，就在根本上使得所讨论的问题具有了普遍的哲学兴趣。

——尼尔斯·玻尔

从上节的论述中，我们对认知行为有了一个初步的认识，它是最直接和最简单的，是人们通过身体在具体的情境中对世界的整体体验和感知，先于对被感知物体的纯概念的规律性的把握。知觉行为从知觉对象那里获取直观信息、摄取意义，是感觉和感觉经验构造起来的关于客观对象表象的直观，是世界呈现的一种状态。正如梅洛—庞蒂所说："我所知道的，也是通过科学所知道的关于世界的一切，是根据我对世界的看法或体验才被我了解的，如果没有体验，科学符号就无任何意义。整个科学世界是在主观世界之上构成的，如果我们想严格地思考科学本身，准确地评价科学的含义和意义，那么我们应该首先唤起对世界的这种体验，而科学则是这种体验的间接表达。"①

现代文化的特征之一就是自然科学对视知觉的热衷。无论是人类经验的模拟，还是人类将无法直观的事物转译成的视觉图像，它们都具有可视化的特征。例如，心脏本身的生物电变化会反映到体表，使身体各部位在每一心动周期中也都发生有规律的电变化活动。医学中使用的心

① ［法］梅洛—庞蒂：《知觉现象学》，姜志辉译，商务印书馆2001年版，第3页。

电图就是将测量电极放置在人体表面的一定部位，经过前置、后级及功率放大器和记录器，通过描笔的频率响应用来推动描笔而记录出来的心脏电变化曲线，从而将心脏的生物电变化变得"可视化"起来，以便读出数据。再如，在一张 CT 扫描图中，正常的器官是以灰像素表象出来，灰色阴影呈现器官的轮廓，如果出现钙化情况，则会呈现出奶白色，医学工作者通常凭借这种"可见的"颜色的相异来诊断病情。

关于直接的视觉感知经验，我们追随感知心理学家鲁道夫·阿恩海姆（Rudolf Arnheim）视知觉体验描述便能得到更明晰的体会。他是这样阐述的：当人们进入一座哥特式教堂，站在走廊当中向神坛方向张望，会感受到教堂内部的深度。人们既可以看到两侧廊柱之间高低相等、位置平行，又会看到廊柱向着以圣坛为中心的没影点（vanishing point）聚集的线条。就像人们站在空旷之处向远处眺望，视觉范围向无限远的方向汇聚成一个点，那么视觉空间就仿佛一个巨大的金字塔形状，按照这种理论，视觉空间中的直线则变成物理空间的曲线，视觉空间中的曲线又与物理空间中的直线相对应。这种现象在艺术品的创作中早已经被应用，例如透视画法。

我们在长期的关于视知觉产生过程的理论争论中概括出两种主要观点。一种观点是初期特征分析理论，该观点认为视觉系统从外部环境中平行自动地把刺激物体的可分离的特征抽取并分离开，并将抽取的特征结合，通过这种局部的整合进而形成整体的知觉；另一种观点是根据陈霖院士在 1982 年的《科学》杂志上提出的"拓扑性质初期知觉"理论，他认为人类视知觉过程是从大范围拓扑性质开始的，视觉的本质是涌现与突变，将低级无序的信息转变为高级有序的信息，并把自然的外界刺激转变为可以被人理解的特征。同样，这种信息的抽取、整合过程也存在于听觉知觉过程当中。[①] 而根据物理学家对人眼观察物体的描述，视觉信息的获取是物体经过光线照射后反射出的光线经过晶状体投射在视网膜之上，发光物体或物体经过光线照射反射出来的光线通过角膜、房水，从瞳孔进入，再经过晶状体的折射，通过玻璃体到达视网膜，刺激视网膜上的感光细胞产生兴奋，这兴奋经视神经传导到大脑的

---

① 方福康：《神经系统中的复杂性研究》，《上海理工大学学报》2011 年第 2 期。

视觉中枢产生视觉，这个过程好比照相机的成像原理。无论如何，人类视知觉远不是像照相机那样机械的被动成像，而是一个具有理论荷载的主动过程。

无论是从视知觉的感官性分析还是理论性分析中都可以得出这样的论断，由于理论的着眼点和研究意义基础的不同，加之语境因素的影响，所形成的视知觉表达方式是不同的。也就是说，人类的视觉经验呈现多元化的方式，因为人们对事物的观测通常都是在两种角度之下：作为日常的/非欧的方式以及科学研究层面的科学的/欧氏的方式。并且，经验与前见隐含在对视觉空间的前理解中。作为日常空间/非欧空间一般被认为由人类原始的视觉知觉构成，与人类生命文化结构休戚相关，是人类感官意识状态下观察到的事物的直接体现，与其相关的阐述大多关注的是一种意义、理念与象征性；而科学的空间/欧氏空间则建立在近代科学的精确科学测量基础之上，有关其阐述则大多关注实际的科学测量数据，并且由于人类感知是二元甚至是多元化的，所以人们经常从不同的角度去观察，一种是科学的角度，一种是日常的角度。"科学的"观察角度是关于科学几何学测量基础上的，它更注重测量过程的客观表达，关注几何学的数字符号与概念，是欧式几何学的潜在论证；日常的观察角度通常会受到其他因素的影响，是无意识状态下直觉观察的结果，它的描述注重意义的表达，更注重生活世界中的观察对象如何达到艺术感染的方式。在这种情况下，前见的存在不言而喻，如果从几何学和诠释学的维度来理解的话，我们可以认为两种观察方式都具有不同的前见，并且有不同的语言表达方式。前见存在于对多元化视觉空间的表述中，例如日常生活经验中的空间知觉结构就是有限的双曲视觉空间（hyperbolic visual space）。①

比如，当人们以传统的科学角度观看图5—3，按照以往我们获得的几何学的知识，两条直线将在不远处汇于一点，两条直线之间的平行线互相平行且不等长；当我们变换角度，从日常的经验出发，这个图像似乎很熟悉：这种情形就像一个人站在笔直的铁轨中央向远处眺望。我们清楚地知道，两条铁轨是平行而不交错的，并且枕木之间的位置关系

---

① 范岱年：《P. A. 希伦和诠释学的科学哲学》，《自然辩证法通讯》2006 年第 1 期。

图5—3　铁轨的平行透视画法

是平行的且长度相同。我们的头脑中之所以出现这种理解方式，就是由于欧式空间与非欧空间的观察研究角度下的观察有各自的理论与经验背景，它作为一种前见被带入到观察中，通过不同角度观察到的事物以及从中得到的经验知识会影响后来的判断。同一物体在两种空间中表现出了不同的方式，表达着不同的意义。科学研究的欧氏空间的客体与多样的公众项直接相关，而日常的非欧空间的客体与多样的感官项相关。尽管出现两种不同的视觉感觉，但是人们对两种情况的叙述却使用了同一种语言，都是在以往经验的基础上使用日常语言做出了描述。

视知觉多元理解特征之下的事物描述呈现出不同的特征说明当代科学的理解特征呈现了多元化发展，它综合了自然科学研究与诠释学的双重维度，在这种情况下，我们可以用诠释学的分析方式做出说明，即不同维度下的观测结果与阐述方式都是荷载着文化与实践的因素。从而需要指明的是，科学的前见（测量设备的具体条件）和非科学的前见（人类生命文化的因素）通常在经验中互相干涉，关于现象学"回到事情本身"的观点就是双重性的，像量子物理中的不确定性原则与互补性原理一样。[1] 从存在论角度上，它是指人类经验者与环境或世界的关联，而发生内在关系的双方都在这种相关性中得到了转化。[2]

所以，我们说绝对中立的观察与理论在现实的生活世界中几乎不存在，因为观察与理论的形成无一不是在前见的操控之下。如多米诺错觉（如图5—4），上图中我们可以看到一个凸起的点和五个凹陷的点，而下图则刚好相反，其实下图只是将上图倒置之后观察到的图像。为什么

---

① R. P. Crease, *Hermeneutics and the Natural Sciences*, Kluwer Academic Publishers, 1997, p. 288.

② ［美］唐·伊德：《让事物说话——后现象学与技术科学》，韩连庆译，北京大学出版社2008年版，第29页。

我们会形成两种答案？是我们的判断
出现了失误吗？之所以出现这样的现
象，是由于人们对凸出与凹进的判定
是通过阴影部分的位置而做出的。数
百万年来，与地球生命系统融为一体
的人类只拥有一个光源，那就是来自
头顶上方的光源——太阳，于是人们
自然而然地认为有阴影的部分就是下
方，从而形成了凸出与凹进的判定。那
么，光源在上构成了人类认知过程中的
先验知识，它的形成是由大脑经历数年
的进化固化下来的。那么，"光源来自
上方"成为我们经常忽略了的认知之

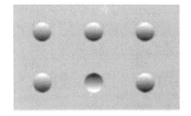

图5—4　多米诺错觉

先验条件，是一种影响主观判断的知觉
的"前见"，这种前见是人类存在的基础，且只要人们生活在地球这个生
命系统中，这种前见就无法从人类的经验中剔除出去，糟糕的是我们却
不曾意识到。①

　　基于科学理解特征的多元化发展方向，人类关于空间的视知觉变换
也成为了诠释学关注的热点。伊德认为科学的观察基础的视知觉图像转
换与现象学的变更一样，通过工具实现的科学观察就是工具的现象学变
更，他运用现象学的变更概念，严密地对图形的多元化视觉做出分
析，② 按照他的分析思路与文字说明，观察者可以很熟练地感受到这种
视觉变换所带来二维图像在三维空间的倒转的神奇效果。如图5—5，
这是一个内克尔立方体，我们在观察它的时候，不自觉地对这个图形所
表现出来的放置位置做出判断，我们或许会把它想象成为中间的放置情
形，也可以经过视觉的角度变换，把它想象成右边的放置情形。

----

①　Chris Frith, *Making up the Mind：How the Brain Creates Our Mental World*, Blackwell
Pub, 2007, p. 129.
②　［美］唐·伊德：《让事物说话——后现象学与技术科学》，韩连庆译，北京大学出版
社2008年版，第29页。

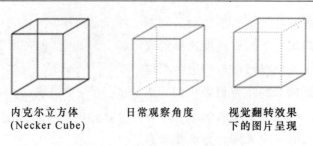

内克尔立方体 　　　　日常观察角度 　　　　视觉翻转效果
(Necker Cube) 　　　　　　　　　　　　　　下的图片呈现

图5—5　内克尔立方体三维图形

　　这样，立方体的放置位置呈现了两种状态，一种是坐落在平面上
的，一种是空间中朝向右上方的位置，之所以我们更容易将其看成是坐
落在平面上的情况，是由于我们对立方体平放的位置图像比较熟悉。但
是由于先验知识的存在，使得我们对内克尔立方体的放置位置与放置方
式可以做出二义的甚至是多义的文字描述，这就是一种视觉翻转效果呈
现。当人们认识到这是一种视觉翻转效果之后，马上提升了这种认知，
并与当代的技术建立起联系，之后拓展运用到实际生活当中去，比如现
代医学核磁共振研究中就已经使用内克尔立方体的知觉翻转效果。另
外，人们发现运用触觉错觉可以更好地揭示感官认知的内部机制，特别
是触觉感觉的研究开发与人们的生活密切相关，例如触感技术屏幕在电
话、液晶显示屏幕的应用就非常普遍。

　　综上所述，视觉翻转效果的出现原因就是人类前见的存在，是因为
人们事先对立方体有一个整体的理解，并且在几何学的经验之上，对不
同角度下的立方体的观察经验构成了图像的转换效果。关于前见在诠释
学的理解中具有的重要意义，海德格尔认为从事情本身出发来处理前
有、前见和前把握就是为了确保论题的科学性，他基于本体论的目的对
诠释学循环进行分析从而推进理解前结构的论述，而伽达默尔则通过对
启蒙运动对前见贬斥的批判，指出前见是理解的条件，一切理解必然包
含某种前见。由此可见，人类在日常生活中所体会到的经验现象的组成
因素，都与现象的其他表象相关联，每一部分具有的特性总是与整体和
其他部分相关。

　　"现代科学告诉我们，人们的感官在接受外界现象的信息时，要发
生一系列物理的、化学的、生化的、生理的、心理的过滤、选择、同

化、整合等过程，才能获得某种感觉印象。这些本能的、无意识的以及有意识的形成感觉印象的过程，已经混入了先验的和后验的非中性成分。把这种感觉印象用语言表述出来，才能形成可交流的事实的陈述，而陈述事实的语言本身也不可能是中性的。"①

（二）多学科间的交互与干涉

近年来，越来越多的西方科学哲学家开始注重从诠释学维度对科学进行分析，建立稳固的科学诠释学思想已渐成共识。"最受人关注的是利科（Paul Ricoeur），他一直坚持'诠释学是一种哲学而非方法'的主张，少数受欧洲大陆思想影响的哲学家（希伦、伊德、基西尔、科克尔曼斯）等人具有科学与现象学—诠释学的双重背景……科学哲学家劳斯也在有效地利用诠释学的理论。"② 乔治·坎姆比斯（George Kampis）则认为，受根深蒂固的诠释学先哲们对诠释学的分析因素影响，诠释学很难作为一种方法直接介入到自然科学研究中去，除非将诠释学重新解读为与信息的获得、处理和增殖相关的行为方式。他将当代诠释学理论核心内容简要概括为以下几点：（1）有公开的会发生演变的信源；（2）整个过程中有历史因素；（3）关键要素是有一个定性的而不是定量的属性；（4）存在某种程度的循环。③ 坎姆比斯标新立异的论述撇开了将诠释学适用于人造意义、人类语言等论断的老生常谈，因为若仅如此，诠释学只能在一定的界限范围内被人们勉强地接受，比如说仅限于科学家的实验室活动中，或者局限于言语解释与原理论层面上科学语言的研究（例如：专业术语）。概而言之，这种观点基础上的诠释学方法论在自然科学中的地位并不能获得有效提升，诠释学

---

① H. Margenau, *Ethics and Science*, *The Search for Absolute Values*: *Harmony among the Science*. Volume Ⅱ, Proceedings of the Fifth International on the Unity of the Sciences, New York, The International Culture Foundation Press, 1977. 转引自李醒民《科学事实和实验检验》，《社会科学战线》2009 年第 11 期。

② R. P. Crease, *Hermeneutics and the Natural Sciences*, Dordrecht: Kluwer Academic Publishers, 1997, p. 2.

③ Márta Fehér, Olga Kiss, László Ropolyi, *Hermeneutics and Science*, Dordrecht: Kluwer Academic Publishers, 1999, p. 157.

虽然被认为是科学的，但由于不能成为科学中的主体而无法获得较高的认同度。

用诠释学的方法来理解科学并非始于当代科学研究，从西方分析的科学哲学思想占据主流地位之后，就已经有学者对科学的客观性提出质疑，并且有从诠释学层面对科学进行解读的趋势。到了 20 世纪初期，对科学进行诠释学域面上的定义就已经广泛传播开来。例如哥本哈根学派（主要成员包括玻恩、海森堡、泡利及狄拉克等人）对量子力学的最新解释就被誉为量子力学的"正统解释"，其一表现在海森堡不确定性原理（即测不准关系）的提出——海森堡认为经典物理学的意向对象外在于认识主体，物理客体服从因果律，具有程度上的经验可观性。量子跃迁是量子物理的基本概念，微观粒子的运动的不连续性使得测量两个彼此相连的变量遵循测不准原理，同时精确测量这两个变量就不可能，而量子力学中的自旋、不相容原理等与经典物理学不同，所以他采用了与经典物理学不相同的意向性结构，作为私人意向性行为的观察可以改变实在的物理呈现。对微观客体的行为和特性做出实验观测进而得出观测结果之间关系的规律需要依赖人工的帮助，这个过程中无法排除主体的干扰及主观成分的介入。因此量子理论是主客观要素的结合体，量子现象具有主体与客体的不可分性，人们观察到的并不是微观客体本身的行为，而是从宏观仪器上呈现出来的实验观测结果推断出来的结论。其二在于该学派提出的量子跃迁及其在哲学意义上的扩展——互补性原理和互补性的意向性结构。描述微观粒子的波函数是一种概率波，在宏观领域中成立的因果定律和决定论在微观领域不成立。从实验中所观测到的微观现象只能用通常的经典语言做出描述，微观粒子呈现波粒二象性佯谬是用经典语言描述的结果，因此经典语言描述的微观现象既是互补的又是互斥的。

现在，人们对于量子力学基于诠释学视角下的分析已经司空见惯，而在 20 世纪，这样的解读是具有开创性意义的。量子力学最大的特征就是其反直觉与反日常经验的，不确定性与非决定性、偶然事件或突发事件也会对研究的进程造成极大影响。而自然科学的诠释学分析不仅体现在量子力学领域，在生物科学中也可以找到很好的自然科学诠释学的适用。[1] 20 世纪之后的科学研究呈现了多元化的发展趋势，生物科学的蓬勃发展及新兴观点成为科学诠释学应用的最佳体现。物理学和生物学交叉的必然性也反映出人们对 20 世纪末期科学协同作用的普遍接受，物理学在生物学领域中的应用，不仅包括物理学技术、实验方法的应用，还包括物理学理论和物理学思维方式的应用，与生物科学相关的生物物理学及生物化学等新领域的探索也促进了生命活动的物理及物理化学过程研究，例如对生物大分子及大分子体系结构的分析就解释了生命活动过程中活跃地作用于大分子之间的甲基、酰基这样的基团、水分子和金属离子，在生物大分子相互作用时，不仅引发大分子的构象变化，并且自身参与其中，更重要的是，生物科学的很多例子为人们更好地理解科学诠释学思想提供了有力的支持。

诠释学分析在以往生物科学研究中的缺失就是由于没有考虑到诠释学在生物科学中所扮演的重要角色。其实，诠释学并不局限于生物学的研究工具，而是实际地存在于生物科学之中，诠释学因素相伴于生命肇始之时，生物科学的研究都可以认为是建立在诠释学分析的基础上，尽管该学科可能并未意识到诠释学在学科中的应用。对在生物学中的诠释学分析基于以下两点考虑：第一是人类交往、语言与文化中符号的使用；第二是这种生活符号学是科学诠释学的一种形式，生物学中对于生命的阐述是基于物理化学方法论的实验室产出，在庞大的原有概念系统覆盖下的有关基因的论述。[2]

如果考虑生物学中的诠释学因素，势必对朴素的唯物主义造成批判，而这种批判并非源自诠释学而是其内部领域，尽管听起来有些匪夷所思，但确如其实。例如群体遗传学的研究就是针对生物群体的遗传结构及其变化规律的科学，它的开创者之一霍尔丹（J. B. S. Haldane）的科学思想之一就是使用了统计学的方法研究生物群体中基因频率的变化规律，包括带来这些变化的选择效应与遗传突变作用、迁徙等因素与遗传结构之间的复杂关系，从而对达尔文的自然选择理论进行重构，

①　B. Babich, *Hermeneutic Philosophy of Science*, *Van Gogh's Eyes*, *and God*, Dordrecht: Kluwer Academic Publishers, 2002, p. 27.

②　Márta Fehér, Olga Kiss, László Ropolyi, *Hermeneutics and Science*, Dordrecht: Kluwer Academic Publishers, 1999, p. 157.

不仅补充和发展了达尔文遗传学说，并且促进了当代生物演化理论的发展。

宏观地说，遗传信息并不是只以物理的方式出现，而是以语境调制（contextual modulations）的主体形式出现，甚至最基础的代码系统也被认为是与生命过程相关，把其自身当成积极参与该过程的生物学产物。① 例如，线粒体中存在的交替遗传代码组提供了生物学与控制信息之间的相关性，这种遗传机制在今天仍旧被看作是重要的动态现象而不是作为简单的结构性质。坎姆比斯将其命名为"分子诠释学"（molecular hermeneutics）旨在表述生物学的某些现象。例如遗传工程中，生物复合体的结构从属于功能。在一些特殊的刑事案件使用生物技术手段的过程中，通常也存在着后天条件对先天个体的影响。例如同卵双胞胎的 DNA 相似度非常高，在区分上有很大困难，这种情况下，可以通过"抗体库基因差异"法进行区分。因为哺乳动物在出生之后，由于生活在一定的环境中，即便是同卵双胞胎，由于后天生活环境的差异也会导致个体随着环境形成自己特有的抗体库基因。除此之外，大量研究表明，DNA 甲基化（DNA methylation）能引起染色质结构、DNA 构象、DNA 稳定性及 DNA 与蛋白质相互作用方式的改变，从而控制基因表达，是最早发现的修饰途径之一，"甲基化修饰"广泛存在于人体细胞基因组的各个片断，从而决定该基因的表达情况。

除分子诠释学之外，生物学研究中的诠释学因素还体现其他方面。比如，细胞逻辑与免疫系统等之间的自我修正与复制以及生物的进化都可以理解为一种循环过程。传统生物进化论认为生命的繁衍是自然与有机生命体之间单向性的交流，是自然选择的结果，这种理论已经被协同进化论所取代，自然选择只是物种进化的一个方面，它只能使生物适应当前环境，而进化功能则是潜在的适应能力。协同进化"一项生物学的性质因另一项生物学的性质变化而随之变化"② 的观点是说生物个体

---

① Márta Fehér, Olga Kiss, László Ropolyi, *Hermeneutics and Science*, Dordrecht：Kluwer Academic Publishers, 1999, p. 157.

② http：//bioinformatics. oxfordjournals. org/content/24/2/290. full.

的进化过程在其非生物因素和其他生物的选择压力下进行，因此某一物种的进化必然会对其他生物的选择压力产生作用，从而使其他生物发生变化，反之又会受到变化的其他生物的影响，两个或多个单独进化的物种相互影响从而形成一个相互作用的协同适应系统。美国科学家在对帝王蝶（monarch butterfly）生命及季节性长途迁徙周期的观察与研究之后，宣布破获了帝王蝶的基因组序列，从而揭开帝王蝶长途迁徙识别方向之谜。不仅如此，作为首个长途迁徙标志性基因组成果，科学家在掌握帝王蝶基因、行为与生理适应性等因素之后，试图将其研究成果作用于人类生物学及与人类类似的生物群体研究中，期待可以解决时空变化对人体产生的影响，利用新的理论解释生物钟基因突变导致的其他疾病发生的病理研究。

从生物科学的视角来观测与其相对应的诠释学整体与部分之间的关系的用意在于：主观方面，人类的每一行为必须根据它们的整体性，按照它们的相互影响来解释；客观方面，解释对象的整体可以被设想为所要解释的对象所隶属的文化体系，理解只有在逐步地解释的程序中被拓宽和确证。

生物科学研究诠释学分析的他显建立在生物学研究受外源性因素的操控之上。我们知道，转基因技术是利用现代分子生物技术，将人工分离和修饰过的基因导入到生物体基因组中，改造生物的遗传物质，使其性状发生转变，该项技术的研发在解决人口膨胀及粮食与资源紧缺问题的同时，也存在安全隐患和技术弊端。2012 年 9 月法国凯恩大学科学家 Gilles-Eric Séralini 在经过两年的实验后指出，用某公司研制的转基因玉米（NK603）喂养的实验鼠长肿瘤的数量与概率都非常高，导致此结果的原因，推测为转入基因的过度表达导致了玉米蛋白组织的改变，影响了实验鼠的内分泌，使实验鼠生化紊乱，他由此推断出，对转基因食品的使用、农药的制定须慎重，并且须经过仔细评估与长久的研究，从而权衡转基因食品的利弊。这种说法遭到众多学者质疑，例如研究者质疑该实验对照组数量太少，没有合适的统计分析，无法成为有效的证据，并且指出这个大鼠品系本来就很容易染上肿瘤，甚至该结果的产生可以用随机误差来解释，甚至有人认为这并不是一份单纯的科学报告，而是一个精心策划的新闻事件。① 该事件的发生不仅引出转基因食品安全性的争议，更说明当代科学研究受到众多外源性因素的影响，包括政治的、经济的，甚至是某些利益集团以宣传为目的的操控。

另外，从自然科学角度来看，富含意义的人类交流是与自然相互作用的结果。自然科学家认为诠释学对事物的描述只有一种方式，当对人类活动采用诠释学的方法时，人们必须将诠释学作为一种解释性的语言，以此来稳妥地描述那些诠释学与自然科学之间的相互作用——也就是说，如果人们想使用诠释学语言或是其他非物理学的语言，必须讲清楚必须这样做的基础性外部条件。与生物学学科同样获得大量研究成果的领域都迫切希望拥有自己独立的语言，从旧机体生物学理论到模型概念的改进再到生物符号学理论的建立等。有些学科采用循环适用的方式，有些学科则开发了非正式的专业术语。② 生物学整体论就有很多独立性很强的理论。甚至一些已经意识到自然科学存在诠释学维度的哲学家，如休伯特·德雷福斯与查尔斯·泰勒，二人试图从海德格尔的实践整体论与奎因和戴维森的语义整体论之间的差异中寻找出自然科学与社会科学不同的知识论与政治学立场，试图以此区分自然科学与精神科学诠释方式与旨趣的不同来表明其科学诠释学的思想。"分析哲学与诠释学在回溯（atavistic）倾向方面是相似的，这种回溯倾向是为了建构一种规范的方法论以便说明意义和理解的观念。"③ 以上论述可以表明，尽管分析哲学方法论上取得了巨大的成功，但对于生命科学的复杂性是无法通过物理学的语言详尽地描述的。诠释学作为方法论的复归，使得诠释学的自我反身性解释能够为理解生物学研究提供翔实的解释基础，比如反身性能够阐明认知学家丹尼尔·丹尼特（Daniel Dennett）的生物体感官意识，④ 或是像诠释学一样直接用主体间性来讨论一种现实的

① 顾环宇：《食品的辩证法》（http：//news. ifeng. com/shendu/lwdfzk/detail_ 2012_ 12/17/20242990_ . shtml）。

② Márta Fehér, Olga Kiss, László Ropolyi, *Hermeneutics and Science*, Dordrecht：Kluwer Academic Publishers, 1999, p. 176.

③ ［美］威瑟斯布恩等：《多维视界中的维特根斯坦》，张志林、程志敏选编，郝忆春等译，华东师范大学出版社 2005 年版，第 132 页。

④ Márta Fehér, Olga Kiss, László Ropolyi, *Hermeneutics and Science*, Dordrecht, Kluwer Academic Publishers, 1999, p. 193.

主体而不是反思式的逻辑的主体。

当代科学的发展趋势本身也是朝向多元化的、干涉的层面。它涉及两种分类，一是学科间的干涉性研究——包括理论的干涉与方法论的干涉；二是学科间的交互性——包括学科之间的交叉与融合。

学科之间干涉性与交互性特征使得不同科学团体之间的交流与合作取得了重大成果，不仅如此，当代科学研究方法的干涉技术的使用使得许多科学研究成为干涉的科学。例如现代天文学的研究就通过多元的、干涉的技术及设备进行"解码"与"阅读"的转译程序之后，成为当代科学实践中暗含的诠释学线索——一种现象学的诠释学。[1] 学科间的干涉性从另一个角度阐明了世界是一个有机整体，不能够割裂开来，不同学科间的学科研究是这个整体的某一方面。此外，学科间交叉能够促进创新思想的形成，层出不穷的新学科成为当今科学研究的新兴力量，新学科的诞生大多是学科交叉与融合的结果，例如超导微观理论（BCS理论）、DNA重组技术的基因构成就是不同学科间相互交流所创立的。[2] 交叉学科所获得的诺贝尔奖项也占有很大比重并有明显扩大的趋向，20世纪初期诺贝尔奖成果仅有36%的比例属于交叉性研究，而到了20世纪末期，这一比例高达47%。[3]

2012年8月6日，美国"好奇"号火星探测器成功登陆火星标志着第7次实现火星着陆。探测器传回的信号可以看到火星地表及"好奇"号在地面上投下的影子。"好奇"号的内部实验室中装备的仪器包括火星样本分析仪，以及化学与矿物分析仪。"好奇"号成功登陆火星之后，使用其全套搭载设备针对火星土壤样本进行科研。使用机械臂抓取火星地表土壤样本并将其送入火星车内部的分析仪进行土壤样本分析，火星样本分析仪使用不同的方法开展分析工作，它会将样本送入内部一个高温室内加温，随后分析从样本中析出的气体成分。这台仪器重

---

[1]　唐·伊德：《让事物说话——后现象学与技术科学》，韩连庆译，北京大学出版社2008年版，第101页。

[2]　张春美：《学科交叉研究的神韵——百年诺贝尔自然科学奖探析》，《科学技术与辩证法》2001年第6期。

[3]　沈文庆：《面向21世纪的科学和科学家——实践科学共同体的核心价值观》，具体内容参见 http://wenku.baidu.com/view/c753e32bed630b1c59eeb5ba.html。

点搜寻的物质之一便是有机化合物，也就是含碳化合物，它们一般被认为是组成生命必不可少的成分。"好奇"号信息传输需要依靠提前进入轨道的火星探测器所提供的中继支持，若要更好地了解"好奇"号的工作状态，美国航空航天局的研究人员除了向"好奇"号发送各个设备的控制指令之外，还需要与火星轨道探测器之间进行一系列的信号交互过程。因为纷繁的信息用途与需要各不相同，所以必须采用不同的信息传输方式与传输设备，"好奇"号向地球表面的信息传递通过两种方式，一是 X 频段无线电波；二是通过超高频天线与火星轨道探测器进行信息交互，从而实现与地球的信息传递，而这些信息通信是建立在深空测控通信网（DSN）的技术相佐基础之上的，它蕴含广泛的多元技术及设备的应用。再如"暗物质"的问题，它涉及物理学与天文学两个领域，"暗物质"无法切实地观测到，除了使用现代天文学使用的引力透镜、微波背景辐射研究等方法之外，科学家对"暗物质"的研究多是利用动力学方法，通过对发光物质的观测反推出暗物质产生的引力场，通过加速器及非加速器等物理学仪器来实现对其探测。

戈登·帕斯克（Gordon Pask）和斯塔福德·比尔（Stafford Beer）在 20 世纪中期就已经探讨控制论试验中使用生物和化学系统达到不同建筑物质实体的效果。交叉性学科例如合成生物学、化学技术（设计、工程和生命系统技术）所取得的成就甚至可以帮助人类打造出包括气流、土壤和水环境等生物圈的基础架构。这种研究有望在星际航行计划中得到实现。美国航空航天局 2010 年提出并开展的星际航行（interplanetary and intersteller navigation）计划受到来自世界各研究机构的科学家、工程师、哲学家、心理学家以及相关领域的研究人员的关注，探讨星际航行计划实施过程中面临的最大困难源自人类本身，而非技术上的限制。人类社会的诸多研究（比如废物利用、资源管理问题、交通堵塞等）能够在星际航行计划实施中提供基础性的支持，有助于人类在另外的恒星系统中与自然生态系统和社会系统中共存与繁衍，构建新的生物圈。飞船的生态系统是开放性空间，通过核聚变为生态系统提供能量，舱内模拟地球重力场，并使用生态建筑理念，用可再生材料制作飞船，这样材料可以循环使用。由于不可逆性，人类在星际航行中需要面对整个资源、环境等可再生利用的问题，所以飞船上的自然生态系统与人类社会繁衍需要实现可持续发展。所有的一切都在以维持飞船上宇航员的生命为目的，由此生命维持系统甚至是在飞船上延续人类后代的技术都显得至关重要。"搜寻地外智慧生命"（Search for Extra – Terrestrial Intelligence）研究所的创始人、天文学家吉尔·塔特（Jill Tarter）认为"百年星舰"计划的目的是要制造出能够进行恒星际航行的宇宙飞船。①

20 世纪 90 年代中期开始至今，控制论的发展也注重与各学科之间理论的融合与交互性作用，并且将工程科学与生物学联系起来作为其基本的研究对象。他们从自组织系统的角度诠释生命体，认为社会是人脑创造性信息选择下构成的高级自组织系统，逐渐关注理念和社会的互动作用，并提出了许多建设性的看法，其中有维纳（Norbert Wiener）提出的科学的控制和生物体与机器之间的交流，皮亚杰（Jean Piaget）的人类认知的过程的构造，贝特森（Gregory Bateson）认为与控制论齐头并进的信息论中的信息既非物质，又非能量，是一种形态和模式（form and pattern）。艾什比（William Ashby）关乎机器与行为的掌控，帕斯克认为是控制防御的艺术，及马图拉纳认为的科学与理解的艺术等观点。二阶控制论已经发展到成为"关于在任何有组织的、复杂对象内部或之间的互动行为模式的科学"。②

包含生物科学在内的当代其他复杂性学科的出现，更揭示了这样一种现象，即"物理实在是由一系列的层次所构成的，在每一个层次上实在都具有独特的性质，这种性质为其后出现的更高层次的结构和实体提供解释。因为每一个新出现的层次中的实在，自身都不足以提供完全解释，而要依赖于科学研究的方式和研究工具。这种认识跟日常经验或古典科学基础上建立起来的、朴素的、直观的世界图景具有很大的不同。世界绝不是它展示给我们的样子，科学研究所要做的也不仅仅是对世界的真实特征进行揭示和表达。自然的状态和过程是复杂的、有条件的存在，其性质不仅要依赖于人类的感觉器官和认识工具，也要依赖于

---

① 人类星际航行或需太空繁衍，飞船如巨大生物圈（http：//scitech. people. com. cn/n/2012/1004/c1007 – 19171562. html）。

② 胡继旋：《对理解的理解：介绍海因茨·冯·福尔斯特及二阶事理学（二阶控制论）学派》（http：//www. wintopgroup. com/readings/articles/foerster. pdf）。

未曾认识到的更深层原因和结构，这正是语境实在论所揭示的世界观的核心特征"①。而语境正是由"主体所构造的，为达到人类交流的现实目的而自然存在的一种认知方式或认知结构"。语境的概念"突出强调了主体意向性在语境中的不可或缺地位。语境实在成为自然而然的观念，并且'语境化'的实质意义体现在，我们是按主体的再现规约而不是按照自然本身的再现规约来对知识进行成功的再现"②。学科间的交融与复杂性学科的深入研究体现着诠释学关于理解现象的三位一体的过程，理解过程的三个要素包括：（1）解释主体——作为主动的、能思的精神——这种主体的兴趣来源于日常生活；（2）饱含意义的形式——被客观化了的精神；（3）连接二者之间的纽带——富有意义形式的中介。在具体的科学研究中，进行认识的主体的任务就在于通过富有意义形式的中介重新考究精神的客观化物中所蕴含的概念和这些客观化物所带来的启示。科学研究过程中也同样保证研究主体的主观因素不能与理解的自发性相分离，又要保证要达到的意义他在性的客观性。③

多学科之间的相互干涉及交叉性学科之间及科学研究中的划界变得模糊起来。沿袭克里尔（George J. Klir）的思路，从元素与关系的二维方式基础上可以对学科做出如下划分，如图5—6④。

21世纪的科学注重各个学科之间的交叉与融合，在科学研究中实现科学团体之间的竞争合作与道德建设，普及科学的涵盖范围，从无穷小的物质粒子，直至无穷大的宇宙结构，研究对象从客观物质世界延伸至生命科学，用复杂系统描述了当代科学家以人类为主体的研究。科学本身就像一个可控的、平衡的系统，系统的特性确保科学研究朝向正确的方向并加深人们对科学的理解，科学共同体之间的交流与协作促进科学的进步，并为科学的研究提供了一个广阔的角度。

①　殷杰：《语境主义世界观的特征》，《哲学研究》2006年第5期，第5页。
②　殷杰：《哲学对话的新平台——科学语用学的元理论研究》，山西科学技术出版社2003年版，第251页。
③　洪汉鼎：《理解与解释——诠释学经典文选》，东方出版社2001年版，第130页。
④　科学分类表来自George J. Klir，1992年胡继旋博士在大连理工大学做讲座时将此表加以完善，受其指点本书又增加分形学一词。

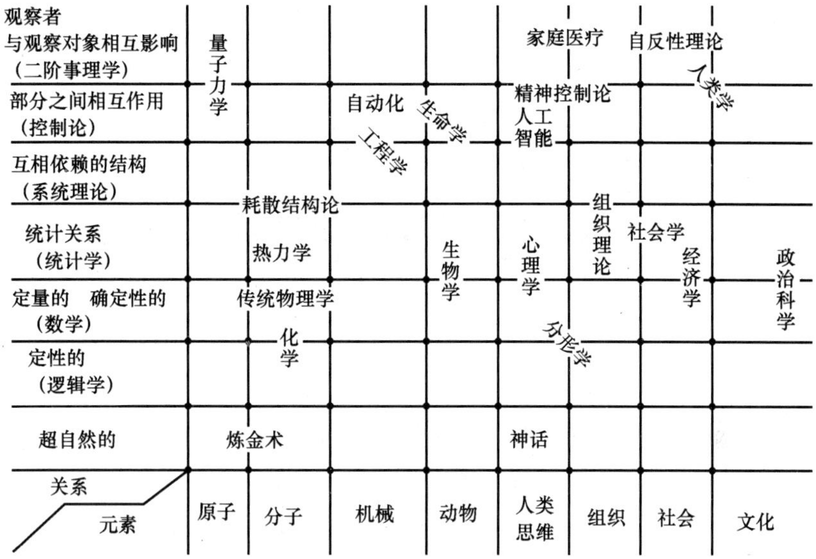
观察者
与观察对象相互影响
（二阶事理学）
部分之间相互作用
（控制论）
互相依赖的结构
（系统理论）
统计关系
（统计学）
定量的　确定性的
（数学）
定性的
（逻辑学）
超自然的
关系
元素
量子力学
家庭医疗
自反性理论
人类学
自动化
生命学
精神控制论
人工智能
工程学
耗散结构论
组织理论
社会学
热力学
生物学
心理学
经济学
政治科学
传统物理学
化学
分形学
炼金术
神话
原子
分子
机械
动物
人类思维
组织
社会
文化

图 5—6　科学分类表

第 六 章

科学诠释学的实践应用

　　科学思想的关联整体不是抽象而高悬于生命之上的，而是从生命本身产生，与实践兴趣的力量一起增长。

——威廉姆·狄尔泰

一　实践的科学诠释学

（一）实践的科学诠释学思想

　　德语中，诠释学一词 Hermeneutik 的词尾 ik 本身就代表实践与方法之意。而在早期的诠释学中，诠释学就是关于理解、解释与应用的实践活动，诠释学在神学与法学领域的应用都是实践的具体化方式。

　　狄尔泰的诠释学思想强调了实践的重要性，他将人的生存特征描述为"在生命中存在"（Darinnensein im Leben），意指生命并不是孤立存在的、被动的客体，是生命意欲与生命关系的复合体。由于人类与生命之间的关系是内在的，所以，生命是联系人类与世界的内在纽带，因此，二者之间的关系是一种实践关系，① 他的诠释学思想一直强调科学与实践生活的关系，认为理解是从人的实践关怀中产生的。在精神科学研究中，理解是以人类实践经验为基础而发生的，研究者摒除不了纯粹无我的主体状态，实践本身具有广泛的意义，以知觉和实践为特征的原

---

　　① 　张汝伦：《二十世纪德国哲学》，人民出版社 2008 年版，第 31 页。

初经验构成科学的基础，类似几何学的观念化与形式化最初都是起源于实践的过程。实践科学也不是数学形式上的理论科学，为了彻底把握实践的概念，必须从与科学完全对立的语境中脱离出来，这种科学必须出自实践本身，并且通过意义概括得到的意识再重返实践中去。[1]

海德格尔在《存在与时间》中进行的关于此在的诠释学分析也针对人类日常实践，因此只有涉及日常实践意义上的科学实践才是诠释学的。伽达默尔对理论与实践之间的关系做出的诠释学反思建立在亚里士多德实践哲学基础上，亚里士多德所创建的"实践哲学"是指除数学之外的运用论证形成的知识，他认为理论本身也就是一种实践。斯多葛派哲学家穆索尼乌斯·鲁弗斯（Musonius Rufus）的哲学教诲中也带有很强的实践性，他认为理论知识必须带有实践知识，而且实践知识只有通过刻苦的训练才能够获得，实践知识与理论知识一样，是不可或缺的。在那个时期，普遍的知识总是和具体应用属于一体，所以古人并未对理论和实践做出区分。正是由于亚里士多德没有对普遍的知识和具体应用做出明显的区分，理论与实践之间的对立使伽达默尔感到困惑，也由此催生了他对理论与实践之间的关系做出诠释学的反思。伽达默尔从亚里士多德道德行为现象中的实践智慧角度出发分析了适合于科学的诠释学之实践智慧与实践理性。他更倾向于把诠释学理解为人的自然能力而非一种科学的方法，并把实践哲学当成赋予精神科学转向的合理性因素。

从海德格尔的本体论角度来分析，人们在世之存在的方式体现了对世界和对人类自身的解释，在对科学进行的探索中，人们可以通过对人类日常实践和科学研究的解释领悟到在世之存在的方式。因此，科学研究中解释实际应用的意义的尝试与实践应用本身都是诠释学的。在这个意义上，实践与应用具有同一性。而伽达默尔则阐述道：实践哲学的对象不仅是那些永恒变化的境况以及那种因其规则性和普遍性而被上升到知识高度的行为模式，而且这种有关典型结构的可传授的知识具有所谓的真正知识的特征，即它可以被反复运用于具体的境况之中（技术或

---

① ［德］伽达默尔：《科学时代的理性》，薛华等译，国际文化出版公司 1988 年版，中译版作者自序，第 81 页。

技能的情况也如此）。因此，实践哲学当然是一种"科学"，是一种可传授的、具有普遍意义的知识。然而，它又是一种只有当某些条件具备时才可以成其为科学的科学。它要求学习者和传授者都与实践有着同样稳定的关系。就这一点而言，它与那种适用于技术领域的专门知识反而有某些相似之处。① 作为具体操行来讲，实践与应用也应处于同一层面，所以伽达默尔诠释学思想关注的重点也包括应用，他认为浪漫主义学派的诠释学观点包含的理解与解释的内在统一忽视了应用技巧，而应用恰好本应和理解与解释一样，同属于诠释学过程中必不可少的组成部分。伽达默尔坦然地接受了理解行动是由理解、解释与应用三种要素构成的，认可诠释学只有在理解和解释及应用的统一中才具有重要意义，而且是理解与解释的互通与共融引发了诠释学中关于应用的重要问题。所以伽达默尔称诠释学是代表着高度技巧的实践，作为交往实践技艺的诠释学，与古代对本质沉思的理论是相互对立的。②

　　伽达默尔认为诠释学理解原则有助于人们理解具体行为实践，而实践哲学确切来说是一种科学，并且需要满足某些特定的条件。这种特性与技术领域专业性知识相像，都是需要研习者与传授者与实践保持着稳定的关系。稍有不同的是，技术领域的知识要由成果应用所决定，而实践科学比起这种仅仅为了掌握一种技能要宽泛得多。③ 另外，由于实践诠释学的存在，所以诠释学可以被划归为批判理性的同一标准之下。所以，从诠释学维度考虑，将科学看作是一个整体，它将科学使之可知的事物带入人们生存背景之中，实践诠释学的任务不仅要解释适用科学的程序，还要在科学应用之前提供一种合理的说明。④ 正是由于诠释学带有实践的特性，科学的诠释学反思也是从科学的具体实践中归结出来的，而且依靠实践的帮助人们可以免受近代科学概念、技术自我理解的困扰。

---

　　① ［德］伽达默尔：《科学时代的理性》，薛华等译，国际文化出版公司 1988 年版，中译版作者自序，第 81 页。

　　② 洪汉鼎：《理解与解释——诠释学经典文选》，人民出版社 2001 年版，编者引言，第 4 页。

　　③ Hans-Georg Gadamer, *Reason in the age of science*, translated by Frederick G. Lawrence, Massachusetts Institute of Technology, 1981, p. 93.

　　④ Ibid. , 137.

关于实践的科学诠释学思想还得归功于劳斯实践诠释学的提出，科学概念和科学理论只有作为社会实践和物质实践的组成部分才是可理解的。而人们经常忘却科学研究实质上就是一种实践活动，这种实践活动是指"实践的技能和操作对于其自身所实现的成果而言是决定性的"，①科学诠释学的基本特征也突出表现为对科学实践的重视，它将科学活动视作人类实践活动，意指科学研究总是在一定的社会条件或环境下进行的，日常生活实践是科学理论形成与进行科学实验的基本条件，科学研究背景预设是科学活动的基本要素，科学活动依靠科学共同体的实践智慧从而合理地实现科学研究。②

在具体的科学研究中，实践受到工具的局限性约束。例如由于技术的不成熟，简陋的观测设备使早期天文学的研究止步不前，而时代的发展下众多设备技术的改良，天文学的研究范围从太阳系扩张到了无限的宇宙。同时，与天文学相关的理论和概念也在不断地趋于成熟和完善，从单一宇宙到平行宇宙的理论提出，天文学的发展始终伴随着天文学观测设备的进步。我们只能说，工具的使用成为实践的手段，而且在人们无法对研究对象进行操控时，可以通过控制所操纵的工具来尽量达到研究的同等效果。

基于实践的诠释学反思"完全不是概念游戏。而是由各个具体科学实践中产生出来，它对于方法论的思考，诸如可控制的程序和证伪性而言，都是不言而喻的。此外，这种诠释学反思本身体现在科学实践的各个方面中"③。伽达默尔实践的诠释学思想认为虽然早期释经学与法律释义学都涉及应用问题，但一般是通过领悟《圣经》与法典来对人们进行规则约束，此种诠释的应用已经远离了理解本身。伽达默尔独创性地将诠释学应用于自然科学观察之外的社会实践中，认为仅当如此，科学才能"履行它的社会功能"④。

①　［美］约瑟夫·劳斯：《知识与权利——走向科学的政治哲学》，盛晓明、邱慧译，北京大学出版社 2004 年版，中文版前言。

②　施雁飞：《科学解释学》，湖南出版社 1991 年版，第 169 页。

③　Hans-Georg Gadamer, *Truth and Method*, London, Continuum, 1989, p. 563.

④　Ibid. .

（二）科学诠释学的实践基础

既然诠释学思想确定了诠释学是理解、解释与应用的综合统一，那么，科学诠释学的发展方向也务必体现出理论与实践的统一。科学诠释学应在理解、解释与应用三者的辩证统一基础之上对当代科学做出批判与反思。

关于科学诠释学对综合理论与实践认知做出的双重分析，分别建立在科学实践的基础上和实践的诠释学基础上。总的来说，科学真理的获得既不是逻辑上前后相关的系统，也不是作为因果关系线性发展的成果，而是一组物质与认识的实践，科学的实践也表现出了理性与非理性相统一的特性，并且，理性的科学分析只有从科学理论的逻辑结构转向一种实践结构，才能在协调理性与非理性因素关系的基础上，获得知识的进步与飞跃。① 从实践的诠释学基础上来讲，科学诠释学的实践特征就体现在科学和技术的实际应用之中。

作为实践基础的以知觉和实践为特征的原初经验在科学整个发展历程中起着极其重要的作用。胡塞尔对实践就非常重视，并且认为是测量的实践最终形成了几何学的观念化和形式化，古埃及人的智慧翔越了人类发展的阶段，是他们在几何学的历史上呈现了几何学的实践过程：古埃及人使用几何学来测量土地及金字塔与神庙等建筑，这种几何学参与的活动都是日常的重复性的实践，他们懂得在实际的操作过程中应用简单的几何原理。所以发源于社会实践的几何学必然包含使用工具来进行测量的技术。在远古时代，从这种实用的经验中衍生出来的科学活动虽然没有呈现精密化的形态，却也显现出科学的诠释学性质。因为科学研究通过数学的计量与几何证明等方式与观察实验、分析的方法及实践的具体操作相结合去摸索自然界的客观存在物，这种带有猜想性质的对客观规律的把握就具有思想的纯粹性。另外，古希腊人引鉴和传承了古代埃及人的几何学技术，在航海、医学及建筑方面的发展的理论性支撑也

---

① 殷杰：《哲学对话的新平台——科学语用学的元理论研究》，山西科学技术出版社 2000 年版，第 35 页。

都具有诠释学的实践特性。

科学诠释学的实践基础分析有着广泛的理论来源，例如，后经验主义者对实践的肯定将研究重点从理论转移到具体的科学操作之中，伊恩·哈金（Ian Hacking）在《表征与干预》一书中强调了实验的基础地位，通过对隐含在实验结构中的实践特征的论述，呼吁从表征走向介入、从理论走向实验。与此同时，富兰克林（A. Franklin）、伽利森（P. Cratison）、古丁（D. Gooding）以及梅奥（D. Mayo）、巴滕斯（N. Batens）、范·本德格姆（Vdal Bendegem）、罗伯特·阿克曼（R. Ackermann）等也都深入科学实践的具体形态，进一步推进了新实验主义的研究。[①] 新实验主义者对实验实践的关注，反映出科学实践本身就是一项复杂的人类参与的活动。特别是哈金批判了传统逻辑经验主义将实验数据完全独立于科学理论，理论的构成要以实验表象为基础的经验主义实验观以及汉森提出的"观察渗透理论"，他认为实验不只是局限在观察的范围内，通过实验操作得出数据，而是涉及操作过程中各种技能；另外，由于很多实验先于理论，所以观察渗透理论在一定程度上也没有很好地概括理论和实验之间的本质关系。也就是说，传统的理论与实验的截然二分是片面的。哈金认为人们应该着眼于寻找特殊的实验实践，使其能够促生观察报告获得合法性与可靠性，富兰克林则在此基础上建立了一种新的实验基础主义。

以实践为基础的科学诠释学研究的重要性在于提倡实践是科学的基础，反对对科学理论的过分强调而不注重实践作用。对于科学实践的重新定位与重视，有助于人们脱离科学只是知识陈述体系认识观的困境，确立实践在科学研究中的基础性地位，建立完整的关于科学实践（种类、范围和内涵）、科学理论（模型、表征和标准化）[②] 的宏观体系，形成活动的、实践的和文化的科学观；另外，知识的地方性特质批驳了传统的科学知识普遍性的观点。例如新经验主义者卡特赖特论证了现代科学存在的地方性条件（CP 条件），并指出实验室是最好的实现 CP 条件的场所。

---

① 吴彤、郑金连：《新实验主义：观点、问题与发展》，《学术月刊》2007 年第 12 期。
② 吴彤：《科学实践哲学在中国：缘起、现状与未来》，《哲学分析》2010 年第 1 期。

另外，科学哲学家们"将太多的注意力集中于科学狭隘的思想方面——科学理论及其所需的思维程式，引导我们去相信它的各种证据以及它所提供的思想上的满足"①。科学哲学家们意识到，科学研究用任何一门单独学科来做出论断都是片面的，在复杂性科学兴起之后，仅靠传统的理论的研究与逻辑证明往往是不够的。因此，需要将自然科学放入适当的背景之下进行研究，将自然科学看作是一个复杂的系统而强调自然定律的普遍和永恒性。而诠释学强调自我理解的必要性刚好可以提供一种更好的理解域面；把科学作为一种文化与历史现象，在科学历史与科学社会学角度做诠释学的分析、关于知觉本身的诠释学特质的研究、人脑作为诠释学的"工具"的论述及科学诠释学本体论角度的争论等对科学进行诠释学的分析仍旧留有很大发展空间，科学诠释学就是在历史和社会等多重分析角度对科学主义绝对真理的批驳，把科学认识置于人类活动的基础之上，以此来"努力恢复至今被忽略了的科学哲学的'规范'功能"。②

科学家从事的科学实践活动具有开放性、社会性的特征，首先是因为科学实践是个体与个体之间、个体与群体之间、科学共同体之间的协作与交流，人类所处的外在环境、社会制度、信仰等因素都会影响或干预科学实践活动；其次，科学实验的产物具有社会性，即科学研究不是独立的、抽象的逻辑推理与演算，而是科学团体之间关于科学的相关因素的协同一致；再次，科学研究者的实践活动的主观意旨具有社会性，即科学研究者从事的科学活动不是盲目的，而是由认知旨趣与个人兴趣所导向；最后，科学实践的主体具有社会性。爱尔兰根学派将康德的"实践优先"作为哲学研究的出发点，学派一贯坚持科学中的概念来源于日常经验，通过对日常经验的解释与说明，人们可以发现科学概念与生活世界之间的关联，学派的主旨就是要在日常实践的基础上重建科学，试图在逻辑、数学和物理学意义上的"科学"为技术实践理论提供有效支撑并指导科学的发展方向。

---

① ［美］约瑟夫·劳斯：《知识与权力——走向科学的政治哲学》，盛晓明等译，北京大学出版社 2004 年版，序言Ⅵ。

② ［日］野家启一：《试论"科学的解释学"——科学哲学》，何培忠译，载《科学哲学的展望》，早稻田大学出版部 1982 年版。

爱尔兰根学派的卡姆拉在从艺术、科学及教会功能改变的前提入手阐述世俗化的问题上阐明了他的思想主旨是在打破长期以来人们对自然现象的低端崇拜上，但是他对世俗化的研究远不如胡塞尔对"生活世界"的阐明来得明晰，因为"'生活世界'概念的出现使科学的客观性问题的解决不再需要那种容易陷入唯我主义的先验思维为基础，相反展示出了一种新的普遍结构的先验性"。① 无论如何，无论是卡姆拉承认诠释学作为方法论而排斥其作为本体论，还是其对世俗化所做出的说明，他的思想也总是想体现出科学研究受地域性的限制，时代因素、不同科学共同体之间的理论体系的差异等原因反映出科学理论产生与使用都处于一定的社会条件下。并且由于科学实验或实践涉及科学共同体的协作与交流，这种交流包括科学共同体内部交流与科学共同体与其他共同体之间的外部交流，而科学研究的产出总是要推放至社会，所以，科学研究成果总是具有社会实践的目的。

从语言学角度来看，我们也无法严格区分日常生活实践与科学研究实践二者在推动科学进步中所起到的作用，而且"在实践中特别难以把其意义来自经验的观察术语与猜测性的理论术语区分开来。一个主要原因是，这些术语不是作为孤立的单位（如观察术语可与自然实体相对应），而是作为更大的语言学框架中的要素而具有意义的。既然观察脱离它所从属的更大的概念和命题框架就没有实践意义，那么就根本不可能去分析构成科学知识得以建立的根本基础的不同类型的事实陈述"②。

我们不能否认的是科学本身具有相对的独立性，但是政治因素对科学及科学研究的过分干预通常会危及科学的自主性，科学建制官僚化、利益化等破坏了科学研究的自主性，科学研究者缺少自律等因素甚至一度使科学研究重点转向了商业性的研究。科学被动地剥夺了其自主性，其道德秩序的破坏也会带来科学研究的偏颇，甚至造成科学退步的状态，泰勒与哈贝马斯对自然科学与精神科学的观点中就阐明了人类及其

① 汪堂家：《世俗化与科学的诠释学因素——伽达默尔与爱尔兰根学派》，《世界哲学》2008 年第 1 期。

② 李醒民：《科学事实和实验检验》，《社会科学战线》2009 年第 11 期。

实践和制度的研究不仅处于特定文化中，并且具有政治参与性。马尔库斯（Herbert Marcuse）则认为，发达社会是单向度的社会，是极权主义社会，造成这种情况的根本原因就是技术的进步。

总体来讲，"科学研究是一种寻视性的活动，它发生在技能、实践和工具（包括理论模型）的实践性背景下，而不是发生在系统化的理论背景下"①。科学诠释学的主张是科学哲学前进的方向，它对科学所做的一切也发生在他控性的网络互涉中，所以，对科学进行诠释学的解读必须避免诠释学作为方法论的普遍使用而过于宽泛，也必须抵御像建构主义社会学社会建构论的侵扰。劳斯对其进行的科学的文化研究是为了"最大限度地涵盖有关实践的种种探索——通过这种探索使我们对科学的理解具体化，使之维系在特定的文化环境中，并向新的文化情境转译和扩展"，② 正是由于诠释学与实践的交织使科学、诠释学及其理论与实践之间的关系明朗化，对自然科学与社会科学的反思已经表现出诠释学维度的恢复与传统诠释学的汇合。③

二　科学诠释学的应用

亚里士多德关于实践智慧和应用科学做出了区分并进行了详细的论述，他的这种区分使我们明辨了科学技术的应用与实践智慧。按照亚里士多德的思路，科学技术的应用与实践智慧的区别尽在于技术的本质是生产或制作，而实践智慧的本质在于践行，即人类的自身行为。

近、现代科学的发展趋势忽视了实践智慧，以实践智慧为本质内容的精神科学几乎丧失其科学的合理性，诠释学作为其独立的方法论也面临着消失的危险，于此伽达默尔提出了重新恢复以实践理性为核心的精神科学模式。

---

① ［美］约瑟夫·劳斯：《知识与权力——走向科学的政治哲学》，盛晓明等译，北京大学出版社 2004 年版，第 101 页。

② 同上书，第 320 页。

③ Richard J. Bernstein, *Beyond Objectivism and Relativism：Science, hermeneutics, and Praxis*, University of Pennsylvania Press, 1983, p. 40.

如果我们仔细考察实践的知识与客观的知识这两种知识形态的话，实践的知识必优于科学客观性知识，因为科学的客观性知识仅以客观性为研究主旨和前提，而实践的知识以主观能动性作为考量的因素。科学的客观性知识本质特征是主客体之间的对立，把研究主体人为地划归在所考察的客体的对立面，从而避免其对所考察客体产生的影响而使其失去客观性；而实践的知识重视主客体之间的关联，因为它不以静态知识获得为目的，而将知识置于历史条件下动态的、变化的环境中，以此来考察主、客体之间的关联。特别是有关自然与生命世界的体系愈发完善，科学进步的无限制与无终止性势必产生更加精确、完善的新科学体系，这样，自然科学便不能囿于对传统科学研究中观察与理论之间关系的经验性的描述，而应该将科学研究的重中之重放到日趋严密、科学与合理的解释及随之而来的科学实践的应用上来。

（一）科学发现的诠释学分析

爱因斯坦将科学认识过程划分为科学发现与科学证明，科学发现是科学事实研究到科学概念建立的阶段，科学证明则是从科学概念研习到科学理论论证再到科学事实检验的阶段，这是一个循环往复的过程。从他赋予科学发现的重要地位的观点中足以证明这位世纪伟人对科学发现的重视。

科学观察与科学发现同是指对未知事物或规律揭示的初级进程，科学观察是科学发现的基础，科学发现通常都是建立在缜密的科学观察之上。观察是一种有目的、有计划、具有一定持久性的知觉行为，是一切研究的基础活动，通常通过人们的视觉、知觉、嗅觉、味觉及触觉等感知器官表现出来。它具有多种表现形式。观察活动属于整个科学研究中最基础的环节，无论是面对复杂实验现象——查看实验室中具体化学反应过程，还是对某些特定事物的关注——例如一些鸟类在觅食时总是用爪子敲打地面，都是整个研究中最基础的过程。科学观察与科学发现是科学事实与科学理论形成的基点，同时也成为科学进步的主要标志。历史上重大的科学发现与新理论的问世，经常造就相关学科进步甚至引起科学革命。所以，科学观察与发现必然要涉及研究者自身科学素养、心理结构等复杂的个人因素与教育、文化背景、社会政治、经济因素等众多条件的制约。

20 世纪初期，造父变星周光关系的发现者勒维特（Henrietta Swan Leavitt）在对天文台拍摄的数以万计的照相底片进行测量和分类工作中发现了小麦哲伦云中的一些变星光变周期越长，本质亮度（绝对星等）也越高。在获得这一发现之后，勒维特没有被应邀对这种现象进行深入研究，而是重新被安排进行照片的测量和分类工作。这是由于当时社会的某些因素，妇女得到工作与参加科学研究的机会非常少，她们的研究往往得不到应有的尊重。尽管在当时的美国社会中勒维特在她的科学探索路程上受到了很多阻碍，但是她的这一发现确实对天文学产生了深远的影响。① 该例子表明科学观察与发现归根结底都是在一定社会文化背景中的产物，它们会直接受到社会生产水平和仪器装置制造技术的制约。因此，科学发现在科学发展的总进程中必然合乎规律，科学发现具有自己的"规律与逻辑"，即科学发现的逻辑。

科学发现在 20 世纪 50 年代末由于汉森《发现的模式》著作的问世而引起西方科学哲学界的重视。首先，汉森对逻辑经验主义科学发现观点只限于考察科学研究结果而不注重假说、定律和理论的推论方法的批判基础上，强调即使是科学假说的发现也是理性参与的结果，科学发现的逻辑同科学证明的逻辑同等重要。科学研究之初，科学研究者的研究有时会跟现有理论概念与事实相矛盾，而这些事实又正是他们力求解释清楚的。假说的提出就是对这类事实进行解释的一种初步尝试。汉森认为，假说或理论的最初提出往往是合理的，而且不经常受到直觉、顿悟、预感或其他无法估量因素的影响。如果通过预言的实现而确立的假说有逻辑的话，则在构想假说之时这种逻辑也存在。

其次，汉森在此书中提出"观察渗透理论"是针对逻辑经验主义将语言划分为观察语言与理论语言而提出的。他反对逻辑经验主义的传统的语言观，提出观察的理论渗透与因果说明的理论渗透，根据这个理论，汉森论证科学发现并非归纳与演绎的，而是"逆推的"，他写道：

① 详细内容参见 http://undsci.berkeley.edu/article/0_0_0/scienceandsociety_04。

"物理理论提供了一些使经验材料在其框架内成为易于理解的模式，这些模式乃是概念的格式塔。理论不是由所观察到的有关现象的各个片断堆砌而成的，它还使人们有可能去进一步察觉一些现象……理论把现象安排成有条理的体系。这些体系是按反向程序，即以逆推方式排列起来的。理论是作为显露前提所必然会得出的结论总和出现的。物理学家从所观察到的现象属性，力图找出一种能获得基本理论概念的合理方法，借助这些概念，那些现象属性就可以得到切实可靠的理解。"①《美国物理学杂志》（*American Journal of Physics*）指出汉森的著作"提出了理解基本概念的具有坚实基础的、令人鼓舞的、新颖的起点"。他证明了"发现和理解的模式紧紧地依赖于语言的概念明晰性，并且这样的明晰性是通过具体理论的透镜而最佳地实现的"②。汉森在书中通过对众多案例分析来引证他的哲学观点，进而揭示科学发现的模式，汉森对科学史关注的着重点在于理论产生过程中科学研究主体的活动。他的这一观点被历史主义学派欣然接受。

当代西方科学哲学的科学发现观也逐渐将科学发现视为非逻辑性的直觉创造性活动，并且注重科学研究中非客观性与心理学因素等在科学研究中产生的作用与影响。尽管科学研究的基础活动与人类主体性因素密切相关，但是由于人类自身感知器官的局限性决定了人类的观察范围是有限的。例如，人们无法用肉眼看到物质的组成成分、发出的辐射等情况，于是人类通过工具的使用延展了人类的感知范围。关于人类可以通过工具来扩展知觉，梅洛—庞蒂认为，像盲人的手杖和妇女的羽饰一样，他们已经将这些物品视为自己身体的一部分了，并且形成了一种习惯，"羽饰、汽车和手杖就像大部分科学工具一样，属于一种存在意义上的使用，这种使用被大部分标准分析简单地忽视了，但是对于新科学哲学所需要的洞察力的扩展来说却是必需的"③。

---

① ［美］汉森：《发现的模式》，邢新力译，中国国际广播出版社 1988 年版，第 90 页。
② 邢新力：《汉森与发现的模式》，《自然辩证法通讯》1988 年第 2 期。
③ Don Ihde, *Instrumental Realism.* Bloomington, Indiana University Press, 1991, p. 30. 转引自韩连庆《现象学运动中的新科学哲学》，《科学技术与辩证法》2004 年第 2 期。

（二）科学理论的诠释学分析

科学理论可以概括为人们对科学现象与事实的科学解释，由概念、原理（命题）以及对其进行论证所构成的知识体系，是科学研究的软工具。以科学理论为主导的科学哲学观点揭示了自然科学中理论的形成与理解方式，分析了科学理论理解的基础，它们具有以下特征：（1）科学研究有一定的理论预设，从而对科学活动中概念表达、理论意义、构成及理论的应用与论证形成一定的影响；（2）科学研究以理论获得为中心，观察陈述与实验操作从属于某种理论背景之下，是获得理论的手段；（3）科学研究中没有纯粹的脱离理论的行为，任何有意义的科学活动都有其特定的理论背景；（4）科学研究主体是具体的，不能将科学研究主体看成是抽象的、绝对独立于研究对象的客观存在。[①] 科学概念是认识主体对认识对象的界定，它确定事物在综合分类系统中的位置和界限，是使事物得以彰显的认识行为。它在不同的语言环境下具有不同的词性、含义与语法功能。

一门学科能够承受其学科概念更替或修正的程度决定了该门学科的发展水平。按照学科发展前景来看，不同学科的研究者都试图将自己的研究工作积淀在新的基础之上，从而保持该门学科的先进性。海德格尔也认为真正的科学"运动"就是通过修正基本概念的方式发生的，但是修正的深度不同，并且这种修正大多不明见。

在新旧科学交替和科学研究的不断延续中，会涌现大量科学概念及对旧概念的更正，概念意旨范围与界域也随之发生变化，所以科学概念的界定与变更受多方面因素的制约，如英国数学家贝叶斯提出将未知参数的先验信息与样本信息综合，根据贝叶斯定理得出后验信息并推断未知参数，这里的先验信息一般被认为是来源于经验和历史材料的。在新旧科学变换时期，也涌现了大量的新概念，概念的界定表现出了部分的意向性，所以人类对概念界定的认识也发生了一些变化，如冥王星退出太阳系九大行星之列。20 世纪初期，美国亚利桑那州洛威尔天文台的

---

① 施雁飞：《科学解释学》，湖南出版社 1991 年版，第 143 页。

克莱德·汤博在闪视比较仪的观测下，对太阳系双子座 δ 星东的天区进行多次的检核工作后，偶然发现一个新行星，继而以罗马神话中的普路托（Pluto）命名为冥王星，在冥王星刚被发现之时，由于当时天文学观测仪器技术的局限性，它的体积被认为有地球的数倍之大，随后被定义为太阳系第九大行星。但是随着科技的进步和天文观测仪器的不断升级，人们发现当时对冥王星体积的估量存在重大失误，由此，冥王星的行星身份也成为天文学家们争论的焦点，尤其自 1992 年首次发现"柯伊伯带"（Kuiper Belt），更多天文学的新发现加剧了人们对行星定义的争论，形成争论的原因之一就是因为人们对行星概念的含混不清而造成的，一直到 2006 年 6 月，国际天文学联合会重新对"行星"的概念进行界定。根据国际天文学联合会新决议，太阳系行星指的是围绕太阳运转、有足够大的质量来克服固体引力以达到流体静力平衡（hydrostatic equilibrium）的球形，并且有足够的引力清空其轨道附近区域的天体。按照新定义，冥王星便被排除在太阳系行星系列之外而被划入矮行星之列，而矮行星概念的定义也是国际天文学联合会重新对太阳系内天体分类后新增加的介于行星与太阳系小天体这两类之间的独立天体，此定义仅适用于太阳系内。

由此可见，概念的界定除了语言学的范畴之外，其使用范围明显带有主观意向性。科学的概念系统可以是一个工具，预测未来经验是建立在过去经验的基础之上的。概念化正是像波兰尼所指出的那样，是认知主体运用概念（语言）构架的活动，是心智的运演，它的核心是意义的确定，这是由自我中心与自我给予的整合所构成的。所以，无论是数学、自然科学还是人类学，不都是完全依靠经验来确定的。物理对象之所以同荷马史诗中的诸神比更有效，无非是由于物理对象不需要经验来确定，并且在经验之流中的结构更容易被控制。无论是物理对象还是荷马史诗中的诸神，其实只是程度的不同而非质的不同，二者都作为文化的设定物而进入人类的概念。[1]

逻辑经验主义的科学理论是由概念与命题及二者之间的关系所构成

---

① Willard Van Orman Quine, *From a logical point of view*, second edition by Harper, Row Publishers, 1963, p. 44.

的，并对科学理论概念和命题之间的逻辑关系与语言进行非常细致的研究。其中，以卡尔纳普提出的科学理论结构模型最为典型。他认为科学理论结构模型包含形式系统、对应规则和概念模型。在形式系统中只有逻辑句法与原始概念理论，不存在可解释的公理，定理可由公理根据逻辑句法的规则推导出来。对应规则是指将理论语言与观察语言相联系，通过观察语言给予理论语言意义经验。概念模型是形式系统语义层面的解释，从而形成具体的科学理论。

尽管卡尔纳普一再完善其科学理论结构模型，但还是受到学派外部的很多批判。普特南在指称、真理和科学合理性等问题基础上对卡尔纳普关于观察语言与理论语言的二分表示质疑，他认为成熟的科学名词是有指称的，相继的科学理论具有共同的指称；卡尔纳普对观察语言与理论语言的这种划分没有任何意义。首先，所有名词都有对不可观察事物描述的不详尽性；其次，用来指称不可观察事物的名词并非全部是理论名词；再次，观察陈述中含有理论名词；最后，理论陈述或理论系统有仅能指称可观察事物的可能性；另外，奎因认为，科学本身是由众多相互联系、影响的命题和原理构成的错综复杂的网络似的复杂系统。所以，不存在孤立的科学命题。所有的科学命题及科学陈述必然会"牵一发而动全身"，对科学命题的解释势必会影响与其相关联的其他科学命题的结构与解释。

与传统逻辑经验主义从语言角度出发考察科学理论概念与命题之间关系所不同的是，新历史主义学派更倾向于从动态的科学理论的发展历史过程中对科学理论结构做出分析，并将科学理论视为一个能够在与经验事实关联中调整自身结构使之更好地吻合经验事实的开放系统。他们关注的关键问题是科学方法论规则的选择与维护以及解决科学的合理性问题。①

在当代科学研究中，人们通过仪器（或设备）观察某些现象，一旦这些仪器（或设备）成为主体的一部分，失去了作为其自身的客观性属性，便形成主体知觉器官的延展，这种具身化过程中形成的具身就是指人们与环境之间的关系。希兰提出对仪器（设备）的使用，使主、

①　林超然等编：《现代科学哲学教程》，浙江大学出版社1988年版，第416页。

客体之间形成了一种"具身"关系，即人们融入研究界面或"参与"世界的方式，他称之为"具身"理论，用来讨论现代科学研究中对人工物或技术的应用。现代科学研究对科学工作者的具身理论采取了容纳的态度，具身已经成为科学工作者科学研究过程存在的方式。马丁·埃杰举例说道，人类对航空航天事业的研究中，宇航员将物质化的航天服技术或人工物融入了感官经验及操作经验中，航天服协助宇航员在异己的环境中顺畅地持续他们的实验工作，以便从容地完成研究任务。这种人工制造的航天服是科学技术的物质化表现，它在各种环境下接受测试与检验，并根据实际穿着者的切身反馈来得到技术上的提升。那么，宇航员对航天服的使用就已经具身到整个实验及科研过程之中了。埃杰认为，类似航天服的使用，当其经过多方测试研制成功并被成功装备好之后，具身关系便已经形成，这时，航天服作为使用者主体的一部分被忽视了其本身具有的客观属性。越来越多的仪器（设备）在实验的执行过程中都被当作主体的一部分而失去其固有客观属性，这样的结果造成实验主体的扩大化，这些仪器（设备）只有在实验研究过程中出现错误或受到质疑的情况下才会将其恢复到认识客体状态，从而显露其本身的固有属性。正因为如此，我们更需要理智对待产自实验室中的理论，因为在实验室中产出的理论一般是通过仪器为中介来描述人与自然的融合，是对科学实验现象的一种表述。这种实验科学现象学表现出了自然科学强诠释学的观点，它着重强调不同环境与历史条件下的实验对现象的表述，特别是对实验室的诸多因素与实验室设备的关注更偏向于实在论的思考。

此外，科学研究往往始于假说与预设，所以科学理论在成形之前经常是一种预设。例如人们对暗物质（dark matter）所进行的研究。在早期研究阶段，由于其特殊性质，暗物质概念的提出仅是理论层面的产物。随着人们对浩瀚宇宙不断积极探索的热情及物理学、天文学精密仪器的改良，使得暗物质成为宇宙主要组成部分的观点被大多数人所接受，暗物质已经成为人类探索宇宙、研发新设备的中介与动力。以科学理论为主导的科学哲学家们认为无论是自然科学研究还是人文社会科学研究，总是有预设的理论背景，这些预设都是从语言的使用、行为和评价性信念等社会实践中获得意义与真理性的。劳斯对海西关于三种内反馈循环的接受表明了他的理论诠释学立场，即理论诠释学就是对世界如何作用于诠释主体的编码和再分类，是关于人们如何获得关于世界的理论表象，并且其本身就属于这种理论。它属于并非对单一文本或文本衍生物等特定领域知识进行描述的知识论的一种，而是提供对知识的普遍说明，一旦出现更好的理论，这种说明便进行自我修正以期吻合理论的预期。这种理论预设制约着科学研究，并且关于理论诠释学保留了经验主义关于科学证据都是感官的证据这一基本假定。也就是说，科学知识与科学理论总是在不断地改良与完善，它并非一成不变，特别是在物种进化历程中，有一些人们认为已经灭绝了的、退出了地球的历史生物圈的物种却重新回到人们的视线之中。这样，人们对它们的认识就从化石和标本基础上跨越到了实物研究，旧的知识与理论随着新事物的出现而发生着变化。例如位列全球十大活化石物种的腔棘鱼（coelacanth）曾被科学家认为是在 6000 万年前就已经消失的物种，而在 1938 年的时候，南非却发现了活着的腔棘鱼，于是，科学家不得不重新论述关于腔棘鱼的相关资料，并重新研究该物种深海中的生活环境与分布范围。

所以我们说，人类钻研与科考过程中的抽象性行为上升到具体事实必须符合理论整体论与意义整体论说明，在科学研究中亦是如此，从抽象的假设、命题、概念等一旦上升到科学事实，就必须作为科学理论整体来对待，科学事实不能游弋在理论整体之外，否则便会失去其本来的意义。

（三）科学实验的诠释学分析

当代前沿学科的实验室文化也成为科学诠释学的关注对象之一。学者们也分别从不同的角度论述了他们关于科学实验的看法，例如赫尔曼·亥姆霍茨（Hermann Helmholtz）认为，在科学发现的萌芽阶段，科学与艺术极为相似，都表现一种突然萌发出的洞察力，这种洞察力不能通过合理性的反思而获得。他对社会科学所使用的归纳法与心理状态联系起来，认为这种心理状态与"艺术的直觉"相似，逻辑归纳法是"准美学"的；马库斯则从科学文化的诠释学角度论证自然科学家在撰写实验报告时的去语境化过程，认为科学知识的产生与积累不仅表现在文本客观化的形式，还离不开实验室活动的参与，科学观察方式的意义就在于特殊的行为环境与行为导向之间不可分割的关联。尽管马库斯对科学诠释学在认识论上予以排斥，但是我们还是可以领略到其科学文化诠释学观点中的实践诠释学的思想闪光点。[①]

逻辑经验主义者的科学实验观认为科学始于无偏见的观察，实验是可被重复检验的，不容许随机性存在。但是具体到科学实验中时，情况悄然发生着改变。直接经验是通过实验中的具体感性操作获得的，包括自然科学中受理论指导的实验经验在内的一切经验，都是通过身体介入而获得知识，科学理论的形成是通过反思而获得的。任何科学都无法摆脱实验参与者的理论参考系和行为动作的介入，所以科学并不具备绝对的客观性标准。例如现代物理学实验就与技术的认知旨趣相对应，阿罗诺维茨曾经对量子力学和相对论的意义做出了说明：科学理论不仅涉及"场"和测量工具二者之间的关系，还涉及主体与客体之间的关系，也就是说无论在何种情况下，观察者的参与在场的构成中都是不可避免的（这里使用"场"一词而未用"客体"一词，因为"事实"涉及关系和关系的关系，而不是事物）……科学事实是社会地、技术地构成的，这指明科学是两种指向上的干预。所以说，对象或客体是基于科学探究的目的及其手段之间的关系而被构成的。[②]

科学实验作为科学探索的主要活动之一，其自身具有不同的研究目标和研究方向，科学实验的整体操作都蕴含着诠释学的因素。其中，皮埃尔·迪昂在《物理学理论的目的和结构》一书中，详细地阐述了物理学实验的基本构成。他认为自然科学中的物理学实验是对现象的精确观察，同时伴随着对这些现象的诠释，这种诠释必然受观察者认可的理论所支撑，用抽象的符号的描述来替代实验中所采集的数据。迪昂认为，现象的理论诠释才使仪器的使用成为可能。实验室中对仪器的使用通常都是在使用数学推理的抽象的图式的描述来代替仪器的组成，并且是在与理论相关的演绎与运算的过程中完成的。实验室中对仪器的使用

---

① R. P. Crease, *Hermeneutics and the Natural Sciences*, Kluwer Academic Publishers, 1997, p. 75.

② 李醒民：《科学事实和实验检验》，《社会科学战线》2009 年第 11 期。

最起码渗透着两种表象，一是仪器使用的客观运用状态，二是借助理论所提供的关于同种仪器的图式符号。实验者将定律与规则使用在这些理想化的仪器的图示符号上，并进行推理，并且通过调整定律与规则的使用来矫正出现的误差。由于科学理论的进步与精密仪器的产生，实验结果越来越使人们感到满意，并且不断地在其基础上更新与完善事实与图式之间的关系，使得科学理论呈现出一种完备的情形。但是，被忽视的重要因素在于，误差的矫正并不是建立在客观观察的基础之上，一是实验者对实验仪器实体与仪器图式之间理想化的等同，二是实验者对观察事实的理论描述复杂化的矫正过程的存在。也就是说，实验者对实验的描述不是对实验中观察实体的叙述，而是通过实验事实经过实验者认可和接受的已经确立的理论所创造的抽象的、符号式的世界做出的诠释。

海西认为科学本质上类似于一个可以自我调整的学习机，它在在先的表象和新经验输入的基础上发展更好的世界表象的模型，这个模型与表象的主体无关，只与实验室产出的科学文本相比，实验具体操作的优先性更应该备受关注。克里斯在对实验的客观性描述中曾经指出，人类基于科学研究的实验具有执行力与操控力，实验过程是处于执行与操控中的，如果要做好科学的客观性分析，势必首先考虑到实验执行与操控的优先性。因为实验执行需要庞大的预备系统，这种情况类似于录音室中表演者为获得更好的出场效果进行调音、灯光、与合奏者及音响师相互交流等行为。科学的实验如上述的演出一般，为求得与理论一致的实验结果，科学家必须尽可能地考虑到所有实验能够顺利进行的一切因素。那么，实验前的准备工作，实验设备的操作，数据的读出、记录，科学家之间相互交流，及实验结果的产出等一系列活动全部依赖实验的执行过程。这些执行活动是已被塑造了的，是在实验未执行之前就具有的属性。所以，整个实验从开始的设备筹备、研究对象的选择到实验方式、方法的使用都会对实验结果产生影响，包括数据采集、观察与测量、实验结果分析、实验报告的生成等过程都有主观因素的参与，这就是克里斯为什么将实验的客观性称为"制造出的客观性"，[①] 另外，科

---

① Márta Fehér, Olga Kiss and László Ropolyi, *Hermeneutics and Science*, Kluwer Academic Publishers, 1999, pp. 25 – 33.

学实验受一些非客观性因素的影响，例如实验参与者所处的外围环境、设备使用等因素，甚至其他相关领域的科学理论与其他领域中的科学实验结果的改变都会对此实验造成根本性的影响。

随着人类认识领域的扩大，人们逐渐意识到主观因素在整个科学研究中不能被完全地忽略掉。宏观领域的科学实验中，仪器数据的读取依赖于一定的"设备语境"，而在微观领域，科学实验的观察与科学理论的生成就具有多种理解方式，数据的采集会受众多因素的影响，人们也经常会做出与宏观领域相悖的理论假设与推定。并且，我们要注意到，新概念的解释与交流推广往往通过隐喻或修辞的方式向公众进行，以便能够使人们更好地理解新概念的形成与相关学科的研究意义，由此可见，语言在科学观察与科学实验中的驱动作用也不容小觑，语言也是实验室理论产生的影响因素之一。所以我们说人们对实验中的随机性的描述总是不完备的，科学研究并不能完全依靠实验数据和理性演算。

除了实验室表现之外，对科学文本的学习与传承同样也是诠释学考虑的对象。因为科学中的诠释学首先就体现在"初学者的诠释学"之上，初学者在进入科学学习过程的第一步时，首先要阅读科学的教程，对复杂的公式、配有文字或图片说明的实验进行一种自我理解的过程。特别是在面对科学读本中科学家对某个实验现象的描述中，初学者都会根据自己的理解构想一个相同的实验场景，甚至会认为自己已经存在于这个实验场景之下与其他的实验者共同参与了实验的过程。所以，对于整个科学的学习与传承过程来说，它具有诠释学的特质。任何科学家在受科学教育的阶段都是在进行着诠释学的工作，这个过程就像艺术家在艺术博物馆里受到艺术品的熏陶一样。① 所以，我们可以断定，整个科学研究从发端到概念形成、理论证明、科学体系的变迁过程始终位于与语境和历史因素基础上的开放式的、多维的平衡状态下，而非盖棺论定式的说明。实验的观察、测量及陈述不是对研究对象纯粹客观性的描述，而是观察主体在实验过程中的参与并与研究对象的相互作用，这种参与和相互作用受到测量语境等多种实在的或潜在的因素制约。实验活

---

① Márta Fehér, Olga Kiss and László Ropolyi, *Hermeneutics and Science*, Kluwer Academic Publishers, 1999, p. 142.

动的现象本身包含三类信息：一是来自研究对象的"客观的"信息；二是包括观察主体在内的全部测量系统中体现的及观察主体与测量系统内部相互作用形成的新信息；三是观察主体做出"客观性"综括时所使用的语言（派生）信息。所有的科学理论只是对于所涉实在的整体的一种洞识、模型或把握，作为一个整体的宇宙是无穷尽的。由此我们可以看出，无论实验室之内还是实验室之外，科学理论都具有相对性，它总是处于"变易的组合之中"，所以，应该允许多种理论并行存在，反对一元的理论及其在可操作的数学程式上的限定，从而避免"堕入自我（和集体）的科学欺骗之中"①。所以"测量语境的本体性，成为我们在认识论意义上承认科学理论是一个信念系统的同时，拒绝后现代主义者把理论理解成是可以随意解读的社会文本的极端观点的根本保证。所以，真理的意义不是取决于词、概念和命题与世界之间的直接符合，而是在于理论整体与世界整体之间在逼真意义上的一致性。由于可能世界与真实世界之间的这种一致性关系在一定程度上是依赖于社会技术条件的动态关系。因此，以一致性为基础的真理是依赖于语境的真理，它永远是一个动态的和可变的概念，而不是静止的和不变的概念"②。

---

① 洪定国：《量子力学的本体论解释——戴维·玻姆观点简介》，《自然辩证法研究》2000 年第 8 期。

② 郭贵春、成素梅：《语境实在论》；《科学与技术辩证法》2004 年第 3 期。

结束语

> 科学是权力的奴仆，是现代社会支配力量和精神文化固有的部分，并在上层结构与基础二者之中结合于生产设备内，如同它也存在于认知与工具二者之中一样。科学既然是权力的一个方面，也必须要受到权力的判定。当权力中人需要科学时，他们就会提倡科学；当他们需要一部分真理时，他们就会提倡不完备的科学；需要自我欺骗，就提倡伪科学；需要欺骗别人，就提倡操作社会心理科学的半真理。当科学结构为不同的利害和阶级所分裂，科学探究也会大不一样。
>
> ——托马斯·库恩

人类已经习惯像对待一件物体那样去看待整个世界。不经意间，人们将自己与对象相分离，在这个基础上建立了客观性，这种客观性在自我与世界之间建立了一种边界，这个边界同样存在于自我与自我审视那里，同样，人们与知识之间也存在这种情况，所以知识具有了局限性。而事实是，人类面对的世界是由人类感知及感知基础上的活动所构成的，正如莎翁口中"一千个读者心中就有一千个哈姆雷特"那般，人类依靠自身结构所感受到的实体具有个体性的特征，纯粹的客观性几乎不可能存在。

从伽利略时代起人为构建的"物理世界"已经无法满足当代科学发展空间的需要，科学研究必须考虑到当代科学发展的特征，例如复杂性技术、权力旨趣等因素，从认识论角度来讲，科学研究都要受到各式各样的非客观性因素影响，甚至有些影响是潜在的。现代科学被看作是一个复杂的系统，特别是伴随着技术的发展，科学和技术之间的紧密关系势必要将对它们的研究置于整个社会的大环境之下，才能把握住其发展模式及对未来科学的导向作用。普利高津曾经指出，要想真正解决近、现代科学发展出现的种种矛盾，必须从新的角度出发来对其进行研究，自然界的复杂性也要求将科学的演化放入一定的背景中才能相对完整地对其进行考察，甚至"应当把动力学与热力学、物理学与生物学、自然科学与人文科学、西方文化传统与中国文化结合起来，在一个更高的基础上建立人与自然的新的联盟，形成新的科学观与自然观"。① 所以，科学研究自始至终都处于多种因素的影响之下，科学只有拓展到与人类密切相关的领域中才具有它本身的意义揭示，所以，"生活世界中的一切事物，包括科学中的'理论实体'都有多重价值的意义。科学的'理论实体'是文化实体，科学观测依赖于实践，科学观测依赖于技术，这些都表明科学理论与文化、价值有着千丝万缕的联系"②。从语境论的实在观基础出发，语境的实在观已经"不再从科学的纯客观性与绝对真理性出发，而是从科学的语境性与可错性出发，在科学知识的去语境化与再语境化的动态发展中，阐述一种语境论的实在论立场。这种立场一方面能够包容反实在论的各种立场，使它们成为理解科学过程中的一个具体环节或一种视角，得以保留；另一方面，也不等于把科学研究看成如同诗歌或散文等文学形式那样，是完全随意的主观创造和情感抒发。在科学研究实践中所蕴含的主观性，总是要不同程度地受到来自研究对象的信息的约束，是建立在尽可能客观地揭示与说明实验现象和解决科学问题的基础之上的"③。科学事实的陈述也离不开对科学概念的使用与应用，必须使用科学概念，还要将之纳入科学的理论框架之中，只有这样概念与研究才能获得科学的意义，成为科学理论的有机

---

① ［比］伊·普利高津、［法］伊·斯唐热：《从混沌到有序——人与自然的新对话》，曾庆宏、沈小峰译，上海译文出版社1987年版，第1页。

② 范岱年：《P. A. 希伦和诠释学的科学哲学》，《自然辩证法通讯》2006年第1期，第27页。

③ 《语境论的科学哲学研究纲领——访郭贵春教授与成素梅教授》，《哲学动态》2008年第5期。

要素。而这一切都使中性的科学事实成为子虚乌有。① 更何况，科学理论也具有了双面性的特征，一方面它隶属于多元实践的计算与技术的操控；另一方面它指代构成本体论科学知识的人类文化。

在这个技术至上的时代中，人们欣然接受着高科技给人类带来的生活便利与惊喜，高精尖技术的飞跃与复杂性学科的兴起，通常使人们陷入无法更好地理解当代科学发展中特殊事物的窘境，特别是跨学科的科学研究深受学科间不同原则难以融合的困扰，而科学诠释学的提出恰好可以从后现代生活世界的角度阐明学科间原则的特质，从而弥合这种分裂。

而人类自身结构已经决定了观察者与观察对象是不可分离的，人类只能用被赋予的生物学结构来感知那个与其互动的世界，② 所以，科学诠释学主张对科学进行诠释学的分析要建立在历史的、文化的、人类学的、伦理学的等多种角度，高屋建瓴地对当代科学进行总体掌握。从海德格尔的本体论来分析，科学由于与人类活动息息相关，它不外乎具有诠释学的性质，海德格尔提出的"存在总是某种存在者的存在"这一箴言也正是为了阐明世间万物不能脱离人独立存在，而是把其作为认识对象与自身加以关联的本体论观点，所以认识对象必须在人的实践的基础之上才能够被人类所认识。即认识对象存在的本体论基础就是与人实践相关并为人类某种实践的目的服务，又由于对事物的理解与解释都是奠基在一种"前有"、"前见"与"前理解"之中，所以若要对某物加以解释，务必在本质上通过前在、前见与前把握方能实现，解释不是对先行给定的东西做毫无前提的把握，任何解释工作都是处于先入之见的前提下。延伸到科学研究中则体现为人们只有对研究对象预先知晓，才能提出合理的、有意义的命题，科学才会成形。对事物的前理解构成知识的必要前提，对对象的预先明晰和与其相关的知识一起构成了诠释学

---

① H. Margenau, Ethics and Science. *the Search for Absolute Values*：*Harmony among the Science*，Volume Ⅱ，Proceedings of the Fifth International on the Unity of the Sciences，New York：The International Culture Foundation Press，1977. 转引自李醒民《科学事实和实验检验》，《社会科学战线》2009 年第 11 期。

② Humberto Mariotti，Autopoiesis，culture，and society（http：//www. oikos. org/mariotti. htm）.

循环，而"证据"之类的东西只有在这个循环中才得以存在，所以证明之类的东西是有限度的。而近、现代科学认识"根源于近现代人技术化了的生存方式，根源于数学因素对事物的数学突开（mathematical project）。这种技术化的存在方式和数学突开是整个近现代科学的前结构或前见"①。

在对待科学的观点上，海氏认为存在问题是使科学得以成为可能的基础条件，由于科学对存在者（研究对象）之所以如此存在的研究，所以科学一直处于存在的领会中。因此，存在论的任务势必首先澄清存在的意义，这样它的范畴体系才更加完备与紧凑。海德格尔反对将知识与科学方法看成是绝对的、无任何前提条件的。也就是说永恒真理不能充分被证明，真理的存在方式是存在者得到揭示并显示为它从前已曾是的存在者。科学作为历程，是不断地将它研究的实体揭示出来，是"去蔽"的通达，科学发现也只有在人类此在的实践中才能实现，即"命题作为揭示状态的命题同存在者有联系，这个存在者是世内的上手事物或现成事物。这种联系本身也表现得像是现成联系。但这种联系在于：保存在命题中的被揭示状态是某某东西的被揭示状态……这种联系被旋扭到现成东西之间的某种联系上面，于是，这种联系本身获得了现成性质。某某东西的被揭示状态变成了现成的一致性……命题一旦道出，存在者的被揭示状态就进入了世内存在者的存在方式。而只要在这一被揭示状态中贯彻着一种同现成东西的联系，那么，揭示状态（真理）本身也就成为现成东西之间的一种现成关系"②。按照海氏本体论观点，存在问题的优先性决定了对意义的追求始终伴随着人类的认知活动，因此，任何科学研究都沉陷于对意义的理解、解释与应用的循环中。

海德格尔的本体论诠释学转向也引起当代诠释学家的重视，2002年诠释学国际研讨会上，美籍华裔哲学家成中英先生试图建立本体诠释学（onto-hermeneutics）的哲学理论引起了学术界很大的关注，他认为

---

① 李章印：《探照灯与数学因素——对波普尔与海德格尔科学诠释学思想的比较》，《山东大学学报（哲学社会科学版）》2005 年第 6 期。

② ［德］马丁·海德格尔：《存在与时间》，陈嘉映、王庆节译，生活·读书·新知三联书店 2006 年版，第 258 页。

本体诠释学最接近西方哲学传统，诠释本体以客体的对象为本体进行诠释，重点在于客体，所以，如何对客体进行认知与把握便成为诠释的主题。他的本体诠释的立场试图以西方诠释学理论为背景、中国传统哲学诠释理论为主干，将二者结合建立一种"天人合一"本体论、"天人合德"的价值论。① 还有的学者认为只有在存在论的意义上，科学才是诠释学的事业，因为常规科学研究所使用的诸多方法由于其程序化和对象性的特征而不属于诠释学。所以科学研究从方法论的角度不具有诠释学的性质。

崇尚科学独立性的科学家们对二战之后科学被赋予的独立性的大力维护使得科学在公众心目中成为远离政治、社会因素的客观公正的形象。科学在此期间得以飞速发展，这种情况的发生原因大抵是因为国家或政府与科学研究者关于科学推进社会进步与国家建设的基础之上做出的和谈。科学的成功使得科学实验室成为公众关注的对象，科学家甚至自诩科学研究已经超出了其他非客观因素的影响而保持绝对的独立性。但是，他们忽视的是实验室范围内可控的实验环境与其科学实践中产生的权力关系已经延伸到实验室之外了。

20 世纪 90 年代由索卡尔事件引发的科学大战涉及了人类文化各个领域，吸引着广泛的自然科学家与人文学家的参与。在这场论战中，以后现代主义、文化与科学研究的名义出现的科学元堪（Science Studies）思潮受到了一波又一波猛烈的抨击，科学元勘对科学研究中主体旨趣、背景及制度等因素的分析指明科学研究很容易受到非客观因素影响观点的支持也成为了众矢之的。索卡尔（Alan Sokal）那篇名为《超越界限：走向量子引力的超形式的解释学》的诈文使许多持有实证主义观点的科学家备受鼓舞，他们对社会学家、人类学家的攻讦反映出他们对科学本身受文化、社会、政治因素影响这一观点的反对。索卡尔与其支持者对社会科学家的声讨极力反对将科学看作是人与社会之间相互作用的科学行为，并且极力反对科学元堪学者从社会学角度之外对科学进行的扭曲的分析，试图维护科学颠扑不破的真理与客观自主性。

---

① 丁怀超：《2002 年诠释学国际研讨会综述》，《安徽师范大学学报（人文社会科学版）》2002 年第 9 期。

　　也许索卡尔并未意识到，作为一名物理学家，他的举动是否妥当，并且在媒体与公众面前泯灭了科学家诚信度及公众对科学的信任，由于科学时时刻刻影响人们的生活并且科学解决自然问题的能力远远超过其他领域，所以，这并不是自然科学与精神科学之间的争论，而是专家与外行人发表言论的权利。关于科学及科学政策等讨论并非单独依靠某个学科专家的断言，也由公众兴趣所致。所以，索卡尔负有这样的责任，即在公众与受科学教育的群体中维护科学家良好的、正确的科学价值观与研究态度，否则便是不道德的。

　　换言之，索卡尔等人也并未否认与排斥科学社会学家与历史学家在自己领域内所做出的工作，索卡尔此行为的目的也仅在于对科学知识社会学（SSK）的强纲领和所谓后现代主义的认识论与相对主义及对传统科学持有极端怀疑的态度的批判，因为他们引以为豪的论断已经完全超出了科学的真理性范围。

　　当科学诠释学作为理解科学的基础方法论发展的同时，面临着一些科学保守主义者试图割裂自然科学与精神科学在方法论上统一的挑战，而著名的"索卡尔事件"虽然是实证论者或者是唯科学主义者对科学知识社会学纲领所造成的误读，但这也正好给科学诠释学的实际运用敲响了警钟，按照科学诠释学的论域，索卡尔忽略了诠释不是论证的手段，而是使后来者得到明晰解答的多元化的一种方法。在对科学理论的接受中，仅靠科学理论单纯罗列，通过理性的自明性认识达到对真理的掌握往往是不够的。诠释学是试图在广泛科学基础上对科学进行更好的解读，"解读必须成为我们一项严肃的工作，对科学家和非科学家都应如此"①。另外，自然科学从备受推崇的时代也跨越到了目前受全球化的经济危机、环境污染、资源枯竭的影响，甚至科学从原始的模式屈膝于功利性的研究，科学家们的研究重点转向了暂时解决问题的商业化、军事化，达到政治目的的研究，科学与技术的发展使人们享受更好的物质生活和便利的条件，同时也引起人们对科学的反思，人们开始对科学持一种怀疑的态度——为什么20世纪之后科学发展会出现这样的窘境？

---

　　① ［美］索卡尔等：《"索卡尔事件"与科学大战——后现代视野中的科学与人文的冲突》，蔡仲译，南京大学出版社2002年版，第281页。

那么，无论自然科学家们如何避免，自然科学及科学研究在不同程度上受到多种因素的制约，科学亟待得到一个源自文化的、社会的、伦理道德的功能性的规训。这种规训得以实现的角度，即从诠释学的角度审视科学。

按照语境分析的角度重新审视科学大战中关于科学真理观的争论，命题、概念与事实相符合的真理符合论才是科学家坚持的科学活动的价值基础。[①] 但是语境化的真理观则显示了真理不具有独立于语境的意义，它只存在于动态的语境环境中。这种真理的语境化是真理发展的一种趋向，并不要求它具有描述世界或人类自身的语言特权地位，更不在于寻找人类普遍的知识标准。它仅仅意味着语境化并不对知识做本体论的还原，而进行具体的、结构性的显示而已。这种特性使得真理无法独立于人类的心理意向而外在地存在。"语境论的科学观强调把科学放在现实的、社会的、文化的、历史的多元语境中理解，将科学视为依赖于语境的产物。语境论的科学观不仅联结了不同学派的诸多观点，又避免了科学研究的时代性与历史局限性。""语境论的真理观不再把真理理解为是科学研究的结果，不再把单一的科学研究结果看成是纯客观的，或者说不再把纯客观性作为科学研究的起点，而是把真理理解为是科学追求的目标，把科学研究结果看成是主客观的统一。这样，有可能把已有的这些真理论看成是从不同视角对真理的多元本性的揭示，看成是互补的观念，科学理论的发展变化、科学概念的语义与语用的不断演变、运用规则的不确定性、科学论证中所包含的修辞与社会等因素，不仅不再构成关于科学的实在论辩护的障碍，反而是科学理论或图像不断逼近实在的一种具体表现，使科学研究中蕴含的主观性因素有了合理存在的基础，并成为科学演变过程中自然存在的因素被接受下来。"[②]

"显然，一切科学对于人性总是或多或少地有些关系，任何学科不论似乎与人性离得多远，它们总是会通过这样或那样的途径回到人性。即使数学，自然哲学和自然宗教，也都是在某种程度上依靠于人的科

---

① 成素梅、郭贵春：《语境实在论》，《科学技术与辩证法》2004 年第 3 期。

② 《语境论的科学哲学研究纲领——访郭贵春教授与成素梅教授》，《哲学动态》2008 年第 5 期。

学；因为这些科学是在人类的认识范围之内，并且是根据他的能力和官能而被判断的。如果人们彻底认识了人类知性的范围和能力，能够说明我们所运用的观念的性质，以及我们在作推理时的心理作用的性质，那么我们就无法断言，我们在这些科学中将会作出多么大的变化和改进。"① 任何科学都离不开人作为认识与实践的主体，这种主体的限定势必产生人自然属性与社会属性的界定，而人的社会属性才是人区别于其他动物的根本属性。

所以，在科学诠释学面临作为普遍方法论扩张的时候，要注重与其他学科之间的沟通，保持自己的独立性，并且要时刻关注科学研究中的外部环境与科学理论、科学研究之间存在着的必不可少的逻辑关联及其在新的科学体系的搭建中起着重要的促进作用，同时必须强调产生直觉诱因的逻辑思维、正直的判断力、敏锐的逻辑思维能力及正确的逻辑论证是确保整个科学研究得以完成的充要条件。

后现代女性主义科学哲学的代表者唐娜·哈拉维（Donna Haraway）主张科学是修辞的，是相关社会行动者的劝说，主张他制造出来的知识可以通往一种相当可取的非常客观的权力。哈拉维认为，科学和权力是密切联系在一起的，尤其在 20 世纪末，在一个充分文本化与符号化的世界，科学实体——传染媒介（微生物）、基本粒子（夸克），以及生物分子符号（基因）——并不是具有连贯法则的浪漫主义或现代主义客体。哈拉维认为，这个作为符号的世界，乃是一个高科技的军事场域，一种自动化的学术战场，那些成层次的光点对彼此加以解组，以便继续留在知识与权力的赛局里。② 科学的认识论维度与政治学维度密不可分，劳斯将其理解为权力关系的一种体现，这种关系不仅涵盖科学本身，又制约着人类的实践形式，并且对自身及科学的理解产生一定的影响。政治与文化上的争议同样出现在自然科学的研究领域，科学研究是否具有绝对的独立性成为社会学家反驳的论点之一。

所以，无论科学家们如何避免，科学及科学研究在不同程度上受到

---

① ［英］休谟：《人性论》，关文运译，商务印书馆1980年版，第6—7页。

② 洪晓楠、郭丽丽：《唐娜·哈拉维的情境化知识观解析》，《东北大学学报（社会科学版）》2012年第2期。

多种因素的制约，科学亟待得到一个源自文化的、社会的、伦理道德的功能性的规训。这种规训得以实现的角度，即从诠释学的角度审视科学。同时，科学诠释学的观点也理应避免对科学进行研究分析中的过分自负，务必要意识到经验事实上升到科学理论是一个循环往复的系统，尽管像兴趣、直观性、社会因素等非客观性因素在整个科学系统中发挥着重要作用，但也无法撼动各学科客观知识的本体论预设在整个科学研究系统中的核心地位，过分追求科学研究中的非逻辑性与主观因素的作用，人类繁衍千百年来所形成的科学体系将成为空谈。

　　总之，科学的多样化发展趋势体现在科学的整体化之上，局限在英美哲学对欧洲哲学这样一个毫无成果的对立图式上是无意义的，两者能并肩前进的基础存在于"科学"这一领域中，[1] 所以，科学的研究方法也出现了一定的融合。正如利科尔所说，"我们既不生存于封闭的视界之中，也不生存于唯一的视界之中，无论这个世界具有可观察——经验的特征，还是具有辩证——思辨的特征。"[2] 单独地依靠传统的科学研究方法显然不能满足人类对科学认识的需要，自然科学的研究方法与诠释学的方法是并行不悖的，完全可以作为认识论的扩充而进入现代文明世界。

---

　　① ［日］野家启一：《试论"科学的解释学"——科学哲学》，何培忠译，《国外社会科学》1984 年第 8 期，第 31 页。

　　② 莫伟民等：《二十世纪法国哲学》，人民出版社 2008 年版，第 720 页。

参考文献

一 中文部分

1. ［德］伽达默尔：《科学时代的理性》，薛华等译，北京国际文化出版社 1988 年版。

2. ［英］约翰·H. 布鲁克：《科学与宗教》，苏贤贵译，复旦大学出版社 2000 年版。

3. ［德］汉斯·波塞尔：《科学：什么是科学》，李文潮译，上海三联书店 2002 年版。

4. ［英］A. F. 查尔莫斯：《科学究竟是什么》，鲁旭东译，商务印书馆 2007 年版。

5. ［意］维科：《新科学》，朱光潜译，商务印书馆 1989 年版。

6. ［英］迈克尔·波兰尼：《科学、信仰与社会》，王靖华译，南京大学出版社 2004 年版。

7. ［美］索卡尔等：《"索卡尔事件"与科学大战——后现代视野中的科学与人文的冲突》，蔡仲译，南京大学出版社 2002 年版。

8. ［美］托马斯·库恩：《必要的张力》，范岱年、纪树立等译，北京大学出版社 2004 年版。

9. ［英］波普尔：《客观知识——一个进化论的研究》，上海译文出版社 2001 年版。

10. ［英］波普尔：《走向知识的进化论》，李本正等译，中国美术学院出版社 2001 年版。

11. ［美］莫里斯：《指号语言和行为》，罗兰、周易译，上海人民出版社 1989 年版。

12.［美］约瑟夫·劳斯：《知识与权力——走向科学的政治哲学》，盛晓明等译，北京大学出版社 2004 年版。

13.［比］伊·普里戈金、［法］伊·斯唐热：《从混沌到有序——人与自然的新对话》，曾庆宏、沈小峰译，上海译文出版社 1987 年版。

14.［德］尤尔根·哈贝马斯：《哈贝马斯精粹》，曹卫东选译，南京大学出版社 2004 年版。

15.［法］布鲁诺·拉图尔：《科学在行动——怎样在社会中跟随科学家和工程师》，刘文旋、郑开译，东方出版社 2005 年版。

16.［意］艾柯等：《诠释与过度诠释》，王宇根译，生活·读书·新知三联书店 1997 年版。

17.［美］约瑟夫·劳斯：《知识与权力——走向科学的政治之学》，盛晓明、邱慧译，北京大学出版社 2004 年版。

18.［德］胡塞尔：《欧洲科学危机和超验现象学》，张庆熊译，上海译文出版社 1988 年版。

19.［法］保罗·利科尔：《解释学与人文科学》，陶远华等译，河北人民出版社 1987 年版。

20.［美］威瑟斯布恩：《多维视界中的维特根斯坦》，张志林等选编，郝亿春等译，华东师范大学出版社 2005 年版。

21.［美］伯特：《近代物理科学的形而上学基础》，徐向东译，北京大学出版社 2003 年版。

22.［美］M. K. 穆尼茨：《当代分析哲学》，吴牟人、张汝伦等译，复旦大学出版社 1986 年版。

23.［美］唐·伊德：《让事物"说话"——后现象学与技术科学》，韩连庆译，北京大学出版社 2008 年版。

24.［美］理查德·伯恩斯坦：《超越客观主义与相对主义》，郭小平等译，光明日报出版社 1992 年版。

25.［法］亨利·彭加勒：《科学的价值》，李醒民译，辽宁教育出版社 2000 年版。

26.［法］亨利·彭加勒：《科学与假说》，商务印书馆 1957 年版。

27.［丹］尼尔斯·玻尔：《原子论和自然的描述》，郁韬译，商务印书馆 1964 年版。

28．［美］罗伯特·邓肯：《科学的未知世界》，上海科学教育出版社 1985 年版。

29．［德］图依布纳：《法律，一个自创生系统》，张骐译，北京大学出版社 2004 年版。

30．［美］理查德·罗蒂：《真理与进步》，杨玉成译，华夏出版社 2003 年版。

31．［美］梅尔威利·斯图尔特：《科学与宗教：二十一世纪的对话》，徐英瑾译，复旦大学出版社 2008 年版。

32．［德］康德：《纯粹理性批判》，韦卓民译，华中师范大学出版社 2000 年版。

33．［日］丸山高司：《伽达默尔——视界融合》，刘文柱等译，河北教育出版社 2002 年版。

34．［法］米歇尔·福柯：《主体解释学》，佘碧平译，上海人民出版社 2005 年版。

35．［美］汉森：《发现的模式》，邢新力译，中国国际广播出版社 1988 年版。

36．［法］皮埃尔·迪昂：《物理学的目的和结构》，李醒民译，商务印书馆 2011 年版。

37．［苏］拉契科夫：《科学学——问题·结构·基本原理》，韩秉成等译，科学出版社 1984 年版。

38．［美］帕尔默：《解释学——当代哲学的新概观》，鲁旭东译，商务印书馆 1982 年版。

39．［美］史蒂芬·科尔：《科学的制造——在自然界与社会之间》，林建成等译，上海人民出版社 2001 年版。

40．［法］蒙甘：《从文本到行动——保尔·利科传》，刘自强译，北京大学出版社 1999 年版。

41．张汝伦：《意义的探究——当代西方释义学》，辽宁人民出版社 1986 年版。

42．张汝伦：《现代西方哲学十五讲》，北京大学出版社 2003 年版。

43．曹志平：《理解与科学解释——解释学视野中的科学解释研究》，社会科学文献出版社 2005 年版。

44. 刘放桐：《新编现代西方哲学》，人民出版社 2000 年版。

45. 彭启福：《理解之思——诠释学初论》，安徽人民出版社 2005 年版。

46. 洪汉鼎：《诠释学——它的历史和当代发展》，人民出版社 2001 年版。

47. 莫伟民等：《二十世纪法国哲学》，人民出版社 2008 年版。

48. 郭贵春：《后现代科学实在论》，知识出版社 1995 年版。

49. 殷杰：《哲学对话的新平台——科学语用学的元理论研究》，山西科学技术出版社 2003 年版。

50. 费多益：《寓身认知心理学》，上海教育出版社 2010 年版。

51. 施雁飞：《科学解释学》，湖南出版社 1991 年版。

52. 林超然：《现代科学哲学教程》，浙江大学出版社 1988 年版。

53. 黄小寒：《"自然之书"读解——科学诠释学》，上海译文出版社 2002 年版。

54. 李小博：《科学修辞学研究》，科学出版社 2010 年版。

55. 赵南元：《认知科学揭秘》，清华大学出版社 2002 年版。

56. 赵敦华：《现代西方哲学新编》，北京大学出版社 2001 年版。

57. ［德］金置（Lutz Geldsetzer）：《解释学中的真、假和逼真性》，鲁茨·盖尔德赛译，胡新和转译，《自然辩证法通讯》1997 年第 2 期。

58. ［日］野家启一：《试论"科学的解释学"——科学哲学》，载日本科学哲学会编《科学哲学的展望》，早稻田大学出版部 1982 年版。

59. ［德］L. 格尔德塞策尔：《解释学的系统、循环与辩证法》，王彤译，《哲学译丛》1988 年第 6 期。

60. ［匈］伊斯特凡·M. 费赫：《现象学、解释学、生命哲学——海德格尔与胡塞尔、狄尔泰及雅斯贝尔斯遭遇》，朱松峰译，《世界哲学》2005 年第 3 期。

61. ［法］K. O. 阿佩尔：《解释——理解争论的历史回顾》，《哲学译丛》1987 年第 6 期。

62. 潘德荣：《精神科学何以成为科学——狄尔泰的精神科学理论与哲学诠释学》，《社会观察》2003 年第 1 期。

63. 江怡：《分析哲学与诠释学的共同话题》，《山东大学学报（哲学社会科学版）》2007 年第 1 期。

64. 彭启福：《波普尔科学哲学思想的诠释学维度》，《安徽师范大学学报（人文社会科学版）》2004 年第 4 期。

65. 范岱年：《P. A. 希伦和诠释学的科学哲学》，《自然辩证法通讯》2006 年第 1 期。

66. 陈其荣、曹志平：《自然科学与人文社会科学方法论中的"理解与解释"》，《浙江大学学报》2004 年第 2 期。

67. 吴琳：《理解之维——自然科学解释学研究》，湖北人民出版社2006 年版。

68. 韩连庆：《技术与知觉——唐·伊德对海德格尔技术哲学的批判与超越》，《自然辩证法通讯》2004 年第 5 期。

69. 朱梧槚等：《无穷观问题的研究（I）——历史的回顾与思考》，《南京航空航天大学学报》2002 年第 2 期。

70. 周农建：《意义的阐释与判定——兼评当代西方释义学》，《学习与探索》1992 年第 4 期。

71. 张法：《作为后现代思想的解释学》，《中国人民大学学报》2000年第 5 期。

72. 郭贵春、王凯宁：《量子力学中的隐喻思维》，《科学技术与辩证法》2008 年第 3 期。

73. 郭贵春、成素梅：《语境实在论》，《科学与技术辩证法》2004 年第 3 期。

74. 郭贵春：《科学哲学的后现代趋向》，《自然辩证法通讯》1998 年第 6 期。

75. 郭贵春、成素梅：《当代科学哲学发展趋势系列访谈——访汉斯·波塞尔教授和李文潮教授》，《哲学动态》2006 年第 11 期。

76. 郭贵春、殷杰：《在"转向中运动"——20 世纪科学哲学的演变及其走向》，《哲学动态》2000 年第 8 期。

77. 郭贵春：《科学隐喻的方法论意义》，《中国社会科学》2004 年第 2 期。

78. 魏屹东：《语境论的科学研究纲领方法论》，《人文杂志》2009 年第 4 期。

79. 殷杰：《语境主义世界观的特征》，《哲学研究》2006 年第 5 期。

80. 殷杰：《当代西方的社会科学哲学研究现状、趋势和意义》，《中国社会科学》2006 年第 3 期。

81. 李红：《对话与融合——当代西方分析哲学与诠释学的发展趋向》，载《哲学堂第一辑》，书海出版社 2005 年版。

82. 李醒民：《科学事实和实验检验》，《社会科学战线》2009 年第 11 期。

83. 李醒民：《论三种独特的理性方法》，《自然辩证法通讯》2010 年第 2 期。

84. 丁怀超：《2002 年诠释学国际研讨会综述》，《安徽师范大学学报（人文社会科学版）》2002 年第 9 期。

85. 张成岗：《弗莱克学术形象初探》，《自然辩证法研究》1998 年第 8 期。

86. 张成岗：《弗莱克与历史主义学派》，《科学技术与辩证法》2000 年第 4 期。

87. 史蒂芬·科尔：《巫毒社会学：科学社会学的最近发展》，刘华杰译，《哲学译丛》2000 年第 2 期。

88. 成素梅、张帆：《柯林斯的科学争论研究述评》，《沧桑》2007 年第 2 期。

89. 胡杨：《强纲领的建构与解构（上）——兼论 SSK 研究纲领的转向》，《哲学动态》2003 年第 11 期。

90. 何华青、吴彤：《实验的可重复性研究——新实验主义与科学知识社会学比较》，《自然辩证法通讯》2008 年第 4 期。

91. 韦太默：《对运动事物的观看》，德国《心理学杂志》1912 年第 1 期。

92. 张静、魏建培：《伽达默尔哲学解释学视域中的审美艺术活动——审美何以生成知识》，《学术论坛》2006 年第 8 期。

93. C. 泰勒：《解释和人的科学》，《形而上学评论》1971 年第 25 期。

94. 冯健鹏：《论规范法学对法律自创生理论的影响——从卢曼到图依布纳》，《浙江社会科学》2006 年第 2 期。

95. 潘德荣：《偶然性与罗蒂新实用主义》，《华东师范大学学报（哲学社会科学版）》2005 年第 1 期。

96. 潘德荣：《认知与诠释》，《中国社会科学》2005 年第 7 期。

97. 潘德荣：《诠释学、理解与误解》，载《现代德国哲学与欧洲大陆哲学学术研讨会论文汇编》，2007 年 10 月。

98. 吴琳：《论理解主体的"前见"合法性——科学解释学的视角》，《贵州师范大学学报（社会科学版）》2007 年第 4 期。

99. 邢新力：《汉森与发现的模式》，《自然辩证法通讯》1988 年第 2 期。

100. 李砾：《阐释　诠释》，《外国文学》2005 年第 2 期。

101. 李章印：《探照灯与数学因素——对波普尔与海德格尔科学诠释学思想的比较》，《山东大学学报（哲学社会科学版）》2005 年第 6 期。

102. 李章印：《对自然科学的诠释学解读与自然科学诠释学》，载《中国诠释学第三辑》，山东人民出版社 2006 年版。

103. 杜建国：《语境与意向性》，《科学技术与辩证法》2005 年第 4 期。

104. 吴晓明：《社会科学方法论创新的核心：把握并切中当今的社会现实》，《浙江社会科学》2007 年第 4 期。

105. 杨庆峰：《扩展的解释学和文本的世界》，《自然辩证法研究》2005 年第 5 期。

106. 彭启福：《波普尔科学哲学思想的诠释学维度》，《安徽师范大学学报（人文社会科学版）》2004 年第 4 期。

107. 向修玉：《当代西方现象学——解释学科学哲学论纲》，博士学位论文，厦门大学，2007 年。

108. 陈其荣、曹志平：《自然科学与人文社会科学方法论中的理解与解释》，《浙江大学学报（人文社会科学版）》2004 年第 3 期。

109. 陈其荣、曹志平：《广义科学划界探究》，《华南理工大学学报（社会科学版）》2004 年第 5 期。

110. 闫明杰、曹志平：《希兰多元互补的辩证科学观与世界观》，《科学技术哲学研究》2012 年第 1 期。

111. 曹志平、闫明杰：《希兰的科学诠释学实在论》，《社会科学》

2011 年第 8 期。

112. 吴炜：《论科学诠释学的理论奠基》，《岭南学刊》2009 年第 3 期。

113. 吴炜：《海德格尔的科学诠释学思想》，《科学·经济·社会》2007 年第 3 期。

114. 吴彤：《科学实践哲学在中国：缘起、现状与未来》，《哲学分析》2010 年第 1 期。

115. 王泉：《自然科学的诠释学起源》，《齐齐哈尔大学学报》2009 年第 5 期。

116. 王泉：《关于科学解释学的争论》，《内蒙古农业大学学报》2009 年第 4 期。

117. 郝苑、孟建伟：《诠释学视阈下的实践理性——论理查德伯恩斯坦的科学诠释学》，《北京行政学院学报》2011 年第 9 期。

118. 汪堂家：《世俗化与科学的诠释学因素——伽达默尔与爱尔兰根学派》，《世界哲学》2008 年第 1 期。

119. 朱作言：《同行评议与科学自主性》，《中国科学基金》2004 年第 5 期。

120. 虞刚：《自创生建筑系统的来源与发展简论》，《建筑与文化》2011 年第 5 期。

121. 李武装、刘曙光：《信息哲学作为元哲学何以可能》，《东北大学学报（社会科学版）》2012 年第 1 期。

122. 赵光武：《哲学解释学的解释理论与复杂性探索》，《北京大学学报（哲学社会科学版）》2004 年第 4 期。

123. 成素梅、张帆：《柯林斯的科学争论述评》，《沧桑》2007 年第 2 期。

124. 张春美等：《学科交叉研究的神韵——百年诺贝尔自然科学奖探析》，《科学技术与辩证法》2001 年第 6 期。

125. 方福康：《神经系统中的复杂性研究》，《上海理工大学学报》2011 年第 2 期。

126. 刘秀兰：《论卢卡契的"没有主观就没有客观"》，《中国人民大学学报》2000 年第 4 期。

127. 洪定国:《量子力学的本体论解释——戴维·玻姆观点简介》,《自然辩证法研究》2000 年第 8 期。

128. 洪晓楠、郭丽丽:《唐娜·哈拉维的情境化知识观解析》,《东北大学学报 (社会科学版)》2012 年第 2 期。

129. 刘胜利:《科学思想史的魅力——评亚历山大·柯瓦雷研究科学革命的三本著作》,《中国科技史杂志》2008 年第 3 期。

130. 徐卫国:《评当代西方科学哲学家的科学发现观》,《湖北大学学报 (哲学社会科学版)》2004 年第 3 期。

131. 李建盛:《哲学诠释学的效果历史意识与文学史的诠释学意识》,《深圳大学学报 (人文社会科学版)》2009 年第 1 期。

二　英文部分

1. H. Margenau, *Ethics and Science*; *the Search for Absolute Values*: *Harmony among the Science*, Volume II, Proceedings of the Fifth International on the Unity of the Sciences, New York: The International Culture Foundation Press, 1977.

2. Josef Bleicher, *Contemporary Hermeneutics*, *Hermeneutics as Method*, *Philosophy and Critique*, Routledge & Kegan Paul Ltd. , London, 1980.

3. Mcculloch W, *A historical introduction to the postulational foundations of experimental epistemology*, *Embodiments of mind*, Cambridge, Mass, MIT Press, 1965.

4. D. Fishelov, *Metaphor of Gene*, Pennsylvania, Pennsylvania State University Press, 1993.

5. Willard Van Orman Quine, *From a logical point of view*, second edition by Harper & Row Publishers, 1963.

6. Eemund Husserl, *The Crisis of European Sciences and Transcendental Phenomenology*, trans by D. Carr, Evanson, Northwestern University Press, 1970.

7. Márta Fehér, Olga Kiss and László Ropolyi, *Hermeneutics and Science*, Dordrecht, Kluwer Academic Publishers, 1999.

8. R. P. Crease, *Hermeneutics and the Natural Sciences*, Dordrecht, Kluwer Academic Publishers, 1997.

9. Richard J. , Bernstein, *Beyond objectivism and relativism: science, hermeneutics, and praxis*, University of Pennsylvania Press, 1983.

10. Hans-Georg Gadamer, *Reason in the age of science*, translated by Frederick G. , Lawrence, Massachusetts Institute of Technology, 1981.

11. Hans-Georg Gadamer, *Truth and Method*, Trans by Joel Weinsheimer and Donald G. Marshall, New York, Continuum Publishing Group, 2004.

12. B. Babich, *Hermeneutic Philosophy of Science, Van Gogh's Eyes, and God*, Kluwer Academic Publishers, 2002.

13. Bruno Latour, *Science in action: how to follow scientists and engineers through society*, Cambridge: Harvard University Press, 1987.

14. Chris Frith, *Making up the Mind, How the Brain Creates Our Mental World*, Blackwell Pub, 2007.

15. Don Ihde, *Instrumental Realism*, Bloomington, Indiana University Press, 1991.

16. P. Ricoeur, *The Rule of Metaphor*, Toronto: University of Toronto Press, 1977.

17. T. Kuhn, *The Essential Tension*, London: The University of Chicago, 1977 .

18. Richard Rorty, *Philosophy and the Mirror of Nature*, New Jersey, Princeton Press, 1979.

19. P. A. Heelan, *The scope of hermeneutics in natural science*, Great Britain Elsevier Science Ltd. , 1998.

20. P. A. Heelan, *The Scope of Hermeneutics in Natural Science*, Studies in the History and Philosophy of Science, Vol. 29, 1998.

21. C. Mantzavinos, *Naturalistic Hermeneutics*, Translated from German by Darrell Arnold, New York, Cambridge University Press, 2005.

22. Herbert Marcuse, *One-Dimensional Man, Studies in the Ideology of Advanced industrial society*, Introduction to second edition, New York, Bea-

con Press, 1991.

23. Martin Heidegger, *Pathmarks*, edited by Willim Mcneill, Cambridge：Cambridge University Press, 1998.

24. Charles Taylor, *Interpretation and the Science of Man*, Cambridge University Press, 1985.

25. H. Collins, *Changing Order*, University of Chicago Press, 1992.

26. Willard Van Orman Quine, *From a logical point of view*. second edition by Harper and Row Publishers, 1963.

27. Karl-Otto Aper, *Towards a Transformation of Philosophy*, Translated by Glyn Adey and David Fisby, Marquette Univisity Press, 1998.

28. Robert Audi, *Cambridge Dictionary of Philosophy*, Cambridge university press, 1999.

29. Kevin Y. Yip et al. , *An integrated system for studying residue coevolution in proteins*, First published online, Bioinformatics, 2007.

30. Humberto Maturana and Francisco Varela, *The Tree of Knowledge*：*The Biological Roots of Human Understanding*, Boston, Shambhala, 1987.

三　互联网资料

1. 常丽君：《人脑、互联网和宇宙具有相似运行规律》，2012 年 11 月 22 日（http：//www. stdaily. com/kjrb/content/2012 – 11/22/content_543437. htm）。

2. 沈文庆：《面向 21 世纪的科学和科学家——实践科学共同体的核心价值观 》，2012 年 11 月 3 日（http：//wenku. baidu. com/view/c753e32bed630b 1c59 eeb5ba. html）。

3. 顾怀宇：《转基因食品的辩证法》，2012 年 12 月 17 日（http：//news. ifeng. com/shendu/lwdfzk/detail_ 2012_ 12/17/20242990_ 0. shtml）。

4. 《人类星际航行或需太空繁衍，飞船如巨大生物圈》，2012 年 10 月 4 日（http：//scitech. people. com. cn/n/2012/1004/c1007 – 19171562. html）。

5. 关俊宇：《神学与自然科学整合初探》，2012 年 12 月 1 日（ht-

tp：//www. chinesetheology. com/CYKwan/TheologyNNaturalScience. htm）。

6. 法新社：《美国权威调查指出近一半美国人怀疑上帝存在》，2006
年10月31日（http：//news. 163. com/06/1101/14/2URMKVPH0001121M.
html）。

7. 汉斯—赫尔姆斯·纲德：《生活世界现象学——胡塞尔与海德格
尔》，2009年6月5日（http：//www. cnphenomenology. com/modules/ar-
ticle/view. article. php/1286/c7）。

8. 胡继旋：《对理解的理解：介绍海因茨·冯·福尔斯特及二阶事
理学（二阶控制论）学派》，2013年1月1日（http：//www. wintop-
group. com/readings/articles/foerster. pdf）。

9.《科学家的塑造》，Understanding science. Shaping scientists，2012
年12月25日（http：//undsci. berkeley. edu/article/0_ 0_ 0/scienceands-
ociety_ 04）。

10.《诠释学》，Hermeneutics，2009年9月17日（http：//plato.
stanford. edu/entries/hermeneutics/）。

11.《认知科学》，Cognitive science，2009年9月17日（http：//
en. wikipedia. org/wiki/Cognitive_ science）。

12.《自创生理论、文化与社会》，Humberto Mariotti，Autopoiesis，
culture，and society，2012年2月1日（http：//www. oikos. org/mariotti.
htm）。